社区共学养老新探索

New Research on Community Co-learning
Neighborhood-based for the Aged

朱慧明 编著

ZHEJIANG UNIVERSITY PRESS
浙江大学出版社
·杭州·

图书在版编目(CIP)数据

社区共学养老新探索 / 朱慧明编著. —杭州:浙
江大学出版社，2024.1
ISBN 978-7-308-24477-0

Ⅰ.①社… Ⅱ.①朱… Ⅲ.①养老—社区服务—研究
—中国 Ⅳ.①D669.6

中国国家版本馆 CIP 数据核字（2023）第 240744 号

社区共学养老新探索

朱慧明　编著

责任编辑	胡　畔	
责任校对	赵　静	
封面设计	周　灵	
出版发行	浙江大学出版社	
	（杭州市天目山路 148 号　邮政编码 310007）	
	（网址：http://www.zjupress.com）	
排　　版	浙江大千时代文化传媒有限公司	
印　　刷	广东虎彩云印刷有限公司绍兴分公司	
开　　本	710mm×1000mm　1/16	
印　　张	15.25	
字　　数	300 千	
版 印 次	2024 年 1 月第 1 版　2024 年 1 月第 1 次印刷	
书　　号	ISBN 978-7-308-24477-0	
定　　价	88.00 元	

序　言

　　"高质量发展是全面建设社会主义现代化国家的首要任务"[①]，"学习型大国"的建设需要高质量的老年教育，积极应对老龄化国家战略，需要聚精会神创新老年教育发展方式。2020 年，我国 60 岁及以上老年人口达 2.64 亿，占比18.70%，比 2010 年上升 5.44 个百分点；65 岁及以上老年人超过 1.91 亿，占比为 13.50%。据预测，2020 年至 2035 年中国老龄化速度加快，老龄人口平均每年增加 1000 多万。截至 2019 年底，我国共有老年大学 7.6 万多所，比 2017年增长 22.7%；在校学员 1088.2 万人，比 2017 年增长 33.8%。2019 年，全国每万名 65 岁及以上老年人口所拥有的老年大学（学校）平均为 4.3 所。远程老年教育学校 6345 所，是 2017 年的 6 倍，远程教学点 3.6 万个。注册学员 387.4万人，比 2017 年增长 68.9%。面授与网络学员数量比约为 7∶3（老年大学协会编《中国老年教育发展报告（2019—2020）》）。从以上统计看，老年教育机构和远程教育所涵盖的老年学习者人群（1476 万）只占老年人口（2.64 亿）的很小比例。

　　我国老年教育现状，总体上主要表现在三个方面：一是老年教育服务人群面窄，老年教育服务人群主要是低龄、身心健康、生活压力较小的人群；二是教育内容还不足够丰富，教育内容以老年人的兴趣学习（文化艺术等）为主；三是教育方法比较单一，老年教育机构和远程学习主要是沿用学校教育的方法。老年教育机构和老年远程教育，远远不能适应老年人的学习需求，老年教育资源短缺和利用率、参与率不高的现象并存。据中国疾控中心数据，不同年龄段相比，老年人粗病死率比其他年龄段要高出很多，原因很多，但与老年人缺乏防控

[①]　《高举中国特色社会主义伟大旗帜，为全面建设社会主义现代化国家而团结奋斗——在中国共产党第二十次全国代表大会上的报告》。

意识和能力有直接关系。中国老年人健康状况堪忧,75.8%被一种以上慢性病困扰。失能和半失能老年人接近5000万人。55岁及以上老年人中,患抑郁症的占23.6%。随着中国快速进入老龄化、少子化时代,高龄老人、空巢老人、独居老人、失能老人等呈现持续增加趋势。目前中国老年家庭中空巢老人数量巨大,而"数字鸿沟"使这些老年人的照看难度增大。中国老年教育面临重大挑战,老年教育的服务面向、受惠面亟待拓展。

《中共中央 国务院关于加强新时代老龄工作的意见》(2021)明确提出实施积极应对人口老龄化国家战略。"促进老年人养老服务、健康服务、社会保障、社会参与、权益保障统筹发展,推动老龄事业高质量发展,走出一条中国特色积极应对人口老龄化道路。""努力实现老有所养、老有所医、老有所为、老有所学、老有所乐。"提出健全养老服务体系、完善老年人健康支撑体系、促进老年人社会参与、着力构建老年友好型社会。"鼓励老年人继续发挥作用。把老有所为同老有所养结合起来,完善就业、志愿服务、社区治理等政策措施,充分发挥低龄老年人作用。"

改革和创新,是解决我国老年教育面临的突出矛盾的根本出路。

一是要创新老年教育发展模式、服务模式。从老年教育体系转向老年教育服务体系建设,不仅要扩大老年教育资源,更要加强对老年人自主学习的支持服务。扩大老年教育资源不能只是"锦上添花",更要"雪中送炭",聚焦弱势老年人群的教育和学习的老年教育服务体系建设不是要自成体系,而是要纳入终身学习体系的建设。终身学习体系是有机整合的各种教育和学习资源的总和,用终身学习的观点来看待老年教育,有些认识需要转变:老年教育不等于老年教育机构、老年大学的教育,老年教育和学习不仅发生在老年教育机构,而且大量存在于老年教育机构外(机构内的教育/学习与机构外的教育/学习)。要把组织化的、半组织化的、自组织的、非组织化的学习都纳入老年教育服务体系建设的视野,促进各类学习的相互联系。

"探索养教结合新模式,为社区、老年教育机构及养老服务机构等提供支持。"①老年教育服务体系建设要坚持以社区为中心,因为只有社区的老年学习机会和资源更容易获得、更方便老年人就近学习,尤其是便于那些年长的、患病的、生活困难的老年人的利用。扩大老年教育资源,要深入挖掘老年人群中蕴含的丰富的学习资源。老年人的生活经历、经验、智慧、专业技能本身就是非常

---

① 国务院办公厅《关于推进养老服务发展的意见(2019)》。

难得的教育或者学习资源。

二是要创新老年教育/学习的质量观与评价。我国经济社会发展、教育发展的一大主题是高质量发展,老年教育的发展除了扩大资源,提升质量也是一大主题。什么是教育质量? 教育质量是实现教育目标的程度或者成效。提升老年教育服务质量,不能简单照搬学校教育的做法,一味强调老年教育的制度化、规范化、标准化、专业化。老年教育目标与青少年学校教育的目标有所不同,衡量老年教育质量的标准就是多大程度上促进了老年人的生活品质,激发了老年人积极养老的心态,多大程度上促进了老年人的社会参与,多大程度上实现了老有所学、老有所乐、老有所养、老有所安、老有所为。

三是要创新老年教育/学习的内容与方法。在教育内容上,要针对老年人多样化的生活需要、学习需求、养老需求,不断丰富和发展。特别是要满足个性化的、紧迫的学习需求。老年人的教育和学习方法与青少年教育有很大不同,老年人记忆力减退(但不意味学习能力下降),所以课堂化的教育和学习并不适用于老年人的教育/学习,至少不适用于大部分老年人尤其是那些文化基础相对薄弱的老年人的教育/学习。老年教育/学习的方法应充分考虑老年人学习的特点,与老年人的生活、生命成长更紧密地结合,有助于吸引更多老年人的参与、激发老年人内在的学习动机,采取老年人喜闻乐见的形式,促进老年人的自主的、可持续的学习,更多采取参与式的、活动式的、体验式的团队学习。借鉴国外老年教育的学习内容与方法,如跨代学习(日本)、服务弱势老年群体(日本)、团队学习(瑞典、日本)、生活史和人生故事(法国、日本、韩国),等等。

我会副理事长汪国新先生在专注于"社区学习共同体"的研究十余年后,于2017年提出"社区共学养老"新理念,从2018年起到2023年下半年,连续6年举办了六届全国社区共学养老研讨会,我应邀参加了五届会议并分享了我的思考心得与推进建议。在我看来,社区共学养老,很好地呼应了我多年来关于老年教育改革与创新的倡导:一是"社区共学养老"的主体性特征很好地体现了"加强对老年人自主学习的支持服务"的精神;二是"社区共学养老"的团队学习、互助共同学习,很好地体现了老年人的学习特征,让老年学习成为一件快乐的事,成为提高生活品质的生活方式,从而提高老年教育的吸引力;三是"社区共学养老"能同时满足活力老人"老有所为、老有所学、老有所乐"的内在需求,很好地激发老年人积极养老的心态,在共同学习的过程中促进老年人的社会参与,在提高成就感、获得感的同时提高归属感、幸福感。

参加2018年在建德市举办的首届全国社区共学养老研讨会之后,我持续关注社区共学养老项目的发展进程,我欣喜地看到杭州市的"社区共学养老"项目于 2021 年被认定为全国终身学习品牌项目,2022 年杭州市政府出台的《关于加快老年教育发展的实施意见》,也明确提出了"实施共学养老工程",在未来 3 年里评选表彰 100 个共学养老示范基地。《北京市"十四五"期间教育改革与发展规划(2021—2025)》中,在优化教育服务、构建服务全民终身学习的教育体系部分也明确提出"积极推进老年教育和社区共学养老"。共学养老已经成为地方政府推进老年教育高质量发展的重要载体,教育科学研究的先导性作用得到较好的体现。在我看来,社区共学养老,是破解老年教育资源困境的新思维,是老年教育方式的新探索,是提高老年教育质量的新方法,具有广阔的发展前景。

"社区共学养老区域推进策略研究"是杭州市临平区申报立项的中国教育发展战略学会终身学习专委会的重点课题,《社区共学养老新探索》一书作为该课题的核心成果,是临平自 2019 年确立社区共学养老为区域老年教育发展的品牌项目后,实践探索成效的集中体现,是集体智慧的结晶。临平区确立聚焦社区共学养老这一具有前瞻性和现实性的项目,体现了临平区社区教育工作者的教育理念的先进性和实践探索的勇气。

此书的出版,让我欣喜地看到了基层一线社区教育工作者的情怀与求索的精神,同时我也相信,选准了课题长期坚持探索就会出成果,教育科研部门的专家学者与一线教育工作者的紧密结合,是产生教育科研成果、推进区域终身教育/学习发展的重要路径。

此书的出版,一定会引起终身教育/学习领域的同志的广泛关注,在一定程度上推动基于社区的老年教育在更大的范围内高质量发展。希望此书作者以此书的出版为起点,深耕社区,深化研究,形成更加完整和更加深入的研究成果,丰富我国终身学习理论成果与实践经验,让更多的同行从中受益,让更多的中老年朋友加入共学养老的行列,享受更美好的生活。

是为序。

韩　民

(中国教育发展战略学会常务副会长兼秘书长、终身学习专委会理事长,教育部国家教育发展研究中心原副主任、研究员)

目　录

第五章　老年学习共同体的价值、内涵与培育实践

第六章　基于社区学习共同体的老年教育区域推进策略

第七章　建立"四社"联动新机制

第八章　变化发展与质量效益

第九章　谱写社区共学养老的时代新篇章

第 一 章

绪论:困境与突围

2021 年 11 月 10 日,联合国教科文组织发布报告《共同重新构想我们的未来:一种新的教育社会契约》,倡导构建新的"社会契约",将各利益相关方纳入其中,通过共同努力,实现教育作为"全球公共利益"的愿景。该报告再次呼吁世界各国政府、教育利益相关方和社会公民都应该为教育构建新的社会契约,确保人们终身接受优质教育的权利,促使教育真正成为一项公共行动和一种共同利益。中国如此巨大的老年群体,如何享受优质教育的权利,是一个需要研究和解决的紧迫的时代课题。

第一节　老年教育资源问题突出

　　人口老龄化是新时代面临的重大国情。人口老龄化是指随着个体寿命延长,生育率持续下降,老年人口在总人口中的比例不断上升的动态过程,包含老年人口数量增加和人口结构变化两层含义。按照现阶段通用的联合国标准,当65岁及以上老年人口在总人口中占比达到7％,表明进入老龄化社会(aging society),当占比达到14％时则为老龄社会(aged society),占比为21％时是超老龄社会(super-aged society)。我国在1999年进入老龄化社会,是较早进入老龄化社会的发展中国家。第七次全国人口普查结果显示,2020年,我国65岁及以上人口占比为13.50％,进入老龄社会。新中国成立后经历了三次人口出生高峰,遵从人口发展的惯性规律,21世纪中叶前必然形成三次人口老龄化冲击波。第一次冲击波(2010—2018年)周期内,60岁及以上老年人口规模从1.3亿增加至2.5亿;第二次冲击波(2022—2035年)到来时,老年人口规模将从2.7亿扩大到4.2亿;第三次冲击波将出现在2041—2053年,老年人口规模预计扩大到峰值4.9亿。与之反向变化的是,我国总人口规模将在2029年到达峰值后开始缩减,到21世纪中叶我国将呈现超老龄社会形态。新时代中国特色社会主义现代化强国建设,恰逢人口老龄化快速发展时期,实现中华民族伟大复兴的过程,必将是经济社会发展主动适应人口老龄化的过程。《国家积极应对人口老龄化中长期规划》提出要"改善人口老龄化背景下的劳动力有效供给","构建老有所学的终身学习体系,提高我国人力资源整体素质"。发展老年教育作为提升老年人口素质、开发老年人力资源的重要途径,是积极应对人口老龄化、建设学习型社会的内在要求。

　　全面了解和深入分析老龄社会下老年教育的现状和困境,充分认识老年教育的价值和特征,探索创新我国老年教育的发展方式,是十分必要和紧迫的。

一、老年教育供需矛盾突出

　　人口老龄化带来的挑战是多方面的,教育部国家教育发展研究中心原副主任,中国教育发展战略学会常务副会长兼秘书长、终身学习专委会副理事长韩民指出了六点:一是社会负担加重,老年抚养比增大。养老金、老年医卫支出压力增大。二是老龄伦理问题突出,空巢老人增加,许多老年人有孤独感,传统家庭养老面临挑战。三是劳动力短缺,劳动人口规模减小,人口红利难以为继。四是养老需求突出,老年人对养老、医疗保健、社会服务等需求增大。五是老龄事业发展不相适应,社会文化福利事业的发展与人口老龄化不适应。六是老年教育供需矛盾增大,老年教育/学习需求增大,供给不足。后两点正是我们所关注到的,也是我们必须面对的和需要回应的问题。

（一）老龄化社会到来,需求总量增大

目前,我国老年教育事业长期由政府主导,老年大学是我国最重要的老年教育办学模式,各地老年大学或老年网络大学在政府和政策的推动下得以迅速发展。中国老年大学协会的统计数据（2021年）显示,国内有7.6万余所老年大学,包括远程教育在内的老龄学员共有1300万余人,但这一数字也仅占60岁及以上老年人口的5%。目前老年人接受教育的动机主要包括以下方面:一是满足社交需求,如参加旅行团、学习交谊舞等;二是获得更高层次精神享受,满足自我价值的实现需求,实现"老有所为",如老年人通过参加书法、摄影活动,参加各类比赛等,学习后职业技能。这体现出老年教育的一个特点——老年人学习动机主要来自兴趣爱好。

老年教育资源供给远不能满足老年人的学习需求。根据2019年底的统计数据,杭州市60岁及以上常住人口为206.2万人,占全市总人口的19.9%,而全市15所老年大学在校学员仅为38102名,加之各区、县、市社区学校,其提供的课程也是杯水车薪。对杭州六大主城区老年学校的调研显示,老年人入学几乎都要摇号,1:10的录取比例非常普遍,热门课程录取比例甚至达到1:16,老年学校"一票难求"的现象相当普遍。

截至2016年底,余杭区户籍人口总数为98.46万人,其中60岁及以上老年人口总数为20.12万,占全区人口总数的20.43%,老龄化程度已达到较高水平,且存在明显上升趋势。

受地方经济、文化及城镇化发展等因素影响,与杭州市主城区相比,余杭区老年人群的平均受教育水平程度较低,且很多老龄人口为农民或农转非新市民。因此,该区的老年教育研究值得进一步关注。余杭区内老年教育资源分散,亟待整合利用。目前,余杭区内涉及老年教育的相关单位有很多,但在实际操作中,教育资源总量与投入呈现出分散、重置及不均衡等特点。

（二）需求多样化与供给单一化之间的矛盾突出

老年教育的主要对象,更多的是"有活力的老年人"（身体基本健康、学习时间基本有保障、成长发展的愿望比较强烈、有一定经济收入)。老年教育的对象决定了老年学习需求的多样化和品质化。如果说学校教育对象的学习需求更多地来自外在——来自提高学科成绩以取得更多升学优势,学习的内容基本上是应考的科目,虽然也不少,但不与人的生活直接相关,难与人的特长兴趣直接相联,他们的学习需求总体上是明晰的和可知可控的。老年教育对象的学习需求与未成年人完全不同,学习需求更多地来自内在——当下生活技能的提升、兴趣特长的发展、心智修养的升华,而这些内容,人与人各不相同,学习需求的层次、种类、强弱等显现出多样性和多变性。仅靠老年大学(学校)的几十门课程,远远不能满足老年人学习的丰富多样的学习需求,矛盾显而易见。

二、供给单一

(一)供给者:政府及有关部门

随着城市化快速推进和全面建成小康社会目标的实现,人们不再满足于温饱,更愿意通过学习提升生活水平和生命质量。城乡居民的学习需求显著增长,学习愿望更加强烈,并且显现出多元化、个性化和品质化的趋势。而政府供给的能力弱,供需间的矛盾激烈并日益增强。

学校教育资源丰富,但主要为校内人员服务,老年教育能够享有的资源数量十分有限。社区资源有限,通过办班的方式开展老年教育的积极性不高。丰富的社会资源因所属部门、单位间存在严重的行政隔离,资源共享情况不容乐观,大大减弱了自上而下的资源供给能力。上海作为社区教育最发达的地区,建有292所不同类型的老年教育机构,参加各类老年学校的老年学员36.69万人,参与学习的老年人也只占7.6%。[①]

"政府处于两难境地,一方面,社区教育作为公共产品,政府只能提供最基础性的服务,不可能像基础教育或高等教育一样大规模地投入。其服务的方式也只能是自上而下的供给。另一方面,社区教育的公益性与教育性,决定它不能遵循竞争逻辑,由理性经济人按市场这一看不见的手去操作。"[②]有人把提高社区教育的满意度寄希望于扩大社区教育规模,提高社区教育机构的办学能力。其实,即使再十倍百倍地扩大社区教育的办学能力,同样不能破解资源不

---

① 据央广网2018年3月29日报道,上海老龄化程度稳定提升,平均寿命达83.37岁。

② 汪国新、项秉健.社区教育的根本性变革:从设计型到生长型的转变[J].教育发展研究,2019(9).

足的难题。政府陷入了无法克服的困境,变革社区教育的供给侧十分必要和迫切。

(二)供给方式:自上而下

建设"全民学习、终身学习的学习型社会",是当前我国教育发展的重要目标。随着经济社会不断发展,老年教育的需求呈现几何级数增长,设计型老年教育的供给方式只会让供需矛盾变得越来越突出。因为老年教育资源必须持续满足学习者不断变化的需求,而设计型老年教育的人、财、物资源配给是一种计划性的配给,资源的缺口在哪里仅凭供给者"拍脑袋",资源无法自动地向需求缺口聚拢,更不能形成资源自动供给的机制,供需不匹配的矛盾日趋突出。

"设计型老年教育中的学习者只能被动地接受培训,永远难以真正成为学习的主人。由于学习者的被动参与,老年教育一头热一头冷的现象依旧严重存在,老年教育自身缺乏造血功能的现象永远得不到消除。由于没有造血功能,'等靠要'思维难以克服,老年教育的生机日益丧失殆尽。"①

受到传统教育班级授课制的影响,老年教育大都采用大讲堂形式,往往是教师"一言堂",在一些地区甚至以应付上级的培训任务代替老年教育,缺少对学习者主体的尊重与生命成长关怀,缺少对学习者合作性、互动性、自主性学习方式的关注与支持服务。

三、解决资源困境的思维障碍

(一)学校教育思维——按正规教育方式扩大办学规模

一提起教育,人们会想到学校教育。许多成人教育工作者认为老年教育办成学校教育那样的正规教育才是好的老年教育。其实从本质上分析,学校教育常常异化为一种存储行为。学生是保管人,教师是储户。教师不是去交流,而是发表公报,让学生耐心地接受、记忆和重复存储材料。学校教育常常是"灌输式"的教育。学生只能接收、输入并存储知识,并对所存储的知识进行收集或整理。

离开了探究,离开了实践,一个人不可能成为真正的人。在灌输式教育中,

---

① 汪国新,项秉健. 社区教育的根本性变革:从设计型到生长型的转变[J]. 教育发展研究,2019 (9).

知识是那些自以为知识渊博的人赐予在他们看一无所知的人的一种恩赐。

学校教育是设计型教育。学什么、考什么、怎么学,不能由学习者决定,全由学习者之外的人所掌控。这样的教学模式,有利于提高工作效率,对于可编码的数理知识的学习,是可行的,也是比较适当的。但是,如前文所说,老年教育的目的不是应付考试,教育内容更是生活化的,教学方式更适合于非正规教育。许多从事过学校教育的人转而从事老年教育,学校教育的思维习惯难改,导致老年教育出现许多困难。

韩国老年教育的经验教训也告诉我们,必须发展主体性、以老年人为中心的教育。"韩国的老人由于自身具有对老人的负面观点,至今很难摆脱传统的社会观点。这些对老人的负面观点导致老人失去了学习的可能性,更是成为韩国老人教育无法正常发展的主要原因。为了加强老人学习的自发性,应该摆脱目前实施的以老人福利馆、老人教室、老人大学等实施机构为中心的教学过程。以机构为中心的课程只能让老人被动参与。因此,应摆脱以机构为中心的课程,通过要求调查,发展成以老人自愿参与的学习者为中心的教育。"[1]

（二）依赖数字化资源

"数字鸿沟"一词最早出现于20世纪90年代初。据美国国家远程通信和信息管理局定义,数字鸿沟指的是一个在那些拥有信息时代工具的人以及那些未曾拥有者之间存在的鸿沟。代际数字鸿沟作为数字鸿沟的重要分支,指老龄群体与年轻群体之间,由于数字化能力的差别而造成的信息落差、行为阻隔和代际进一步隔阂的趋势。其产生的原因主要在于数字技术或者产品更新迭代的速度远远快于老年人智能技术学习能力和速度,使得父母与子女之间存在着信息接收和数字使用能力的巨大差异。[2]

2020年11月24日,国务院办公厅印发《关于切实解决老年人运用智能技术困难实施方案的通知》(国办发〔2020〕45号),要求各地区、各部门坚持传统服务方式与智能化服务创新并行,切实解决老年人在运用智能技术方面遇到的突出困难,为老年人提供更周全、更贴心、更直接的便利化服务。这一实施方案针对老年人日常生活的出行、就医、消费、文娱、办事等高频事项和服务场景,提出20条重点任务,要求日常生活场景必须保留老年人熟悉的传统服务方式,以及扩大适老化智能终端产品供给、推进互联网应用适老化改造、为老年人提供更

① 朴福仙.韩国老年教育问题与对策[J].李斗石,译.终身教育,2020(9).
② 盘和林.老年人拥抱"数字圈"请多关照[N].光明日报,2021-02-18.

优质的电信服务、加强应用培训和开展老年人智能技术教育等。文件一经发布，在老年教育界引起强烈反响，各地纷纷出台政策，以贯彻落实这一实施方案。

随着数字化、智能化程度的迅速提高，老年人在运用智能设备方面遇到的困难也成为当前社会重点关注问题。2021年3月5日，李克强总理在两会上作政府工作报告时指出，推进智能化服务要适应老年人需求，并做到不让智能工具给老年人日常生活造成障碍。

由于受到生理条件的限制，对新技术的使用缺乏自信，容易产生自卑和回避心理。老年人面对数字化的智能产品，会遇到思维定式的阻碍，容易产生排斥和焦虑心理。对数字化的学习资源，很大一部分老年人采取回避措施。

然而，在消除"数字鸿沟"的同时，许多人把提高老年教育水平的希望寄托在数字化学习资源的丰富上，大力发展数字化学习资源，而且重复建设的现象极为普遍，造成了巨大的浪费。

（三）老年人是包袱的思维

老年人是包袱而不是财富的观念，成为老年教育高质量发展的重要障碍。许多老人自身也把自己当作无用的存在。老年教育走在中国前面的韩国，同样存在类似的情形。大多数韩国人对于老人的常见想法是可怜和无力，导致老年人过着不幸的生活。约瑟夫·特罗伊斯（Joseph Trois，2013）指出，大多数先进国家的高龄化政策分析专家对老年期赋予较多的依赖性负担倾向，同时把老人作为工作现场的包袱并将其作为自律性不足的存在。在韩国也有相类似的意识观念，因此，韩国的老人教育也普遍把经济和力量薄弱的老人作为目标实施"福利接近"而非终身教育。老人教育课程缺乏多样性，其发展也欠缺质量。[①]

第二节　老年教育质量问题严重

一、参与率低

（一）参与的比例低

参与意愿不足。社区学校"百人怪圈"现象仍然普遍存在，参加学习活动

---

① 朴福仙. 韩国老年教育问题与对策[J]. 李斗石，译. 终身教育，2020(9).

的,数来数去就那么百来个人。参与社区活动往往是政府一头热,而市民慢热或不热。如在某个有 11 万常住人口的街道,参加各类培训的人数一年下来仅千人次[①]。即使在全国社区教育的实验区和示范区,居民主动参与社区教育的积极性并不高,社区教育的影响面较小、社会知晓度不大。社区教育的生命在于居民的自主参与,参与度不高,是社区教育持续发展的重要瓶颈。

老年教育的课程不能适应老人的多元化的需求,韩国的老年教育的参与率也有类似的问题。老人福利馆、敬老堂、终身学习馆等代表性的老人教育设施中实施的课程沿着健康、休闲、体育、业余兴趣等方向进行。终身教育机构或大学的老人教育未能彰显地方社会的特性,课程大同小异。上述课程大多处于低水平阶段,影响后续对老人教育课程的开发。2017 年老人终身教育的参与率,男性老人占 8%,女性老人占 16.5%,女性的比例明显高于男性。女性老人参与率高的主要原因是课程大多偏向女性老人对生活的需求。[②]

（二）学习参与率城乡差距较大

总体而言,发达地区的学习参与率大于欠发达地区,城市社区居民的参与率大于农村地区村民的参与率,社区教育发展较早的地区参与率大于起步较晚的地区。因为总体的参与率并不高,所以各地的参与率的差距并不是特别大。倒是一些农村地区,因为社区教育与老年教育的方式发生了转变,民间的力量得到充分的彰显,这些地区的学习参与率甚至比某些城市地区更高。例如杭州市临安区清凉峰镇,由太极拳俱乐部发展起来的健身协会,让村村都有太极拳队,已经有 500 人练习太极拳,不到十年时间,边远山区刮起了"太极风",变成了太极之乡,学习舞蹈、书法等内容的也有 500 人,对于只有 3 万人的乡镇来说,老年人的学习参与率是较高的。

二、满意度低

（一）不喜欢

参与意愿不足的重要原因是老年学习者对于班级授课式的学习方式不喜欢,而对于参与式、互动式的主体学习与共同学习方式表现出极大的热情。早

[①]　彭薇. 社区教育如何吸引"新面孔"[N]. 解放日报,2009-12-24.
[②]　朴福仙. 韩国老年教育问题与对策[J]. 李斗石,译. 终身教育,2020(9).

在 2008 年,浙江省教育厅鲍学军副厅长就指出,要办老百姓喜欢的社区教育。目前,社区教育起步早的地区已经开展了十多年的社区教育工作,但总体上看,老百姓对社区教育方式不感兴趣,社区教育工作者也感到委屈,没有工作成就感。

(二)不方便

参与意愿不足还有一个重要原因是学习不方便。老年人虽然愿意走出家门与人交流分享,但又不愿意离家太远,希望就近就能找到学习资源,有学习的同伴共同学习。因为老年人大多承担一定的家庭职责,为家庭分担一定家务,有条件到离家很远的地方学习的老年人不多,而社区大学、社区学校都离家较远。

三、重新定位老年教育

(一)老年教育的目标是提升幸福力

真正的老年教育立足"人本",提升人的幸福力,让老年人生活更美好。老年教育要确立"一切为了人"的宗旨和目标,把提升居民的"幸福力"作为老年教育的终极目标。因为幸福是人的终极价值和人类的共同追求。地不分南北,人不分古今,人类有着亘古不变的向往,那就是对幸福的追求。恩格斯曾说过:"每个人都追求幸福,这是无须加以证明的原理,是颠扑不破的原则"。[①]

要实现中华民族伟大复兴的中国梦,说到底就是要提升城乡居民的幸福感,让人们生活更美好。既然幸福是人的目的,而老年教育的宗旨是促进人的发展,那么老年教育就要为人的幸福助力。教育的终极价值追求应当是提升人的幸福力。幸福力是人们能够幸福生活的能力,它包括幸福的感知能力、幸福的创造力、幸福的享受力和幸福的经营力。

幸福的感知力是幸福力的基础性构成。对幸福的感知能力大小,在很大程度上决定了一个人的幸福程度。幸福感知能力强的人,对已经拥有和正在拥有的非常普通而又平凡的事物感到幸福,在没有失去的时候就懂得珍惜。反之,一个幸福感知力弱的人,对平凡的"小确幸"(一种微小而真确的幸福)不能感知,直到有一天失去的时候,才觉得珍贵。

---

① 恩格斯 1847 年为共产主义者同盟写的"信条草案"。

幸福的创造力是幸福力的核心，老年人的幸福是要靠老年人自己去创造的。它和人的创造性活动紧密相连。创造性活动对于幸福力的意义，不仅在于它提供了达到这一目的的手段，还在于它创造人的需要本身：一是增长本领，使生活更有尊严；二是增添情趣，使生活更有诗意；三是增强使命感，使生活更有意义。

幸福的享受力是幸福力的重要支柱，它是使人获得持续幸福的能力，没有享受幸福的能力，幸福的感知能力和创造能力将失去意义。而提升幸福享受力的关键在于敬畏生命、闲适自得、有所担当。

幸福的经营力，就是能让自己的幸福产生乘法效应和持久效应的能力。真正的老年教育是能够提升居民的幸福经营力的。每个人都希望自己的幸福生活更浓郁、更久远。感受、创造与享受幸福固然重要，但只有不断提升幸福经营力，幸福才能持续。①

（二）老年教育的实质是自我教育与生命成长

只有更加重视和善于学习，才能使人的生活更充实、精神更丰富、生命更有意义，真正实现人的自由而全面的发展。

保罗·弗莱雷（Paulo Freire）②认为"人性化的问题是人类面临的核心问题"。任何人/群体企图保持对受教者的非人性化态度，并行控制之实，他们就是压迫者。现行的院校式教育往往是"学生驯化地等待老师来填塞"，逐渐消灭的是学生的思考能力与创造性。③ 因此，保罗·弗莱雷提出了"自由教育（提问式教育）的概念"。自由式教育强调人的成长性及社会现实的改造性，是一个"自由实践"的过程，它担任着"解迷思化"的任务。简而言之，自由教育是老师与学生相互教育的过程，是对知识共同探究的实践活动。

老年教育应该是对学校教育的反叛，老年教育的实质是自我教育与生命成长。老年教育"以提高人的生命和生活质量为目的"④。老年教育必须重视生命教育。生命教育，包含了尊重生命教育、热爱生命教育和生命责任教育等几个层次。尊重生命才能完善生命。我国正处在全面实现小康新时代，老年人越来越多地享受着改革开放的新成果。热爱生命就是珍重生命，提高生命质量。积

---

① 汪国新. 社区教育：提升城乡居民的幸福力的有效路径[J]. 中国成人教育，2014(16).

② 巴西籍教育家、哲学家，《被压迫者教育学》一书的作者。

③ 金忠明，金勇. 换一种眼光看世界——保罗·弗莱雷《被压迫者教育学》述评[J]. 上海教育，2002(19).

④ 国务院办公厅印发的《老年教育发展规划（2016—2020 年）》(国办发〔2016〕74 号）。

极应对人口老龄化,就要不断提高老年人的自尊素质、自我服务意识和自我价值实现能力。生命教育的第三层就是生命责任教育。生命的责任就是自我完善和奉献社会,有了生命的责任,才能更好地尊重生命、完善生命。

老年教育重视生命教育,而生命教育是自我教育。老年人的主体意识、主体能力和主体人格,是他们自身全面发展的决定性因素,是实现高质量老年教育的基石和出发点。

从根本上讲,每个老年人都具有自身发展的自主性、主动性和创造性。基于这一自身发展的根本动因,老年人就能在学习活动中,挖掘自身潜能,促进自身的不断完善和发展。

主体意识是促进老年人主体发展的先决条件。主体意识体现老年人对于个人在学习活动中的主体地位、主体价值的一种自觉认识,是自主性、主动性和创造性的表现,包括主体的自我意识(每个人都有发展自己的权利和能力)和对象意识(人能将外部世界变为有益于自身生存发展的条件)。

主体能力是促进老年人主体发展的基础。该能力的发展水平依赖于其文化知识、经验水平和在对象性活动中参与的自觉程度。

主体人格是促进老年人主体发展水平提高的重要条件。具有良好、稳定的心理素质和精神面貌,包括气质、性格、兴趣、情感、意志等因素,可以使主体的心理活动处于积极状态。

(三)共同学习是老年教育的重要方式

老龄化时代到来,其速度之快,令人始料不及。老年人学习需求与老年教育的资源之间的矛盾十分突出。为了更好地满足老年人对美好生活的向往,我们必须迎难而上,创新老年教育的新方式和新载体,探索基于社区学习共同体的老年教育路径。2019年确定了余杭区老年教育的重点是开展基于社区学习共同体的老年教育,即社区共学养老。

全面地了解社区老年群体的共学养老学习需求,对于增强信心、明确思路、提高质量具有重要意义。从性别、年龄、文化程度、收入情况和身体状况等五个维度,对老年人的学习形式、学习内容、学习目的、对学习环境的需求进行调查,经分析核心数据和开放性问题的建议意见后发现,在新冠疫情背景下,网络学习成为社区老年人的新的选择,但文化程度低的和高龄的老年人跨越数字鸿沟难度更大。女性、80岁以上高龄老人、学历较高、收入较高的人群对老年教育的满意度较低,其共学养老的热情更高。基于学共体的学习是所有学习形式中最受欢迎的,社区共学养老是高质量老年教育发展的重要载体。

为促进社区老年教育高质量发展,为了更全面地了解老年群体的共学养老学习需求,精准把握老年人社区共学养老的价值取向与需求差异,为"十四五"期间更好地开展老年教育提供科学的决策依据和参考,项目组编制了调查问卷,通过临平区社区学院和成人文化技术学校发放电子调查问卷,经审核,项目组最终获得有效样本量 1800 个。通过问卷调查,结合个别典型案例访谈,分析得出的主要结论之一是:社区共学养老是老年教育发展的重要载体。

在六种学习形式中,老年人选择团队共学式(参与学共体学习活动)的比例高,不同年龄段的老年人选择团队共学式的比例,分别是 50—59 岁年龄段 60.74%,60—69 岁年龄段 54.21%,70 岁以上年龄段 53.63%。"学习环境期望"一题,与"学习形式"一题相印证,从总体上看,临平区老年人认为最理想的学习环境是有朋友聚在一起交流生活经验。其次是能组织外出参观,体验社会发展和静心阅读修身养性,最不喜欢的是年轻时代的传统课堂教育。月收入在5000 元以上的人群,有高达 71.95% 的人愿意参与社区共同学习。这一结论可能与本次样本来源有一定关系,许多数据来自社区学习团队的成员,但仍然能说明问题。至少说明参与社区学习的老年人认可社区学习共同体的学习形式,他们对共学养老有共识,有需求,有期待。

基于社区学习共同体的老年教育,以"每个人的全面发展"为宗旨,通过增加参与者改善自身生存状态和提升个人素质的机会,让老年人都有权利、能力和尊严参与社会生活。它是面向人人的教育,不论文化基础的高低和经济条件的好坏;它是非功利性的教育,通常不设有任何形式的考试或者学位;它是真正以人为本的教育,尊重个人兴趣和学习需求,参与者之间能够进行自由开放的思想交流、经验和知识的共享。在自由、宽松的学习环境中,他们的批判性思维能力和创新能力得到有效的提升。基于社区学习共同体的老年教育是这样一种契合人性的成人教育,所以显示出无穷的魅力和生命力。

第 二 章

老年教育资源新视野

2020 年,我国 60 岁及以上老年人口达 2.64 亿,占比 18.70％,比 2010 年上升 5.44 个百分点;据预测,2020 年至 2035 年中国老龄化速度加快,老龄人口平均每年增加 1000 多万。截止到 2019 年底,我国共有老年大学 7.6 万多所,在校学员 1088.2 万人,比 2017 年增长 33.8％。2019 年,全国每万名 65 岁以上老年人口所拥有的老年大学(学校)平均为 4.3 所。远程老年教育学校 6345 所,是 2017 年的 6 倍,远程教学点 3.6 万个。注册学员 387.4 万人,比 2017 年增长 68.9％。面授与网络学员数量比约为 7∶3。[①] 从以上统计看,老年教育机构和远程教育所涵盖的老年学习者人群(1476 万)只占老年人口(2.64 亿)的很小比例。

　　有限的老年教育资源总量与老年人口的增量之间、老年教育资源的有效利用与老年人多样化的学习需求之间,存在着巨大的反差,老年教育资源问题成为老年教育高质量发展的瓶颈,改革老年教育的发展方式,需要从变革老年教育资源观开始。老年教育"新资源观"是解决老年教育突出问题的金钥匙。

---

① 老年大学协会编《中国老年教育发展报告(2019—2020)》。

第一节　处处可学:学习空间的人文化改造

社区是老年人生活的主要场所,社区老年教育是老年教育领域优先发展的方向和基础。随着"空巢"老人、独居老人和高龄老人不断增加,养老问题已成为社会和家庭沉重的负荷,特别是目前中国的独生子女家庭,已经无力承担养老功能,家庭养老势必向社区和社会转移,社会化养老服务需求不断加大。基于此,探究社区老年教育存在的问题,建立和发展完善的社区老年教育,使社区承担更多的养老功能,提高老年人的生活质量成为亟待解决的课题。[①] 对于建构遍布社区以及向"文养结合""医、养、文、体、教"等场所辐射的、具有可及性的新型老年教育,许多地区已经进行了积极探索,取得了一定的宝贵经验。但是,由于存在对社区老年教育的认识不到位、社区老年教育对象定位狭窄、社区老年教育内容覆盖面较窄、社区老年教育资源匮乏等问题,[②]特别是如何处理老年大学与社区老年教育的均衡发展问题,发挥老年大学对社区老年教育的辐射带动作用,社区老年教育工作者还有很大的努力空间。为此,有必要改变老年教育的传统做法和既有模式,对老年教育进行面向社区需要的改造,让老年教育真正走入社区。

常见的老年教育学习空间主要是老年大学、成人文化技术学校等,一般有固定的场所、固定的时间、稳定的师资等。老年大学通常会集中开设一些适合老年人的课程,对满足老年人继续教育和学习的需求十分有益。但随着社会的发展、地域空间的扩大、居住范围的分散,要让所有老年朋友都集中一处学习变得有些困难,尤其是空间上需要更多地拓展老年教育发展空间,积极发展社区老年教育,让老年人喜闻乐见的终身学习参与场景无处不在,越来越多的社区教育人开始思考社区老年教育学习空间的人文化改造,这是当下的一个重要课题。

[①]　李向荣,杨雪红.社区老年教育问题研究[J].中国成人教育,2017(17).
[②]　李向荣,杨雪红.社区老年教育问题研究[J].中国成人教育,2017(17).

一、老年学习空间

（一）学习空间

1.学习空间的兴起

学习空间概念出现于 20 世纪 90 年代，日渐受到国际研究者的关注。2006 年美国 EDUCAUSE 出版报告《学习空间》，引领了研究趋势。2011 年，美国北卡罗来纳大学创办《学习空间杂志》，形成了良好的学习空间研究交流平台，推动相关研究的迅速发展。学习空间融合了创新教学法和技术，能够基于多种技术，实现多种功能的教学、协作和互动学习，使学习者可以分享内容、技术和空间，成为教育环境研究的发展趋势之一。[①] 学习空间指用于学习的场所，包括学习可以发生的任意场所。学习空间包括物理空间和虚拟空间。在学习空间之前，人们通常使用教学空间来代替这种场所，将有教学活动存在的场所均称作教学空间。教学空间在物质形态上的特征包括大小、形状、空间的封闭或开放程度、空间调整组合的灵活程度等，[②]最典型的教学空间就是传统教室。大多数传统教室都具有位于前方的讲台、行列式（秧田式）桌椅布局、有清晰的前后方向之分等特征，主要用来开展面对面的教学活动。

学习空间的兴起与人们对学习过程的理解变化、计算机网络通信技术在教育领域的广泛应用以及人们对非正式学习的重视密切相关。学习空间的设计理念、划分标准与类型、应具备的特征、对教学的影响都与教学空间有明显区别。

从教学空间演变为学习空间并不是一个简单的概念替换，这二者背后都蕴含着丰富的隐喻。随着人工智能技术不断渗透到教育领域，面向未来学习场域的界限逐渐变得模糊，并演变成由未来技术重构物理空间的"知识场"、现实情景融合虚拟空间的"意义场"和虚实结合融入泛在空间的"生活场"组成的庞大学习空间，[③]这些新理念都是我们可以借鉴的宝贵经验。见表 2-1。

---

① 仇晓春.学习空间研究设计述评[J].开放教育研究,2022,28(4).
② 田慧生.教学环境论[M].南昌:江西教育出版社,1996.
③ 廖婧茜.未来学习空间的场域逻辑[J].开放教育研究,2021,27(6).

表 2-1　学习空间与教学空间比较

	学习空间	教学空间
学习场所	教室、实验室等校内课堂,校外任何场所,包括正式与非正式的学习空间	教室、实验室、计算机房等校内课堂教学场所,正式的学习空间
学习场景	物理场景、虚拟场景	物理场景、虚拟场景
学习支持	从学习者角度出发,通过激发学习者的学习兴趣、支持与学习相关的活动来促进学习者的学习	从教育者角度出发,为教师的教提供支持和服务,学生的学限定在教师的教之后
学习理论	主动学习、协作学习、以学生为中心的建构主义学习理论	知识传递、教师讲授的范例教学理论

2.学习空间的设计

学习空间的设计主要包括用户体验、易用、灵活、兼容、再利用、可靠等主要要素。

用户体验:指学习空间应该为学习者提供高质量的用户体验,如轻松、愉快、美观、流畅、舒适的感觉。

易用:学习空间内的设施要简单、易操作。

灵活:学习空间要能够适应当前和以后可能开展的多种不同的教学方法和教学策略。学习空间可以多用途,以满足不同学习者的学习需求。

兼容:学习空间要能够与其他学习空间无缝整合在一起(Tahiretal,2009),从而有助于学习空间之间互联互通,真正突破学习空间的"围墙"。

再利用:学习空间可以在将来方便地被重新配置和改造(JISC,2006)。由于技术发展的日新月异,学习空间中各项软件、硬件技术可能会被频繁地修改与优化,因此学习空间的设计应该考虑这方面的因素,通过合理设计减少再配置和改造的成本。

可靠:学习空间中的相关设施、设备、技术要具备较高的稳定性,在使用过程中不会轻易产生故障。Mitchell 等将信任视为学习空间设计的四大原则之一(Mitchell,2010),而可靠就是信任的重要体现。见图 2-1。

美国普渡大学的 Radcliffe(2009)提出了 PST 框架,PST 是"Pedagogy-Space-Technology"的缩写,可以翻译为"教学法—空间—技术"。PST 框架的初衷是能够有效地指导各种正式和非正式的学习空间的设计与评价。见图2-2。

教学法通过空间和技术来实现其理念和目标,空间通过嵌入技术来实现功

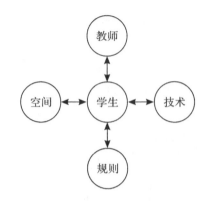

图 2-1　学习空间的多向设计流程(Britnell et al. ,2009)

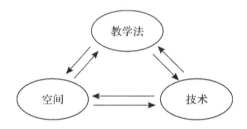

图 2-2　PST 框架(Radcliffe,2009)

能的扩展从而支持教学法,技术则通过嵌入空间中促进教学法。从其学习场景来看,学习空间存在于一个广泛的实践社区,既可以是物理场景,又可以是虚拟场景。如今,终身教育、终身学习、学习型社会的理念不仅改变着世界各国的教育实践,还促进了人们对学习本质的新思考,也促使我们对学习空间的相关问题进行新的思索。[①] 基于上述理念的指引,社区教育要积极建设和开发适合老年人的学习空间,并为老年人服务。

3.传统学习空间操作

开展老年人教育培训多是在成人学校培训教室或农村文化礼堂完成,这些学习既包括活动类、兴趣类学习,又包括技术类学习,还包括思想心理类学习。

(1)活动类。当前开展较多的活动类学习占老年教育的相当大的比重,只要有余力、有时间、有爱好就可以开展,且对学习场地等资源的要求不高,对师资、技术、后续跟进都没有特别大的限制,可以说是随时随处可学。如老年人太极拳、老年人舞蹈学共体等。

---

① 毛艳,常玲玲.民族社区教育中学习空间的建构[J].中国成人教育,2020(21).

（2）技能类。以女性老年朋友为主，开展的烘焙、绣花等技能类教育培训项目，同样对场地、师资、教材等都不需要过多要求就可以开展，且受众面很广，如西式烹饪学习班等。

（二）老年学习空间

老年学习空间不仅包含传统意义上的学习空间，更有无限拓展和延伸的可能。它是在传统学习空间的基础上，具备场地、时间、师资、学员、资金、保障等多方面的自由，老年人既可以在封闭式的教室场所学习，也可以到开放式的田间地头、公园场馆学习，无论是在形式上还是实质上都是非常开放、包容的。老年学习空间既可以线下教学、互学，也可以线上交流、自学，只要适合老年人，能满足老年人的学习需求，有学习场地、资源、学员等，都可以是老年学习空间。

1.老年学习空间的特征

支媛指出，智能时代的高质量学习空间具有以下特征：虚实结合，支持混合学习；互动协同，彰显交互优势；智能运作，增强愉悦感受；升华体验，促成沉浸学习。[①] 随着混合学习空间的不断进化与演变，其教育价值也得到了进一步的提升和凸显。区别于以往简单的技术设备构建教学场景、支撑混合教学，未来混合学习空间应具备以下三个方面的特征：有序化的场景融合、多样化的教学情境、个性化的学习体验。[②] 老年学习空间有如下四点特征：

一是开放性。老年教育的特点决定了老年学习空间的开放性。这里的开放性既指场地的开放，又包含师资的开放，不必局限于传统教室内上课学习，不必局限于线下上课，不必是专业教师专门授课。只要能给老年人带来所需都可以是场地，只要能用所长给老年人授课都可以是师资，包括老年朋友自身。

二是服务性。老年教育更注重服务性，考虑到老年朋友的年龄、身体等特殊情况，老年学习空间的设置、使用都要尽量体现能为老年人服务，包括老年人出行的方便、课间休息的方便、学习交流的方便，因此卫生间的布置、场地台阶的布置，包括书桌、纸张、电脑多媒体等，都应全部体现。学习空间的人文化不仅彰显了温情，也有利于老年朋友的学习发展。

三是交互性。老年学习空间的交互性主要指不单纯是老年教育场所，也可以有其他的用途，应该是多种功能结合在一起的，充分考虑到资源的整合和利

---

①　支媛.智能时代高质量学习空间的特征及构建[J].教育理论与实践,2022,42(31).
②　万昆,李荣辉,黄嘉松.混合学习空间的特征、形态与构建策略[J].中国教育信息化,2022,28(9).

用的最优化。一个学习空间既可以为这群老年朋友服务，也可以为另一群有不同学习需求的老年朋友服务，不同于中小学传统教室、舞蹈室、音乐室、化学实验室各有专门用途。

四是联动性。联动意味着多部门，一般由村社、学校等协同组建，专人专项负责具体运作。老年学习空间一般都散落在村社中，有比较多的学习空间的点，不像中小学校，固定在学校的教室内学习，场所不容易更换。老年学习空间只要有合适的场所都可以成为学习的空间，自由度大。

案例：崇贤街道武术辅导站的日常训练活动场地，以上亿广场的卧龙浜公园及文体中心附近的文体广场为主，一般在早上，由街道老龄委负责，所有成员的大活动集中于此，但同时学共体还分成了大大小小十几个小组，两三个人、四五个人、十几人一小组的都有，他们会在村社文化礼堂、小公园、小广场的场地中开展日常交流训练，由武协专人指导或学共体内部熟练的指导暂时不熟练的。因为学共体里老人居住得比较分散，不同的村社都有，因此日常训练以附近为主，不仅考虑到大家的出行交通便捷，同时也能有效利用时间。该学共体参加了杭州老年运动会武术比赛，并每年在街道举办的运动会上进行展示。

2.老年学习空间的新变化

老年学习空间也在不断变化，尤其是多媒体的迅速发展，给老年教育带来了新的机遇和挑战，老年学习空间也由线下转移到线上，很多老年学共体活动或老年教育都可以通过电脑、手机等远程方式开展，并且非常方便，深受老年人欢迎。杭州市余杭区、临平区在老年学习空间上也进行了全新的探索和实践，除了发挥图书馆、科技馆、博物馆等线下公共学习平台，也开发了"临平市民微学堂"等数字化学习资源，充分发挥设备设施、教学资源、师资优势，开展线上线下结合的教育培训和学习服务活动，给老年人带来新体验。同时大力鼓励各镇街积极搭建属地的共享型老年教育数字化学习平台，在原有基础上不断健全社会资源共享机制，更方便、更有效地为老年教育服务。

二、老年学习空间的人文化改造

（一）打造学习基地，构建人文学习场域

老年教育也需要适宜的学习基地，学习基地能满足老年人的学习、活动以及交流探讨的需要，是功能完善、服务多元化、居民积极参与的社会化运营的综合性便民活动场所。

案例:余杭街道市民客厅以"个性化打造,功能性互融"为基础,集养老照料中心、居民议事厅、微型消防驿站、垃圾分类宣传站、便民超市、公益养老等多种功能于一体。其中,一楼、二楼为居家养老服务照料中心,内设老年食堂(配餐型)、棋牌、休息室、手工坊、书画坊、电子阅览室、影音室、理发室、洗衣房、心理疏导室、医疗保健室等十余个功能片区,三到五楼主要是中青年及少儿活动场地,开展各类主题月活动、"禹益学堂"系列活动、文艺汇演、教育培训等活动,从而吸引了越来越多的市民参与。余杭街道市民客厅在运营上,提出了"1+N+N"模式,即以"科学创新"为主旨,建设起社会组织孵化基地、居家养老服务基地、慈善孵化基地、关爱基地、社工基地、城乡社区发展基地、便民服务基地等"N个服务基地"和"N个组织"。目前由余杭街道仁益社会组织服务中心进行整体托管和运营。自正式运营以来,市民客厅最大限度地整合区域内资源,拓展社区服务功能,汇聚社会组织、学校、公益企业等资源,合力开展涵盖老、中、青、幼全人群的大型活动、便民服务活动、文化课程活动等各类互动活动及学习课程。截至目前,市民客厅已为各年龄段居民开展兴趣类、能力提升类、便民服务类等活动300多场次,场馆内累计服务10万余人次。

市民客厅内设"禹益学堂"板块,"禹益学堂"是余杭街道市民客厅2019年推出的致力于丰富居民生活、提升居民生活品质的品牌公益课堂项目。每周开展符合不同年龄层次需求的无界学堂、魅力女性、快乐夕阳红、快乐童年等系列课程,并且市民客厅已链接多家社会组织、学校、公益企业共同开展益智训练、手工制作、彩绘、香包制作、草编、民间手工艺、皮影戏等多种艺术学习体验活动。如社区心理健康教育:邀请专家老师,结合居民需求,分别开设职场心理、亲子关系、婚姻关系、情绪管理等教育活动;兴趣、艺术类课程:开设陶笛等传统乐器培训、女性形体课程、太极拳培训、国画课堂、油画课堂等;居家类课程则开设芳香疗法居家应用、插花、阳台园艺等培训活动;还联合其他公益组织开展志愿者培训、社会组织能力建设培训、夏令营和冬令营等活动。

余杭街道市民客厅的未来发展规划有:根据社区类型、人群特征,持续优化场馆功能,以项目化运作模式规范中心整体运营;结合线上、线下推广活动,吸引社区居民参与,提高场馆利用率;同时通过内部资源整合,引入、挖掘社区及专业社会组织力量,为市民客厅开展各类活动提供专业服务,力求满足社区全方位、全过程的社区服务需求,促使客厅逐步走上有序运营轨道。余杭街道市民客厅、余杭街道社会组织的活动开展,做到积极融入"历史文化名镇、创新活力新城、美丽城镇样板"的建设,并根据社会组织自身优势融入相关专题活动。

(1)根据市民客厅周边居民人口结构以及社区资源,不定期开展基础调研,结合场馆总体功能定位,优化各功能室服务功能,同时梳理场馆服务资源库,并与社区形成长期有效的互动模式。项目执行通过微信公众号、微信群等收集居民意见,完善中心服务功能。

(2)继续优化余杭街道市民客厅运营管理机制,在机制的基础上形成《中心运营管理手册》,确保整个中心有序开展日常工作。

(3)依托市民客厅资源进行品牌化建设,运用传统及新媒体宣传措施,加大中心面向社区居民的宣传力度,吸引更多居民走出家门,参与中心提供的各类活动,提升中心各功能室的使用效率。

(4)整合周边企事业单位共建单位资源,建立客厅的企事业单位资源库及共建单位资源库,引导多元主体参与社区治理,同时延展到企事业单位,建立资源共享、互助互惠的合作关系。

(5)开展"社会组织品牌化建设论坛"、义卖等大型活动,为区域内社会组织发展和品牌建设提供支撑,以突出市民客厅的创新性和活力性,抢占制高点,也让市民客厅在全国亮相。

(6)打造1~2个品牌系列活动,构建社会效益好、市民乐意参加的活动内容,提高市民客厅的知晓率,促进市民客厅及街道各个社会组织健康发展。

(7)对接省、区、市的优秀社会组织,建立社会组织互帮互助机制。

(8)开设老年课堂,与老年大学余杭教学点合作,定期为社区居民开展健康、养生等主题培训教育活动,促进老年社区居民间的沟通与交流。全年开展活动不少于12次。

(9)开展儿童服务活动,开放阅读、手工制作场馆,内设少儿图书书架与阅读区域,形成亲子阅读区。全天候开放阅读场馆,每月至少开展1次亲子绘本阅读和儿童手工制作类活动。

(10)开展中青年服务活动,与企业合作,以中青年兴趣爱好为依托,开展各类培训或兴趣班活动,如瑜伽班、插花班、烘焙班等。在活动周期内,开展各类中青年群体的兴趣班不少于3个种类,每个种类至少每季度开展1次。

(11)开展公共服务与便民服务活动,如每年举办1次社区公益市集活动,与省、区、市慈善机构合作,通过好玩的义卖活动聚集社区人气,借助公益市集的平台把社区内闲散、富余的物资发掘出来,供有需要的人购买;每月开展1次便民大篷车服务活动,与社区志愿者队伍进行联系,为社区居民提供理发、修鞋等便民服务,并将其服务模式进行优化,以达到活动常规化、服务标准化,全年活动开展不少于10次,还协助街道搭建社区便民服务驿站,将便民服务引入村社开展服务;每年开展1次社区睦邻节活动,通过搭建平台吸引社区居民展示自身才艺,在满足居民文化娱乐需求的同时,又能宣传场馆,提升场馆知名度,并把它作为品牌项目进行打造。后续我们还将开展各种品牌活动,如"把'爱'秀出来"系列活动,包括制作贺卡、亲子时装秀日、全民写信日等。

(二)重构公共环境,形成公共学习空间

社区公共学习空间往往是与传统学习场景相对应的,它能满足不同人群、不同时间、不同需求的学习。我们以老年朋友为服务对象,通过激发老年人的学习兴趣和创造性,来促进老年人学习的主动性、协作性、创新性。通过对现有的社区空间进行适当改造,使其兼具流动性、整体性、时尚性和教育性,将生活空间、文化空间和教育空间融合起来,让"学习无处不在"。

案例1:仁和街道社区老年人诗社学习场＋流动图书馆

该空间主要满足老年诗社的日常学习及活动。仁和街道有一群热爱诗歌写作创作和朗诵交流的老年人,他们有的是退休教师,有的是医生,各行各业的都有。因为有共同的爱好,大家都想晚年生活过得充实有意义,但由于场地有限,一直较难有舒适的适用的场地交流学习。因此仁和街道社区教育中心学校决心改造出一个老年教育学习场地,供学共体老年人使用。他们将原本堆放旧书和材料的房间加以改造,以前走进去泛黄的书本散发出陈年的气味,现在经过精心改造展现的是典雅和厚实的格局。木质的桌椅、柔和的灯光、纱质的窗帘,都带给人们伏案阅览的温馨感。天花板上的装饰以及墙上采用大幅通透的玻璃,使得空间既有通透感又有延伸感,空旷又静谧。再加以配套图书,辅以阅读功能,实现一室多用,根据不同老年人学习交流的需要,自由组合,灵活搭配,既可以成为小组讨论交流的场所,又可以拼成一间会议室。整个空间主要有三个区域:一是阅读区;二是学习交流区;三是舒适静心区。新改造的公共空间,不仅具备阅读、交流、休憩功能,而且立足于居民的学习交流体验,把老年人学习和生活的感受与学习体验融为一体,这样的学习场地、这样的体验、这样的环境令人身心愉悦,又有文化价值和教育价值,让场所发挥最大的价值。

例如一楼展示空间。充分利用综合楼一楼大厅空间,把大厅中央的承重柱改建成屏风墙,把大厅分割成外室和内室,使内室形成相对独立的公共学习空间。屏风墙体两边陈列着老年朋友的作品。在大厅的两边,是老年朋友的诗歌、绘画等作品的展示橱窗。靠南的墙体,换成了落地玻璃窗,让自然光投射进

来,也让内室具有视觉的延展性。内室摆放着可以自由组合的沙发。老年人可以在这里休息,可以在这里开展非正式讨论,举办沙龙。

案例 2:仁和街道中心广场木石空间

整个学习空间以开放式呈现,花草树木的造型设计寓意枯木逢春、点石成金。这里原来是公园里树木丛生之处,少有人来,浪费资源,环境不美观,经过改造后,架空的木板铺地,形成一个防潮的休闲放松平台。平台的中央保留着生命力旺盛的芭蕉树。宽阔的场地可以满足老年朋友室外的学习交流和活动需求,如艺术舞蹈交流等。

案例 3:仓前街道文化服务中心

仓前街道作为全国"双创"高地,聚集了全国各地的双创人才,文化水平普遍较高,活动参与度较高,为了满足辖区老年人的学习需求,仓前乾仓党群文化服务中心在已有学共体基础上,进一步激发学共体活力,吸引更多老年人参与自发举行的学共体活动,实现体验性学习基地对居民日常学习的引导作用。他们与周边社区一道,对文化服务中心进行功能改造,文化服务中心是少年儿童的"第二课堂",是青年创客工作之余的"充电站"和"加油站",更是老年居民的"社区大学"和文化休闲的最佳场所。

我们还可以选择居民较为集中的自然村落宅基、居委会楼组、企事业班组、种植园、体验基地等重建老年学习点,教育活动可以发生在村宅、楼组村居民中间,建立区社区学院—镇街社区教育指导中心学校—老年学习场三级学习网络,逐渐建成覆盖广泛、普及性更强的老年教育学习场、学习圈,为老年人提供更为便捷、更有实效的学习环境。总之,公共学习空间适应了新时代老年人的学习需求和发展需求,是一种全新的建设理念,是时代发展所需,也是老年人发展所需。

第二节　人人为师:"成员即资源"

社区老年教育的资源从何而来?依靠传统的模式难以满足老年教育学习需求,单纯依赖政府扩大供给,或者办新的学校,这种教育模式没有可行性。各式各样的丰富多彩的学习空间为老年人提供了可以学习的场所,在这种平等、互助、宽松、愉快的氛围中,学习者的学习也变得不一样,他们可以互相探讨、互相学习、分享各种学习资源,分享彼此的情感、体验和观念,共同完成一定的学习任务,通过共同学习活动形成相互影响、相互信任、守望相助的人际关系。这是一种全新的资源观:成员即资源。这里我们需要先弄清楚两点:一是社区老年教育到底学什么,怎么学;二是传统的资源观是什么,对社区老年教育有哪些方面的影响。

社区教育在很多人心目中就像一个箩筐,什么都往里装,没有边界。实际上,真正的社区教育的内容远不只是现在开展的教育培训和文化休闲等活动。对成年人而言,一生中会遇到各式各样的人生难题,许许多多的难题职场是解决不了的,家庭也是解决不了的。但是,社区教育可能有助于问题的解决。这里就有一个资源观的问题,当我们能认识人性、理解人性、张扬人性,追求一种基于本质意志的学习方式,就有可能建立起"成员即资源"这一全新的资源观。①这是社区学习共同体理论给社区老年教育带来的新的视角,社区老年教育更多地依靠社区教育力量的支持与社区老年人自力更生共同去解决资源短缺的问题,这是一个自上而下供给与自下而上的自组织学习形态的有机结合。

传统资源观中学习资源主要是教师和教材,学习者是资源的消耗者,学习者的增加意味着需要提供更多的学习资源。因此,在这种资源观下,学习需求的增长必然导致学习资源供需矛盾的凸显。老年人群体对此显然不能适应,新资源观恰好能解决这一矛盾。②从传统资源观走向新资源观,需要大家对新的理论和实践形式的认同,需要摆脱功利性学习。

一、"成员即资源"的内涵

"成员即资源"的核心是学习者亦是老师,学习者也是重要的学习资源,可以共享。社区老年教育需要树立"成员即资源"这一新的社区教育资源观,并以此为基础构建新的资源模型。该模型具有资源获取模式的开放性、资源实际存量的流动性、资源消耗过程的生成性、资源利用过程的共享性四个主要特征。只有当"学员"变成"成员"的时候,社区学习共同体才具有足够强大的内生发展动力。③这种资源观下的共同学习尊重和满足了个人兴趣和学习需求,它是人道的学习,是契合人性的成人学习,是高效而快乐的学习。他们能够获取足够的资源,而这一资源本身是一方"池塘",是一个崭新的生态系统。④这样一种生

①　汪国新,孙艳雷.成员即资源:社区学习共同体内生发展规律探析[J].职教论坛,2013(24).
②　汪国新,孙艳雷.成员即资源:社区学习共同体内生发展规律探析[J].职教论坛,2013(24).
③　汪国新,孙艳雷.成员即资源:社区学习共同体内生发展规律探析[J].职教论坛,2013(24).
④　汪国新,孙艳雷.成员即资源:社区学习共同体内生发展规律探析[J].职教论坛,2013(24).

态建构需要成员们理念上的一致认同,需要老师与学员的共同努力。"成员即资源"可以从以下几方面理解。

(一)成员也是资源

成员即资源,社区学习共同体不以"书本知识"作为主要的学习内容,而是以解决人生难题、实现自我价值、丰富精神世界等实践性、生活性最强的主题作为学习内容。在社区学习共同体中,成员通过相互交流、互动、研讨、探究来完成学习过程,"个人知识"在学习过程中发挥着重要的作用,成为不可替代的学习资源。① 社区老年教育是真正的社区学习共同体,共同体的"心灵契约"是资源生成的基础条件,共同体的"志趣相投"是资源生成的核心要素,共同体的"交往""互助"是资源生成的内在机理,②社区老年教育要获得可持续发展的能力,不是简单地依赖政府的不断投入,而是更多靠自身的团队建设去解决问题。因此,首先要在老年学员中广泛宣讲社区学习共同体的理念,引导老年学员认识自己,清楚自身在终身学习方面的价值诉求。

(二)成员带来资源

成员即资源,还表现在成员能够为社区学习共同体带来丰富的资源。成人与儿童相比具有复杂的社会关系,社区学习共同体可以通过成员来获取自身发展所需要的重要资源,特别是场地、设施、设备、师资等资源。社区学习共同体所拥有的资源即所有成员共有的资源,因此成员更乐于将自己所拥有及能够获取的资源积极提供给社区学习共同体。③ 在老年学习群体中,大家更愿意分享自己获得的图书、视频、学习心得,学习没有排名、没有功利。共同学习、无私分享、共同提高是一件快乐的事情。

(三)成员生成资源

成员即资源,更表现在社区学习共同体活动过程中知识的生成上。充满对话、互动、协商的社区学习共同体的学习,几乎在每一次的活动中都能产生新的创意灵感、新的思想火花、新的奇思妙招。当人们在社区学习共同体中学习的

---

① 汪国新,孙艳雷.成员即资源:社区学习共同体内生发展规律探析[J].职教论坛,2013(24).
② 王中,汪国新.社区学习共同体的"新资源观"探析[J].职教论坛,2019(5).
③ 汪国新,孙艳雷.成员即资源:社区学习共同体内生发展规律探析[J].职教论坛,2013(24).

时候,会产生大量的新想法、新思路、新创意,从而生成新的资源。① 老年学员在辨识哪些资源是新生成资源的过程中,不断获得新的成就感,对振奋社区学习共同体成员的信心更有重要价值。

二、"成员即资源"的模型建构

成员即资源是一种新的社区教育资源观。从观念的树立到实践的落实需要一个中间环节。社区学习共同体形成了独具特色的资源模型,解决了成员成为资源的实践问题。社区学习共同体资源模型(见图2-3)中一共有六个变量,分别是资源存量、资源获取、资源消耗、成员人数、外部支持和资源共享。②

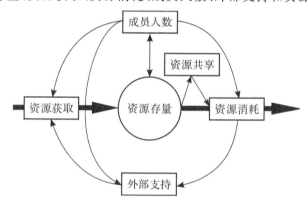

图 2-3　社区学习共同体资源模型

(一)资源获取、资源存量和资源消耗三个传统变量

模型中心是社区学习共同体的资源存量,也就是社区学习共同体实际可支配的资源,这种资源并不为社区学习共同体独立所有,在开展学习活动过程中社区学习共同体成员能够实际利用这些资源。模型左侧方框表示资源的获取,右侧方框表示资源的消耗。对于任何一个系统来说,必然都有资源的获取及消耗功能,资源获取变量决定了社区学习共同体能够得到多少资源,而资源消耗变量则表示社区学习共同体开展活动过程中产生的资源消耗。③ 社区老年教育要改变传统的办学模式,不能仅盯着老年大学,要发展广阔的社区老年教育,资

---

① 汪国新,孙艳雷.成员即资源:社区学习共同体内生发展规律探析[J].职教论坛,2013(24).
② 汪国新,孙艳雷.成员即资源:社区学习共同体内生发展规律探析[J].职教论坛,2013(24).
③ 汪国新,孙艳雷.成员即资源:社区学习共同体内生发展规律探析[J].职教论坛,2013(24).

源从哪里来？要改造资源获取、资源存量和资源消耗三个传统变量，更广泛地获取资源，增加资源存量，减少资源消耗。

（二）资源共享和外部支持两个特殊作用变量

模型下方为外部支持变量。社区学习共同体开展学习活动很难离开外部的有效支持。政府机构、企业组织、民间团体都可以成为社区学习共同体的外部支持力量，外部支持力量的大小能够改变社区学习共同体的资源获取能力，在外部支持较多的地区，人们组建社区学习共同体就能够更加容易地获取资源，从而顺利开展学习活动。模型内部还有一个重要的变量，即资源共享，这是指在学习过程中很多的学习资源在社区学习共同体中可以得到充分的共享。[①]要获取外部支持力量，必须找到一条促进社区老年教育资源增长的新路径。

（三）成员：最具特色的重要变量

这个模型描述了成员能够在社区学习共同体中起到关键支点的作用的原因。与传统资源模型相类似，一方面社区学习共同体的实际资源存量决定了社区学习共同体能够为多少成员提供足够的资源支持开展学习活动，另一方面，成员数量也直接影响着社区学习共同体资源消耗的速度。一般来说，成员数量越多，所消耗的资源也就越多。[②] 新资源观改变了我们的认知，在社区老年教育中，引入新资源观，使得成员数量越多，所获得的资源也就越多。

三、社区学习共同体资源模型的特征

社区学习共同体的资源模型具备四个基本特征，即资源存量的流动性、资源获取模式的开放性、资源消耗过程的生成性、资源利用过程的共享性。[③] 了解社区学习共同体资源模型的特征，对我们推进社区老年教育具有积极意义。

（一）存量资源的流动性

所谓流动性是指社区学习共同体超越了"获取—消耗—再获取—再消耗"的资源模式，而是实现资源的广泛交互，实现资源在不同社区学习共同体之间，

---

① 汪国新,孙艳雷.成员即资源:社区学习共同体内生发展规律探析[J].职教论坛,2013(24).
② 汪国新,孙艳雷.成员即资源:社区学习共同体内生发展规律探析[J].职教论坛,2013(24).
③ 汪国新,孙艳雷.成员即资源:社区学习共同体内生发展规律探析[J].职教论坛,2013(24).

在社区学习共同体与企事业单位、社会团体之间充分互惠互利。① 诸多基层实践突显了资源生成的流动性,反映了社区老年教育生机勃勃的生态。

案例:崇贤街道垃圾分类宣讲队

活跃在崇贤街道崇文社区的垃圾分类宣讲队是一支由18名社区楼道支部党员和居民群众所组成的服务队,在成立的三年多时间里,宣讲队的成员们凭借着热情和执着,利用自身的特长,把垃圾分类的知识编成快板,编成短歌,走村入户,有时在垃圾桶边宣传,有时在居民家中宣讲,有时进学校,他们通过实实在在的工作开展和努力坚持,获得了村里人的认可,大家开始参与垃圾分类了,并自觉影响家里人、身边人,他们的行动不仅宣讲了垃圾分类知识,也美化了乡村,美化了庭院,提高了居民的环保意识,产生了良好的影响。如今家家分类、户户美丽已成为崇贤街道鸭兰村的招牌。

(二)资源获取方式的开放性

社区学习共同体获取资源的模式充分体现了开放性,也就是说社区学习共同体能够通过多种途径获取多种资源,能够最大限度地利用社会各界的学习资源。每个成员都承担共同体资源建设的责任与义务,每个成员都是社区学习共同体吸纳新成员的主力,这种依靠成员、以成员为资源的资源模式具有高度的开放性,使得社区学习共同体的资源能够不断丰富,持续发展。② 社区老年教育对学员自身潜能的激发是开放性的具体体现,资源获取方式与传统的学习型组织具有较大的区别。

(三)资源消耗过程的生成性

生成性是社区学习共同体资源模型中的一个重要特征。所谓生成性是指在资源消耗过程中,资源不会因为消耗而单方向减少,而会产生新的资源,这些资源的产生一定程度上弥补了资源消耗。③ 因此,社区老年教育资源不是单向的供给与需求关系。

案例:崇贤街道飞阳合唱团

现任团长杨家玲来杭州已经十几年了,一开始人生地不熟,一度非常孤独空虚。一个偶然的机会,她喜欢上了唱歌和舞蹈,从此乐此不疲。她创办了合

---

① 汪国新,孙艳雷.成员即资源:社区学习共同体内生发展规律探析[J].职教论坛,2013(24).
② 汪国新,孙艳雷.成员即资源:社区学习共同体内生发展规律探析[J].职教论坛,2013(24).
③ 汪国新,孙艳雷.成员即资源:社区学习共同体内生发展规律探析[J].职教论坛,2013(24).

唱团和舞蹈团,这里有小孩,更多的是赋闲在家的老年人。一开始老年人不懂合唱和舞蹈,也没有坚持按照她的要求来训练,但是她耐心和老年朋友讲,给他们看合唱和舞蹈的视频,只要有时间就教他们学习,如今他们已经有了稳定的合唱团和舞蹈队,并经常参加各种舞台演出、比赛。老年朋友们的生活也发生了变化,儿女觉得父母生活有品位,有热情了,老年朋友们也觉得自己充满了活力和魅力。昔日无所事事或忙于家庭琐事的他们,重新感受生活的美好和意义,乐观、自信的她与歌友们台上台下同歌共舞,分享荣誉与快乐。这么多年来她一直活跃在社区学习共同体中,在这里她找到了家的感觉。

飞阳学共体的成长历程,是社区共同学习资源生成性的一个典型案例,演绎了一个普通居民如何通过社区学习共同体,不断提高自己唱歌、舞蹈的水平,成为这个学习共同体的核心成员,成为社区学习共同体的重要资源的动人过程。

(四)资源利用过程的共享性

社区学习共同体资源模型还有一个非常重要的特性,那就是共享性。倘若没有资源的共享性,那么社区学习共同体资源的获得就不会那么顺畅,资源的利用效率也就难以提高,有限的资源也就难以满足成员的学习需要。[①] 这也是社区学习共同体的共同学习特质的重要反映,只有共同学习才能更好地促进资源的共享。

案例:崇贤街道秋实宣讲团

秋实宣讲团的每次交流学习环节总是很热闹,每个成员都具体描述宣讲中的成果、困惑或建议,和同伴探讨,请教更加创新的、更接地气的、更有实效的宣讲手段和方式,他们也不断充实自己的知识,提高理论水平,结合本土的资源文化特色,讲好故事,传好声音。在社区学习共同体中,人的行为并不是以能够实现个人目的的工具理性为行为准则,而是以共同体内部和谐为共同目标,乐于分享自己的资源给其他成员。

上述案例反映了社区学习共同体正是通过这种转变,解决了显性的学习资源的有限性与学习需求的无限性之间的矛盾,为满足人们的终身学习需求提供了一条崭新的道路。[②] 这条生机勃勃的崭新道路主要依靠老年人从"学员"向"成员"的转型过程中,自发形成的生命形态。

---

① 汪国新,孙艳雷.成员即资源:社区学习共同体内生发展规律探析[J].职教论坛,2013(24).

② 汪国新,孙艳雷.成员即资源:社区学习共同体内生发展规律探析[J].职教论坛,2013(24).

四、从"学员"到"成员"：内生发展的实现

"成员"一词在社区学习共同体中具有特殊的含义，要成为一个社区学习共同体的"成员"，要经历一定的过程。社区学习共同体只有将参加学习的"学员"转变为"成员"之后，才能真正获得足够的资源，为社区学习共同体的持续发展提供内在动力。

（一）"学员"与"成员"有本质的差异

"学员"的意思是指在学习的人，一般用来指为了取得技能、证书、身份而参加固定机构组织的特定培训的学习者；"成员"则是指集体或家庭的组成者和参与者，学员与机构之间是一种目的性明确的交易关系，学员为了获得学习结果需要交付一定的学习费用，而培训机构则通过提供学习服务获得经济收益。学员间常常是竞争关系，而成员则不同。成员与所在集体属于利益一体的关系，成员所有即为集体所有，集体所有也为成员所有。在认知上，成员将学习看作集体行为；在情感上，成员在学习中感到愉悦和快乐，参与学习成为一种精神需要。成员为自己的成长欢欣鼓舞，更为集体的进步与成功而感到极大的满足。[①]强调"学员"与"成员"的差异，实质上也是因为集体学习与共同学习的特质不同，只有"成员"才有真正的共同学习。

（二）从"学员"到"成员"契合人的本性

以工具理性主导的现代社会，人们常以明确的个人目的为行为准则，交易行为充斥在人们生活的方方面面。但是，人又不是纯粹冰冷的理性计算机器，人还需要温暖的感情与灵魂的归属。从参加机构组织的教育培训活动到主动融入社区学习共同体。从"学员"转变为"成员"，其实就是现代人渴望回归人的本性的努力在教育学习领域的折射。社区学习共同体中的成员自然产生了自觉维护群体形象的心理，他们时时处处维护共同体良好的形象，在个体不断努力学习的同时，推动集体走向成功。以成员的态度和动机参与学习，可以说是满足人"爱与被爱"的需求，完全契合人性。[②] 因此，社区老年教育需要明确价值理性与工具理性之间的区别，了解老年学员参与老年教育的目的，才能对老年

---

① 汪国新，孙艳雷.成员即资源：社区学习共同体内生发展规律探析[J].职教论坛，2013(24).
② 汪国新，孙艳雷.成员即资源：社区学习共同体内生发展规律探析[J].职教论坛，2013(24).

人参与的社区学习共同体的培育做好有效的指导。

(三)"学员"转变为"成员"

新参与社区学习共同体的人并不能算是其成员,充其量算一个学习活动的参与者,从参与者到成员需要一个逐步发展的过程,在这个过程中社区学习共同体本身的群体文化是不容忽视的力量。通常一个社区学习共同体成立之后,会逐渐形成一种共同学习文化,虽然不同的社区学习共同体之间存在一定的文化差异,但平等、互助、奉献等核心价值却是基本相同的。一般来说,一个新参与者需要顺应这一文化并逐步完成文化认同,最终实现价值观与行为准则的内化而成为真正的成员。文化顺应过程也有意外情况,当新参与者不认同共同体文化的时候,就会选择离开或者是提出文化挑战,但是无论是哪种方式都将对社区学习共同体文化产生一定的影响,促使它要么被淘汰,要么向更健康、更积极、更开放的方向发展。[1] 对社区老年教育来说,"学员"转变为"成员"是一个认知转变的过程,在一些成熟的社区学习共同体中,我们能够轻易地看到各种互助共学的"学员—教员"角色互换的情景。但是,对那些还没有关注到社区学习共同体理论的地区,需要社区教育工作者的主动帮助和积极引导,就要突出社区教育工作者的使命和任务,特别是提升社区教育工作者培育社区老年自组织学习形态(包括各种各样的社区学习共同体)的能力,而不是片面地去解决资源短缺的困难,把每一位老年学员的积极性调动起来,让他们自己主动去发现推动资源创新的魅力,这是我们需要加强的重要方面。

第三节　数字化学习的适切性

数字时代的来临,我们每个人都不能回避,帮助老年人在终身学习的进程中跨越"数字鸿沟"是社区教育工作者的重要职责。新媒体时代,社区教育学习资源愈加丰富,老年教育亦是如此,丰富多彩的老年教育数字化资源给老年朋友带来了全新的视角和体验,数字化学习能够较好地对社区老年教育发挥助力作用,也打开了老年朋友全新的生活和学习方式,拥有了更多获得感、幸福感和安全感。

---

① 汪国新,孙艳雷.成员即资源:社区学习共同体内生发展规律探析[J].职教论坛,2013(24).

一、数字化学习资源特点和老年学习特征

(一)数字化学习资源的特点

当下相比任何时代学习资源空前地丰富,无论是媒体资源、空间资源还是人的资源。人们不再担心找不到资源去学习,不再困惑学习资源匮乏等问题,摆在学习者面前的是丰富的学习资源,老年教育亦是如此,无论线上还是线下,只要想学,就可以随时随地学习任何你想要学习的东西。

1.数字化学习资源的优势

学习资源丰富:数字化学习资源种类繁多,涵盖我们生活的方方面面,包括知识类、技能类、文化类、思想类等等,可以说满足了不同层次、不同需求老年朋友的要求。

学习方式多样:数字化学习资源主要以电脑、手机、电视、平板等多媒体介质呈现,有的以声音为主,有的以图片为主,有的以文字为主,有的以视频为主,更多的是混合类的,老年朋友可以根据自身的基础和水平选择合适的学习内容。

学习时间弹性:数字化资源可以反复学习和观看,相比面对面线下授课有更多更大的灵活性,尤其是对于一些复杂的、难懂的、感兴趣的内容,老年朋友可以有选择性地重点学习和反复学习,利用空余时间,在任何地方学习,真正做到了随时随地、不受时间和空间限制,十分便捷。

学习场地不限:因数字化学习的主要介质是多媒体工具,所以只要拥有可以接收内容的多媒体工具如手机、电脑、电视等,老年人就可以根据自己的需要在合适的场地学习,如家庭中的客厅、卧室,户外的广场,地铁里,田间地头等任何地方,场地可以封闭可以开放,无论大小,无论环境好坏,可以和伙伴们一起,可以有老师指导,可以有其他学习器材工具辅助,这极大地方便了老年人的学习。

2.数字化学习资源应用的不足

数字化学习资源的开发和应用是我们推进社区老年教育的一个重要努力方向,但是,我们还要用辩证的思维看待数字化学习资源应用存在的问题。数字化学习资源仅仅是社区老年教育的助力方式,而不是全部。目前,数字化学习资源应用主要存在如下不足:

种类烦冗杂乱。各种数字化学习资源多得令人眼花缭乱,只要你花时间,

你都可以找到,但是想要在短时间内寻找到合适的数字化资源又是难事,特别是出现这样一种情况:生活类、兴趣类的数字化资源非常多,但科普类、知识类、技能类、文史类的资源比较缺乏,而且针对老年群体需求的学习资源也不是很多,这里还有很大的空白。

内容良莠不齐。数字化时代,人人都是自媒体,这也导致数字化资源的质量堪忧,未经正规审核的内容很容易就流入社会和大众,相关部门也是防不胜防。一些数字化资源内容质量欠佳,特别是与技术类、知识类相关的资源如果没有经过科学、规范的验证就被老年朋友学习,很容易造成误导。一些数字化资源内容低俗,为了博取眼球吸引流量,用低俗的行为吸引老年人观看,对学习者产生恶劣影响。一些数字化资源内容无效,对老年朋友的学习毫无益处,学与不学一个样,同样也是了获取浏览量或其他商业利益,这样的学习对任何人来说都是浪费时间。一些数字化资源内容违法,违反道德规则,挑战法律底线,一些辨识能力不强的老年朋友很容易上当,不仅危害自身,甚至祸及家庭及亲朋好友。除此之外,数字化资源的有些内容也不一定适合老年朋友学习,这些都需要甄别。

安全问题堪忧。数字化资源的安全监控一直以来就是大难题,由于监管的难度大,就给一些人钻空子的机会,他们会将安全漏洞置于数字化资源中,导致人们在点击时不小心中招。特别是老年朋友,因为他们的特殊情况,与时俱进的意识和能力不足,同时防范意识不强,家人又不在身边,情感脆弱,容易轻信他人,所以很容易上当受骗。有一些学习资料在以图片或文字等方式呈现时,会有各种广告或者其他陷阱跳出,但老年朋友缺少警惕意识和辨别能力,很容易上当受骗,一不小心就掉入这些 APP 或广告的各种诈骗中,不仅学无所获,更会遭受巨大损失,给老年人和家庭带来痛苦和灾难。

过于依赖数字化资源。大量的数字化学习资源让人们不再像以前一样查找资料、独立思考、同伴求证、哲思求真,完全依赖数字化资源不加识别,这不仅导致人们的思考力、思维力以及创新力的减退,也带来了恶性循环,使他们更加依赖数字化学习资源。

数字化资源固然有很多优点,现代人似乎越来越离不开数字化资源,人们很难静下心来好好阅读一本书,只要鼠标一点万事皆通。这看似方便了人们的工作生活,实则在一点点吞噬人们的思维和创造力,人们甚至不再思考,完全依赖数字化资源,试想一旦没有数字化资源做支撑,难道我们的生活、工作就要停止了吗?如果数字化资源出现了问题,是否会给我们后续的研究结果带来重创？没有人关注这个问题，人们仍然关注的是数字化资源够不够多，够不够用，事实上我们需要思考该怎样合理使用数字化资源。

（二）数字化学习时代的老年学习特征

1. 教学方式开放

老年学习不同于中小学也不同于成人，他们由于自身年龄、身体状况以及基础和接受能力等多种因素，不可能坐在教室安安静静上一天课，这不符合老年教育发展规律，自然也与老年学习规律不相符。老年学习的方式是开放的不是封闭的，不局限于教室或学校，它既可以在学校教室发生，可以在田间地头，也可以在公园一角，又可以在社区场馆等任何地方，总之老年学习是充分地走入社区、走进社会，老年学习教育既有学习性，也有服务型和公益性，另外对学习基础较差的学员，还需要个别耐心辅导，成员间也要互帮互学。

开放性的老年学习中也频频呈现出过于自发和随意，缺少组织和凝聚力的情况。以前我们总觉得老年人只要吃饱了穿暖了，就不用过多关心他们的其他方面，但是随着社会发展，人们的生活水平大大提高，很多老年人退休后赋闲在家，已不再简简单单只是吃饱穿暖的问题，他们有自己的精神需求，老年人的时间比较多，这些时间如何安排？有些老年人可能会去参加一些老年人活动，比如跳舞、打太极拳、绣花等等，但这些都是他们自发的，没有系统、没有目标，整体看来比较散，想来就来，不来就不来，学到什么程度没有规定，也没有去和其他地方的老年人交流心得，这对老年人的精神世界的提升是没有什么帮助的。

2. 教学内容实用

老年学习不同于中小学生的学习，它是一种实用性学习，学习的目的在于应用，最好能即学即用，立竿见影，这是老年朋友的追求。同时他们学习进度比较慢，吸收知识也比较慢。考虑这两点，我们选择和老年学习相关的内容资源要符合实用性特点，能紧跟时代，与时俱进，适应发展变化的新形势，能理论联系实际，能让老年朋友锻炼能力；要内容简单易学会，易操作好上手，符合老年朋友的生理、心理特点和接受能力；同时知识要准确无误，精确严密，符合学习规律，有系统性。

老年人不适宜高强度、高难度、纯文字的内容学习，不适合一开始技术性很强的学习。但当下很多老年教育中呈现出老年朋友学习的内容精神类偏少、文化力不足的问题。毕竟有些老年朋友，已经少有整天为衣食、为生计、为"老有所养"而犯愁。他们可能觉得退休后的日子难免寂寞了点，也孤独了些。所以，想方设法地填补老年朋友精神生活、文化生活的"空白",这就需要不断地延伸、扩展和优化老年朋友精神生活、文化生活的"空间"。这个"空间"大了,那么,老年朋友每天的时间就不但不会觉得"百无聊赖",反而会觉得越来越充实、越来越有意思、越来越有滋有味。

3. 由外而内促学

学习是自我培养、自我教育,是自己作用于自己,属于变化的内源动力、内因根据,作为发展外因的教育,就必须要通过作为内因的学习才能起作用。不是教会,而是教人学会,学习者不学,教育者徒劳,因此老年教育是老年学习的必需。要使老年学习普及,关键在于发展老年教育,在社会层面以教促学。社会有责任满足所有社会成员的学习需求,当然也包括使老人易于而不是难于获得学习机会。

4. 需求设置多样

老年朋友多是因兴趣、因需要而学习,因此他们的年龄跨度可能比较大,一个班或一个学共体的成员有的相差十几岁也有可能,他们来自不同的地方,有不同的背景,有不同的层次基础和经历,但现在都有相同的需求。因此我们在设置老年教育学习时,要考虑老年朋友的文化背景、社会经历、家庭环境、兴趣爱好等,满足不同层次的需求,他们有的学习时间很短,有的则需要长期研究,作为组织方我们要因需设置。

5. 管理体现服务

老年人更需要考虑他们的特殊性,在关心、爱护、尊重、保护老年人的基础上,将服务理念寓于教育管理中,让他们在学习中体验温暖,在发展中感受温情,这也是老年人学习的心理需求,因此老年教育中组织方要考虑到他们的身体状况、年龄层次、出行交通、接受程度、知识基础等实际情况制定授课和学习内容,最好能得到老年人家人的支持,包括物质支持、精神支持、行动支持等。

二、老年教育中数字化学习的适切性

(一)内容的适切性

1. 精简短小

适合老年教育的数字化资源应该是精简短小的,时间不能太长。要内容集中,主题单一,不能一个视频中有诸多内容的讲授或传达。因为老年人接收的信息量有限,注意力有限,理解能力有限,精力有限,且身体健康状况也是必须考量的因素。因此老年教育数字化资源播放时长最好在 30 分钟以内,一般 3—5 分钟的短视频是很能吸引老年朋友的。

2. 精准有效

老年朋友因为年龄特点、接收能力水平不似中小学生和年轻人,他们学习的内容必须一开始就精准有效,针对老年人需求,类似中小学生那种花费较长时间研究某一理论明显不适合老年人,他们没有很长的时间,且短时间看不到效果或益处很难激发他们学习的兴趣,因此数字化资源必须在第一次课上就抓住老年人的兴趣点,这就要求资源的内容必须是精准有效的。比如老年朋友可能不是很感兴趣科学研究、理论探索,但是他们喜爱研究养花种草等。

3. 精神所需

老年人辛苦忙碌了大半辈子,为家人、为社会贡献了毕生的精力,前半辈子的生活重心都是家庭,现在孩子们各自有了自己的家庭和生活,他们赋闲在家,总希望为自己而活。年轻的时候没有时间学习的器乐、舞蹈,忙碌的时候没有时间参加的学共体俱乐部,现在可以根据自己的兴趣爱好参加了,这也是当下很多年轻人的想法,他们也希望自己的父母有自己的生活圈子,不要局限于他们的小家,成天不是抱怨家里不够干净,就是唠叨早点休息,也给他们的家庭增加了矛盾。老年人发展自己的兴趣爱好既是老年人的切实需求也是子女的真心所愿。我们要给不同层次、基础和兴趣爱好的老年人提供不同的学习课程和资源。

生活类数字化资源:烹饪、缝纫、绣花、家政等生活所需,女性老年朋友比较感兴趣。

知识类数字化资源:运动、饮食、睡眠等健康养生知识,老年朋友都很关注,也都在身体力行,这一类的数字化资源非常受欢迎。

文化类数字化资源:如地域文化、历史遗产、诗歌学习、书法绘画学习等,对一些特定群体或有相关背景、相关基础的老年人非常有吸引力,比如退休教师、医生、机关干部或曾从事文化类职业的老年人,他们会自发组织成立学共体,定期学习研究。

地域文化类数字化资源:绣花、玉雕、古琴斫制等技能传承类的。这一类受众面也不是很广,不仅需要兴趣爱好,还需要有一定的基础和情怀,相比舞蹈、音乐类的兴趣爱好,这一类数字化资源本身知识含量要高,对老年人各方面的要求也很高,它需要老年人十分关注此项研究,并热心传承。例如崇贤区域的古琴斫制、良渚区域的玉雕、中泰区域的竹笛制作和演奏等等,都已经具备一定的基础,当地有这样一群老年人不仅是学习者,也是文化和技艺的传播者和传承者。

技能类数字化资源:如大棚蔬菜种植、西瓜等果树种植、电焊工等等,关注这一类的以农民朋友和工人朋友为主,他们会主动去寻找和学习此类数字化资源。

思想类数字化资源:党史学习类、红色影视欣赏等,老年人的爱国情感尤其浓厚,他们经历过从贫穷到富裕、从落后到富强,是和新中国一起成长的一辈人,这类数字化学习资源不仅会深入人心,更能唤起他们的记忆。

由此可见,国家社会和社区学校要根据老年人的兴趣爱好、文化背景等差异,建设艺术、文化、健康、生活等类型多样的数字化学习资源,不断丰富学习内容,拓展知识边界;根据学习阶段的差异,开发阶梯式课程,形成分层课程模式;根据学习方式的差异,开发微课、慕课、云视课堂、网络直播课等不同形式的学习资源,为不同学习场景提供丰富多样的学习内容。

4.精心服务

数字化资源为学习者服务,因此必须考虑到老年人的特殊身体状况,要做到用心服务,数字化学习资源要充分考虑到老年人的身心特点,体现服务的理念。

一要体现安全需要。老年人的警觉性不高,抵抗诱惑能力不高,特别是对数字化信息中隐藏的安全问题没有觉察,很容易上当受骗,威胁人身财产安全,因此数字化资源要充分考虑到这一需求,确保资源的安全性,同时增加适当的提醒。例如视频中的安全警示、温馨提示等等。

二是体现基础背景。大多数老年人都是来自农村乡镇,也有少数文化程度较高,但大多数都不识字或识较少的字。在广大农村乡镇,这样的老年朋友很多,电脑、手机等数字化多媒体均不会使用,因此数字化资源学习中若需要老年人自己操作,不仅需要专人授课,还需要做好数字化资源的细节处理,如字体要大,图画要精彩,要少用纯文字的介绍,尽量声音和图片结合刺激老年人的感官。总之考虑到不太会使用多媒体数字化设备的老年人的需求,数字化资源就要直观易学,且简单易上手好操作。

三是体现身体需要。一般的课堂中间会有休息,线下的老年教育课堂亦是如此,大家喝茶交流走动走动既是课堂需要也是老年人身体需要,他们坐不了太久,同样的线上的数字化资源如果时间超过 30 分钟,也应该在中间穿插活动身体放松休息的部分,5分钟左右,有详细的教学视频,如同老年人的广场舞教程一样,教他们活动活动身体,既是对课堂的放松,也是对身体的保健,只有真心考虑到老年人的身体需求的课程才会更受欢迎。

5.精良优质

任何数字化学习资源都会自觉或不自觉地渗透价值导向,要以主流的社会主义核心价值观的导向来筛选优质数字化资源,同时还要考虑到现下绝大多数老年人的现状——祖辈带孙辈,家庭教育问题摆在眼前。家庭教育中的价值导向也是数字化学习资源必须考虑的重要内容之一。老年朋友大多还要带孙辈,隔代教育在当下依然很普遍,表现出的问题也很突出,祖辈带孙辈不再像以前一样,吃饱穿暖就可以,当下孩子教育才是关键,老人带小孩,既要管生活,也要懂教育理念,这里不仅涉及老年人的价值导向还涉及教育理念等诸多方面。因此数字化学习资源中要有正确的价值导向,尤其是家庭教育理念,错误的导向和理念不仅会误导儿童甚至会引发家庭矛盾与纷争。

(二)人群的适切性

数字化学习资源是相对于纸质资源而言的,主要呈现在手机、电脑、平板、电视等非线下的平台上,也并不是适用于所有老年朋友们,同时一些学习内容和方式采用数字化学习效果也不一定比线下好,既要符合老年朋友学习的习惯,还要满足内容学习的需求。

1.切合老年人的身体状况

老年人的身体难免有或多或少、或大或小的问题,身体的灵活度、专注力都大不如前,数字化资源的学习又尤其需要静下心专注听讲,相比线下面对面授课,一方面课堂的气氛不如线下课堂好,很容易产生心理疲劳;另一方面长久地盯着电视或手机电脑屏幕,对视力也是一大考验,尤其对视力不够好的老年朋友来说比较困难,他们看得不够清晰,听得不够专注,学起来就效果不佳,因此数字化学习资源更适合身体状况比较好,且专注度、持久度比较高的老年朋友。

2.切合老年人学习需求

音乐类、舞蹈类、太极拳、烘焙、插画等需要动手、亲自操作示范的,也不太适合数字化学习,线下面对面、手把手的教学更受老年朋友欢迎,单纯的数字化资源学习会让老年朋友难以掌握内容要点,进而产生抵触情绪,也容易让老年朋友产生视觉疲倦,缺少线下成员间的互动,学习的效果也会大打折扣。因此此类学习需要和线下的活动结合开展才能达到较好的学习效果。

3.切合老年人的层次基础

数字化学习资源中以学习知识、技能技艺传承等为主的,要面向有一定文化水平的老年人方能有实效,而纯兴趣爱好、生活乐趣等不需要文化基础的则适合所有老年朋友,因此开发或选择数字化学习资源时,一要设置不同等级难度的资源,对资源进行难易等级设定,如一、二、三、四、五等级,等级越高,代表难度越大,这样老年朋友可以根据自身情况和需要进行选择性学习。因为毕竟还是有一部分老年人有发展的需求,他们年轻时因种种原因未能继续求学,有的小学毕业,有的未读过书,现在有时间、有精力、有资金,也有儿女支持,他们非常需要继续学习,弥补曾经的遗憾。

因此学习内容要有一定的难度,又不能太难,要有进阶,这种需求下的数字化学习资源就要相应地设置一定的难度,不必完全考虑受众和新颖性。二要划分不同方面类别的资源,对资源种类进行分类,如兴趣类、生活类、技艺类、历史类、文学类等,供不同老年朋友学习,两者也可以结合,总之不同人群的老年朋友都能找到合适的数字化学习资源。

(三)方式的适切性

1.碎片时间自学

老年朋友的时间比较自由,但白天整块的时间不多,有的要做家务活,有的要帮忙带孩子,余下时间都可以自由支配,如果不方便参加线下学习,这时数字化资源就是最好的选择,对于课上学习过的还可以再熟悉的内容、还没有完全掌握的内容、还想再研究的内容,都可以随时随地学习,不受时间、空间的限制,这对不便长时间外出又有小块时间自由掌握的老年人来说十分方便。

2.学共体共进互学

个人的学习是有限的,同伴的讨论会让学习更有成效,因此老年朋友也可以通过手机等多媒体手段进行线上交流、讨论,甚至骨干成员进行展示引领学习都是非常好的,目前常用的方式有手机微信、钉钉等平台。

3.专家授课领学

专家引领是必不可少的,特别是一些技术性的、理论性的知识,尤其需要专家进行指导。线上观摩学习是很好的方式,老年人可以通过观看视频了解掌握知识,如老年人也可以学习家庭理念,这样在隔代教育中对孙辈的教育也十分有利。

4.志愿帮扶陪学

老年人的特殊性决定了他们的学习方式不能一刀切,有些老年人掌握得比较慢,有些学的进度比较快,这时我们就要发挥志愿者的作用,手拉手帮助暂时不会的老年人慢慢掌握。志愿者是乐于此项工作的,一般是由退休在家的、有精力、有能力胜任这项工作的人组成。例如老年智能手机学习,我们在录制好微课后,供老年朋友学习,但总有一些老年朋友难以掌握行程码的使用,我们采用一对三的志愿帮扶方式,志愿者在线下学习的空当手把手教老人学习线上的微课操作,直到老人完全掌握。

5.线上线下共学

线上和线下学习各有优势也各有不足,在实际学习中,我们应该将线上和线下的学习方式结合起来,互相弥补。老年人在碎片化时间中可以线上学习,在整段时间中可以在线下学共体学习,两种方式交替进行。或是线下学习实际操作、线上学习理论知识,或是线下活动式学习、线上分享式学习等等。

我们要重构传统学习方式,开拓无边界学习空间。一方面要打破单一的线下教学模式,在课程教学中融入智慧学习元素,利用在线教学平台、智慧教学辅助工具等各种数字化手段,构建线上线下有机融合的"双通道"课程体系,要充分利用网络直播、短视频等新技术媒介,提供手机、电脑、电视等多终端的学习渠道,创造无处不在的多维数字学习空间,完善老年人终身学习账户认证体系,打通老年学习卡、学分银行账户等身份认证方式,同时加强学习者个人隐私数据保护。

综上所述,线上教学贵在自觉、规范、有体系,对一些已经具备这些要求的老年人来说是适合的,这些面向老年人的终身学习"云应用"系统和支持服务体系,老年慕课、云视课堂、"金色学堂"等在线学习空间都能充分考虑到有发展需求的老年群体的需要,而缺乏基础、自学能力不强的老年人仍需要线上线下相结合,不能完全依赖线上教学手段。所有的学习方式最终都是为老年教学服务,只有适合老年人的学习方式才是好的学习方式。

第 三 章

老年人学习的内驱力分析

麦克拉斯基最早提出老年人具有应付、表现、贡献、影响和超越的需求。此外，国外学者对老年学习进行研究时非常注重性别、年龄、受教育程度等背景的影响。国内也有少量针对老年人参与学习的原因研究。[1] 了解老年人学习的内驱力对推进老年教育工作非常必要，有助于做到因材施教、精准服务。美国著名认知教育心理学家奥苏贝尔指出，在学习范围内的成就动机可以分为三个方面的内驱力，即认知内驱力、自我提高内驱力、附属内驱力。[2] 基于老年人的生涯发展特征，老年人学习的内驱力主要包括三个方面：一是老年人对学习价值的认识，即学习能够提升价值感，理解老年人为什么而学；二是老年人学习对归属感的追求，即老年人非常在乎和谁在一起学习；三是老年人学习非常重视自主性和便捷性。老年人自主选择学习内容、形式和方法的范围都会影响内驱力，线下学习和线上学习的便捷度也成为影响老年人学习的内驱力的重要因素。

---

① 刘媛媛,张健.老年人学习内驱力研究[J].滁州职业技术学院学报,2017,16(4).

② 陶薇.老年人学习内驱力来源及赋能——基于奥苏贝尔成就动机内驱力理论视角[J].中国成人教育,2022(8).

第一节 提升价值感:为什么学

老年人为什么要学习,简单地说就是为了提升价值感,具体可以从社会性价值和生命性价值两个方面来看。

一、提高社会性价值,更好地服务社会

老年人通过学习可以重新发现自身的价值,证明虽然人老了但是心不老。所谓"活到老,学到老",在学习的过程中可以得到更多的社会认可,老年人可以获得更好的生存状态以及更健康的生活方式。通过学习可以重新定位自己的价值,获得尊重和鼓励,与客观世界建立联系。[①] 老年人学习的动力之一就是社会认同内驱力,即为了提高自身的社会性价值,继续发挥作用,服务家庭、服务社区、服务社会。

(一)服务家庭

老年人虽然过上了退休生活,离开了工作岗位,但是,在家庭中,老年人的责任并没有减少。特别是在老龄化社会来临之际,年轻人工作压力较大,老年人不可避免地要承担一部分家庭职责。此外,年龄的增长以及生病或者意外导致个别老年人失能,成为家庭赡养的对象。老年人的学习可以起到如下作用:

1.学习可以发挥赋能作用,增加老年人服务家庭的能力,让老年人承担更多家庭责任,促进家庭和谐。中国人重视家庭关系,父母为子女提供支持会持续相当长的时间,大多数父母年龄很大依然会为子女提供力所能及的帮助。根据《老龄蓝皮书:中国城乡老年人生活状况调查报告(2018)》的调查,我国有65.0%的老年人会为子女提供生活帮助,包括帮忙照看家庭、做家务、照顾孙子孙女、做农活等。在与子女频繁互动的过程中,老年人要学习很多新知识和技能,从而适应子女的生活习惯和生活方式,了解不断进步的应用技术,比如要学习家庭智能设备的使用、了解现代的幼儿抚育要求等等。

2.学习可以发挥预防作用,降低老年人生病甚至失能的风险,提高老年人的健康水平,从而降低家庭的负担。根据《老龄蓝皮书:中国城乡老年人生活状

---

① 刘媛媛,张健.老年人学习内驱力研究[J].滁州职业技术学院学报,2017,16(4).

况调查报告(2018)》的调查,近四分之一的失能老年人认为老年人是"家庭的负担",而生活自理的老年人的这一比例为12.5%。失能老年人的幸福感要远低于生活能自理的老年人。近1/5的失能老年人觉得自己"比较不幸福"或"非常不幸福",是生活自理老年人的这一比例(6%)的三倍多。① 参加学习活动本身可以改善老年人的精神状态,学习可以让老人获得保健支持,改变不良生活习惯,有助于提高老年人的生活自理能力,更加自立、自强、自信。

(二)服务社区

2000年2月13日,国务院转发了民政部、国家计委等11个部门的《关于加快实现社会福利社会化的意见》(国办发〔2000〕19号),明确了"在供养方式上坚持以居家为基础、以社区为依托、以社会福利机构为补充的发展方向",社区养老作为依托,成为我国养老服务体系的重要环节。近年来,社区养老得到重视,我国已经基本形成了家庭、社区、机构一体化的整合发展雏形。

学习可以提高老年人参与社区养老服务的能力,弥补社区养老的服务短板。当前社区养老服务对老年人需求的了解程度不够,众多养老服务的任务性太强,服务内容与服务方式较单一,再加上服务人员的专业性不强、人手紧张,老年人必然有些需求无法从社区养老机构得到满足。通过学习培训可以让社区老年人学习养老服务知识,发挥生活自理老年人的人力资源的作用,让社区的生活自理老人成为养老服务的重要补充力量。通过合理的制度和机制建设,生活自理老人通过照顾其他介助老人(半失能老人)、介护老人(失智老人和失能老人)、高龄老人,可以换取被照顾的资格,形成社区养老的内循环。

学习可以提高老年人参与社区治理的能力,成为社区治理的重要力量。2017年6月12日发布的《中共中央 国务院关于加强和完善城乡社区治理的意见》,在"健全完善城乡社区治理体系"中,明确了社区治理中各主体的地位和作用,即:基层党组织发挥领导核心作用、基层政府起主导作用、居民自治组织发挥基础作用、社会力量发挥协同作用,为老年人参与社区治理发挥积极作用指明了努力方向。

现在城市一个社区的工作人员一般只有十几个人,社区管辖人口动辄数千乃至上万,力量远远不足,以老年人为主体的社区积极分子就发挥了非常重要的辅助作用。来自社区的退休老年人参与基层组织工作具有相当大的优势。

---

① 党俊武.老龄蓝皮书:中国城乡老年人生活状况调查报告(2018)[M].北京:社会科学文献出版社,2018.

他们多为当地六七十岁的老人,身体条件还不错,家庭负担不重,有时间有精力,对社区情况比较熟悉。

(三)服务社会

服务社会也是老年人非常重要的学习动机。根据老年心理学的研究成果,老年人并非对社会生活失去了兴趣,大多数老年人渴望争取继续服务社会的机会,许多老年人常年活跃在文化、交通等志愿者行列,在服务社会的过程中实现自身价值,从而真正改变自身的生活状态。

学习提高老年人服务社会的能力,在服务社会的过程中提高老年生活的满意度和适应社会的能力。老年社会学的经典理论"活动理论"认为,活动水平高的老年人比活动水平低的老年人更容易对生活感到满意和更能适应社会。与库明和亨利同在芝加哥研究小组的罗伯特·哈维格斯特,也实地访问了300名50—90岁的老年人,他的结论是老年人应该尽可能长久地保持中年人的生活方式以否定老年的存在,用新的角色取代因丧偶或退休而失去的角色,从而把自身与社会的距离缩小到最低限度。哈维格斯特指出:人类不是天生就有一种能指引自身生活的本能,个体要在人类社会中顺利生活,就必须学会自我学习。

学习提升老年人的社会参与能力,老年人成为社会活动的重要力量之一。根据调查发现,目前我国老年人中参与家务劳动的占79.4%,参与志愿活动的占34.0%;在政治活动参与方面,参与人大代表选举的占49.2%,参与村/居委会委员选举的占70.6%,有约一成的老年人曾向政府部门建言献策、反映意见,向单位/村/社区建言献策、反映意见的老年人约占两成。

老年人从志愿者服务的对象到志愿活动参与主体的角色转变对老年人自身和经济社会具有积极意义,老年人是志愿者服务重要的人力资源,这已成为学界的共识。《中华人民共和国老年人权益保障法》明确规定:"国家与社会应当重视、珍惜老年人的知识、技能、经验和优良品德,发挥老年人的专长和作用,保障老年人参与经济、政治、文化和社会生活。"从立法角度鼓励老年人发挥社会服务的价值和功能。

总而言之,学习对提高老年人的社会性价值、让老年人更好地服务社会具有不可忽视的作用。价值感的提高是老年人学习的内驱力之一。

二、提高生命性价值,更好地实现生命成长

从个体生命性价值的角度来看,老年人学习的内在动机来自三个方面:发

展兴趣特长、实现潜能、完善心性。

(一)发展兴趣特长

兴趣特长是老年人学习的重要推动力。60加研究院发布的《中国老年教育行业研究报告》指出：老年人群学习的目的主要是打发时间、与人交往、增长知识和满足兴趣。

老年人群最大的需求不是增长知识，更多的是打发时间和与人交往。其中，以增长知识和满足兴趣为目的的老年人群走向了老年大学，而抱着其他目的的老年人群则走向了社区教育或讲座培训等。

从调查数据中不难看出，被调查者将近一半认为老年人群学习目的是打发时间，这也代表了大众对老年人群学习心态的揣摩和猜度，然而，这样的调查数据并不能帮助我们理解老年人群学习的真实动机。

发展兴趣特长是老年人提高生命性价值的重要内在动力。在年轻的时候，因为各种主客观因素，人们会错过许多学习的机会，年轻时候的爱好和兴趣并没有机会得到良好的发展。在退休之后，生活压力减小，空闲时间增多，老年人开始重新拾起原来的兴趣，希望在某个自己热爱的领域培养特长，实现年轻时代的梦想。在社区教育的众多学员中，这样的案例层出不穷。在成人教育理论中曾经有一种补偿理论，认为成人教育是对过去丧失的学习机会的一种补偿。对于老年教育而言，这种补偿性的成人教育理论更加具有说服力。[1]

(二)实现潜能

教育对人类潜能实现的作用毋庸置疑，只是人们一直关注的焦点在如何实现儿童的潜能，在很多人看来，教育对老年人而言，实现潜能的价值已经不再重要。

生命的价值与实现潜能紧密联系在一起。潜能是一种能转变成其他存在的存在，是能发展成其他存在的一种能力，是能作为或成长为一种隐形素质的可能性。[2]生命的价值最可贵的地方在于其丰富的可能性。生命是在时间维度上不断展开、延伸、抵达的过程。潜能是站在某一个时间节点上，对未来的可能性所做的描述。人们一直以为孩子是最具有潜能的，因为，孩子们站在生命开

---

① 中国建银投资有限责任公司投资研究院，北京中关村科技发展（控股）股份有限公司，建投华文投资有限责任公司.中国老年文娱产业发展报告（2020）[M].北京：社会科学文献出版社，2020.

② [英]肯·理查森.基因、大脑和人类潜能[M].北京：中信出版社，2018.

始的端点上,拥有漫长的未来,因此,孩子在未来的可能性也就无法限量,孩子的潜能值得深度挖掘。

智慧是老年人更加富有潜能的重要依托。人类才智、人格与经验的结晶就是智慧,老年人常被认为是智慧的持有者,同时智慧也和老年人的生活满意度休戚相关。① 现代科学技术日新月异,让人们总是觉得新知掌握在年轻人手中,创新是年轻人的特权,老年人因此成为被动学习者。人类解决问题并不仅仅依靠科学技术,还需要依靠智慧。特别是在解决社会问题的过程中,智者更善于透过纷繁复杂的现象看到问题背后的原因,从而找到解决问题的根本办法。随着终身学习理念的普及和老年教育的发展,人们发现,老年人的丰富阅历让他们在智慧上具有更大的优势,他们在学习中表现出更大的灵活性,善于从不同角度审视问题。

闲暇为老年人实现潜能提供了坚实的基础。在退休后的生活中,老年人获得了大量的闲暇时间,闲暇成为众多老人的一笔重要财富。闲暇如何有意义地度过? 在一些老人看来,闲暇本身就是目标,闲暇带来快乐和享受,是安享晚年最值得称道的自由。然而,这些闲暇时间如果用来学习,则可以为老年人实现潜能提供一臂之力。老年人可以尝试更多的学习机会,探索更多的实践领域,获得实现潜能的新机遇。

(三)完善心性

用完善心性来说明老年人学习的生命价值更富有中国传统文化特色。心、性是中国哲学的重要概念,用心性的概念来解释学习的生命性价值,可以丰富中国老年学习理论。

人是来自文化共同体的一分子,人的自我认知需要借助其生命内化的文化力量。在中国文化中关于心性的讨论占据了重要的地位。心性学说影响了中国传统文化的方方面面,在各类文学作品、民间故事、典故传说中均有体现。这些文化要素也成为当代中国人认知自我的要素,用心性来解释学习的价值,更能直抵中国文化的内在逻辑。

心性即性情、性格,在中国古典哲学范畴中,指"心"和"性",中国哲学中关于心的学说稍简,哲学家大都认为心之所以为心在于知觉,心是能知能思之官。感官能感,由感而有知,则由于心。

---

① ［波兰］兹比格纽·渥兹涅克.老年社会政策的新视野［M］.北京:社会科学文献出版社,2019:5.

心性关系问题即人性与认识的关系问题,更是一个复杂的问题。人性论可说是人生论的基础。在现代,人性是什么,仍是一个在争论中的问题。并且所谓人性者,在现代实亦尚无一定的界说。①

对心性问题的考察,可以追溯到先秦儒学,特别是孟子的诸多主张,体现了中国传统文化中对心性问题的认识。

如孟子指出凡人皆有四心:"恻隐之心,人皆有之;羞恶之心,人皆有之;恭敬之心,人皆有之;是非之心,人皆有之。"(《孟子·告子上》)

孟子有一个更明了的阐释:"君子所性,仁、义、礼、智根于心。"(《孟子·尽心上》)人性体现了人的道德本质,人心则折射了人的情感存在;道德并不是一种超验之物,相反,它一开始便有其情感的根源。在人心与人性的联系之后,是理性本质与感性存在的某种沟通。

心性的完善是人的毕生追求,心性完善必然来自学习。终身学习的概念早已深入人心,老年学习的功利化动机逐渐隐去,终身学习的目的归于初心。学习的初心就是心性的完善,因为,心性是对人与世界、人与自我、人与时间关系的高度凝练概括,在纷繁的关系中寻求平衡和谐,这就是学习的内在价值。当人生走进老年阶段,老年人还在坚持学习的重要价值恐怕就是回归对完善心性的持续不断的追求。

"学而时习之,不亦说乎?"学习归根结底是提高生命价值的重要手段,是生命成长历程中须臾不可缺少的力量。生命性价值的提高无疑也成为老年人学习的内生动力的重要来源。

第二节 立足归属感:和谁一起学

归属感是人的基本需求。马斯洛理论把需求分成生理需求、安全需求、爱和归属感、尊重和自我实现五类,依次由较低层次到较高层次排列。在自我实现需求之后,还有自我超越需求。当人类满足基本的生理需求和安全需求之后,就会立刻涌现出归属需求。和谁在一起学对老年人的学习来说就是一个非常重要的问题。老年人寻找学习同伴的标准主要有两点:第一是志趣相投,第二是守望相助。从这一标准中我们也许可以找到上述问题的答案。

---

① 张岱年.中国哲学大纲[M].北京:中华书局,2017.

一、志趣相投

老年人归属感的需求表现在学习中,是对志趣相投原则的坚持。志趣简单来说就是志向和兴趣,志趣相投意味着相似相容,也意味着可以共学并进。

(一)相似相容

"物以类聚,人以群分",心理学家研究中发现,不同群体对人们的吸引力的重要因素,就是人们在何种程度上感知到自身与各个群体典型成员的相似性。

志趣相似或者相容,就是个体勘察群体过程中的重要判断标准。当个体发现一个群体中的典型成员与自己在志趣上具有高度相似性或者具有较高的相容性,那么,个体更加倾向于参与这样的群体,而这样的群体也愿意接纳同质的个体。相似的志趣往往表现为志趣的内容方面具有较高的相似性,即大家对共同的学习内容产生了兴趣。

志趣的相融则体现为群体学习中的分工与合作。在真实的老年人学习情境中,人们可能并不会学习完全一致的内容,相反,人们更加倾向于学习相容度较高的内容,特别是在项目学习中。比如在学习国画的过程中,人们更希望群体之中大家各有所长,而不是都拘泥于相同的画风、技法,在学习音乐的群体里,人们希望大家都能分别掌握不同的乐器,从而组成一个表演团队。

从一个老人加入气排球队学习的典型案例,可以看出志趣相投对建立归属感的重要意义。老陶 2009 年退休回家后,完全不适应退休生活,无聊、孤独,身体状况也不是很好,经常感冒,有高血压和高血脂,平时要靠药物来控制。2010年禹昌商厦老年气排球队发展人员,老陶看到和自己差不多的退休老年人都参加了,便积极地报了名,参加气排球队。

在加入气排球队的 5 年里,老陶几乎每天坚持锻炼,非常热爱这项运动,因为气排球运动非常适合 60—70 岁年龄段人员练习。气排球是一项集体运动,讲究对抗和战术,玩起来不枯燥,还能培养团队意识。运动规则简单,只要看过排球比赛的人都能轻松学会。气排球运动受场地或环境限制很少,在两棵树中间拉根绳子就能玩。不需要太高的专业技巧,男女老少都能玩。

通过这几年的锻炼,老陶的身体素质大有提高,原来高血压、高血脂,现在好了,也不大生病,基本上不用吃药。

大家在一起锻炼心情也很好,打起球来把一切烦恼都忘了。大家一致认为早上锻炼的这两个小时是一天最愉快的时间。队员们都非常热爱这个老年活动团队,深刻地感觉到老年人也要有自己的组织,有自己的生活,有一帮人在一起玩真的很快乐。

（二）共学并进

志趣相投的重要意义在于老年人在共同学习的过程中能够实现共同进步。共同学习如何成就了共同进步？如果不是真正的共同学习（比如形式上的集体学习）,则资源生成与运行机制并不总是能够真正启动,因为资源的生成与流动,受到内容、动机和外部诱因等多种因素的制约。社区学习共同体的成员基于心灵契约而来,不仅关注学习内容、学习方式和学习结果,更重要的是"个体时间分配结构的合理化",从而享受充满互助本质的共同学习过程,在平等、互助、共享的过程中生成新资源,并获得实质性的归属感。① 老年人的学习与年轻人的学习存在显著差异,因为老年人之间的差异更加明显,不同的人生阅历决定了老年人学习知识和技能的方法并不相同,学习同样的内容表现出的学习速度与学习结果也可能迥异。因此,共同学习才能真正得到认同和有效实施。

在老年人的学习中,很难按照统一标准、统一进度组织教学。教学者更多的工夫需要花在教学之外,即完成统一的教学后,对老人进行个别化的辅导。

在个别辅导的过程中,同伴互助的作用显得尤为重要,"互为师",每一个先学会的老人都将成为学习的辅导者,每一个后学会的老人,都会在更加周到的辅导中获得快速学习的机会,弥补学习进度上的不足。

从武术协会组织的学习活动中,可以看到共学并进的鲜明特征。2016年,在余杭成人学校的指导下,老年人组成的武术学习协会在西园宾馆隆重举办了以"弘扬武术彰显阳光"为主题的迎新春武术年会,年会上既有各种武术展示,又有总结表彰,更有载歌载舞、节目丰富多彩的晚宴。全体会员们是掌声不断,笑声连连;武术团队以武会友,其乐融融。

为了扩大影响力,余杭与中泰的朋友们一起前往安吉九亩地开展了为期三天的暑期活动。既有武术交流,又有情感交流;在飘溢着稻香的梯田之上,在透露出翠色的竹海之中舞动太极,展现出一幅美妙的晨练画卷,更显现出人与自然、人与人之间温馨、和谐、绿色、健康的美好生活。

二、守望相助

古时候为了防御外来的侵害,邻近的村落协同看守瞭望,遇警互相帮助。

① 王中,汪国新.社区学习共同体的"新资源观"探析[J].职教论坛,2019(5).

在现代老年人的生活中,守望相助则有新一层的意义,将关注点放到了老年人的社会关系上,特别是亲密的社会关系上。

（一）友爱胜金

老年人的社会关系网络似护航者,在老年阶段为老年个体提供支持,以应对变老所产生的压力。护航模型结合社会情绪选择理论,揭示了情绪亲密感、亲密社会同伴以及次要社会同伴与老年人健康、主观幸福感的关系。[①] 随着年龄的增长,友爱的价值会逐渐提高,良好的人际关系成为老年生活中最宝贵的财富。社会护航理论是老年社会学中影响较为深广的理论之一,清晰地表达了老年人对社会关系的期待。

根据社会护航理论,老年人会在其社会网络中确认出能够帮助自己的人,避开不支持他们的人,以此来维持一定的社会支持水平。随着以往的同事和朋友不断去世,大多数老年人保留了一个稳固的内部交际圈作为"社会护航"。有些亲密的朋友和家庭成员能够让他们依靠,并强烈地影响他们的幸福感,这些亲朋便组成了这个"社会护航"交际圈。

根据社会护航理论和社会情绪选择理论,长久的友谊通常会持续到老年期。有时候,搬家、生病或者残疾使得老年人难以与老朋友保持联系。即使是85岁高龄及以上的许多老年人也会结识新朋友,但老年人会比年轻人更倾向于把友谊中的益处归结于某些特定的人,当这些人进入养老院、搬家以后,不会那么容易被其他人代替。

友爱胜过金钱的力量,在余杭禹昌商厦俱乐部的老年气排球学习团队中得到了鲜明的体现。由于气排球队是社区群众文化团队,没有固定的经费来源,主要通过球员参加各类比赛获奖、争取社区内企业的赞助以及队员缴纳会费等形式筹集经费。然而,经费的困窘并没有成为阻碍老年人学习的困难,相反,老人们还集中智慧,形成开源节流的应对之策。经费由球队领导小组统一管理,严格把关审批,量入为出,经费使用规范、透明,接受成员的监督。

当人们更看重友情的时候,金钱的困难不再是困难。队员之间开展平等、互助、协作、分享式的自主学习。男女老少成员中,有的没有一点基础但爱好打球,有的是技术精湛的打球高手,有的纯粹是为了健身。面临基础不一的情况,队长、教练因材施教,或集中教学,或一对一教学,或自主学习,会的帮助不会

① 刘素素,欧阳铮,王海涛.老年人的社会关系研究概述:基于护航模型的视角[J].人口与发展,2016,22(5).

的,队员回到家后还自己练垫球。队员们没有技术水平、退休身份方面的歧视,而是相互学习、相互促进、共同提高,使队员对排球队有很强的认同感和归属感,凝聚力强。

在没有功利性的学习活动中,老人们开始关注学习本身以及学习带来的更加愉悦的学习体验。老人们参加学习活动,再也不是为了获得奖励,提高成绩,改变社会地位。他们参加学习活动的主要目的是融入集体,体验集体生活中互帮互助的友爱氛围,打造自己的护航社区圈。

(二)共学生谊

根据社会心理学的研究,接近性和相互交往是建立亲密关系的重要催化剂。莱比锡大学的米蒂亚·贝克及其同事证实了这一点。他们在第一次班会上给学生随机安排座位,然后让每个学生对全班进行简短的自我介绍。一年后,学生们报告与那些在第一次班会时碰巧同桌或挨着坐的人有更深厚的友谊。[①]比地理距离更关键的是"功能性距离"——人们的生活轨迹相交的频率。我们常常与那些共享居住区入口、停车场和娱乐场所的人成为朋友。

现代社区是由陌生人组成的居住圈,人们缺乏共同活动的机会,因此也难以形成新的友谊关系。但是,通过加入老年人群体性的学习活动,新的友谊就会很快产生。

太炎书画社成立于1987年,是由余杭街道十多位书画爱好者在进行书画交流活动时,本着共同的兴趣爱好,在平等、互助的原则下,自发组织开展各种学习、交流、创作、联谊的一个群众性的书画创作团队。在不断发展的过程中,成员不断壮大,现已有社员50余名,成立以来太炎书画社每年定期举办两次大型书画展,并开展了书画进社区、进农家、送春联等形式多样的活动,通过学习、交流、创作等活动,形成了良好的人际关系和强烈的团队归属感。成立以来,太炎书画社被评为杭州市一级群众团队。2014年,被杭州市民政局授予AAA级社会团体组织。

书画社成员热心群众公益事业,面向社会传授书画知识,举办了各种书画培训班,传承中华文化,为培养下一代作出了自己的贡献。自2013年起已连续举办了两届"少儿书画才艺秀",给小朋友们一个展示自我的机会,让他们把快乐、童真、梦想通过才艺表现出来,也是鼓励小朋友们勇于超越自己、放飞梦想

---

① 戴维·迈尔斯,琼·特韦奇.从玫瑰到枪炮:心理学实证研究社会关系[M].北京:人民邮电出版社,2020.

的最好方式。书画社利用暑期在余杭街道宝林广场组织大型晚会,向市民汇报演出,选手们的多才多艺博得了观众的阵阵喝彩。通过"小手拉大手"也让更多儿童、青少年踏入神圣的艺术殿堂,增进社区居民相互交流,共同进步,促进家庭和社会和谐发展。

书画社让孩子们获得锻炼和学习的机会,可以认识更多的朋友。通过才艺特长表演培养了孩子的勇气、自信和不断进取的精神,让青少年儿童在艺术情境中体验美育、感悟智育,从而达到培养青少年儿童健康的审美情趣和良好的艺术修养、提高综合素质的目的,并营造积极向上、格调高雅、健康文明的育人环境,最终实现展示自我、放飞梦想的美好愿望。

书画社的案例说明了一个深刻的道理,老年人学习不仅是为了学习本身,更是为了享受学习的过程,通过学习实现个体成长以及服务他人、服务社会。在学习的过程中,老年人不仅获得了知识和能力,更赢得了良好的社会关系,建立了新的友谊,建立友谊也许比他们在学习中获得的知识和技能更加重要。

第三节　体现自主性和便捷性:学什么和哪里学

老年人看重学习的自主性和便捷性。自主性是激发人内在学习动机的重要心理需要。对老年学习者而言,做学习的主人,自主尤为重要,无论是学习的内容、学习的形式还是学习的方法,老年人都需要有较高的自主选择权。

一、适合才是最好的

学习本身也会成为影响学习内在动力的影响因素,适合的学习方式以及适宜的参与途径,无疑会强化学习的内生动力,成为学习活动的助力,促使学习活动长久坚持下去,成为老年人生活中重要的一部分。

(一)内容的自主选择

学什么,这是老年学习者面临的第一个问题。老年教育的目的是使老年人增长知识、开阔眼界、丰富生活、增强体质。老年教育的对象是不同层次的老年人。通常情况下,人们认为老年教育的主要内容如下:

一是提高思想修养。目的在于提高老年人的思想修养,包括传授老年心理学、老年美学、老年人际关系、老年社会保障、老年生活安排、文明素养等,弘扬社会主义核心价值观，帮助老年人做文明老人，主动适应老年生活，使之免除不必要的心理负担，安度晚年。

二是增加知识。目的在于增长老年人的知识，充实其精神生活，可安排有关哲学、文学、历史、地理、法律、音乐、园艺等学科的学习。

三是日常生活需要。目的在于满足老年人的生活需要，掌握必要的生活技能，如学习有关烹调、服装裁剪、针织工艺、家用电器的使用和保养等知识与技能。

四是卫生保健。目的是保持和增进老年人的身体健康，可安排诸如卫生保健、老年病防治、老年饮食营养、老年体育健身等知识的学习，以增强自我保健意识，养成健康的生活方式，改变不良的行为习惯。

五是专业技能。目的是使老年人发挥余热、服务社会，体现暮年的人生价值，可在主客观条件允许的情况下，学习一些专业知识与技能，提高老年人的社会活动能力，以便参加服务社会的工作等。

如此众多的老年教育内容，满足了老年人学习可选择的要求。老年教育的意义，在于使老年人顺利地、健康地进入新的人生阶段，适应新的环境和要求，从而安详、惬意、幸福地度过晚年。老年人心情好，家庭会更加和睦；老年人身体好，可减轻儿女负担；老年人文化修养高，可为社会造福，并有利于教育第三代，可谓善莫大焉！

要开展好老年教育，必须了解老年人真正想学习什么内容，不能想当然地认为老年人只喜欢学习唱歌、跳舞，而是要给老年人更多选择的机会，让老年人自主选择。自主选择不仅能提高老年教育的满意度，而且还能真正激发老年人的内在学习动力，让他们对学习过程更加投入，取得更好的学习成果。

学武术的人都懂得一个基本的道理，武术需要通过艰苦的练习才能取得进展，学到真功夫。太极拳运动之所以在老年群体中能够得到广泛的开展，其背后的核心逻辑就是老年人的自主选择。2016年，在全体学员的支持与参与下，余杭武术辅导站开展太极拳培训班，由吴惠珠师傅承接并完成。一场是由中泰老龄委、文体中心和中泰成人文化学校联合举办，聘请吴惠珠师傅为主教练的中泰街道首届老年人太极拳培训班，为期1个月，参加人数近30人。第二场和第三场都是承接区武术协会指派的到径山镇的太极拳培训班，为期都是3天，培训人数达到80余人。

教拳是一项很累的工作，要连续三天，更是吃不消，而吴惠珠师傅真是老当益壮，年轻的徒弟都吃不消了，但她依然坚持着，持续着，声音哑了，她依然喊着口令,两腿酸了,依然示范着。辛苦吗?肯定辛苦,但她是为了完成武术协会委派下来的培训任务而辛苦,更是为了推广武术健身运动,让山区的百姓也能享受到原来只有城里人才能享受到的健身项目。她的"辛苦并快乐着、健康着"的精神,着实令人肃然起敬。吴惠珠师傅带领她的团队,圆满地完成了三场培训任务,为武术运动的发展作出了贡献。

老年人学武术显然不是一时兴起,他们选择了就会为之坚持,风雨无阻,这个案例为理解老年人的学习内生动力提供了有趣的视角。老年人学习动力的激发在很大程度上取决于老年人的自主选择,当他们选择了某一学习内容之后,更加倾向于持续地投入精力,形成学习习惯。

(二)形式的自主选择

老年教育的学习形式主要是非正式、非正规的学习。目前,提供这样的学习机会的主要场景如下。

1.老年大学

通过开展公益性的非学历教育,老年大学根据老年人的身心特点、生活需求与兴趣爱好灵活设置多种课程,如琴棋书画、医疗保健、花卉栽培、舞蹈、文学、饮食、摄影、体育等课程。老年人自主灵活选择课程,学习生活技能,结交朋友,摆脱孤独感和空虚感的困扰,提升自身幸福感。老年大学是我国老年教育的龙头和骨干。

2.社区老年学校

依托社区开展包含学校教育、活动中心、居家入户教育等多种形式的老年人文体活动。社区老年学校关注老年人的文化生活需求,吸纳各种社会资源,营造有利于老年人生存发展的环境,搭建学习知识、兴趣展示、朋辈交流的平台,提升老年人的自主意识和自理能力。社区老年学校因便利性、灵活性、可及性等优势,受到老年人的青睐。

3.远程老年教育

主要包括老年函授教育、老年广播教育、老年电视教育、老年网络教育等,覆盖数字媒体、单机软件、网络课程、手机 APP 客户端、广播电视等学习形式和媒介,为老年人提供方便、快捷、高效的学习体验。远程教育使老年教育不再是偏远地区及体弱多病的老年人可望而不可即的事,足不出户,轻点鼠标或打开电视就可以满足学习需求。

老年教育的形式多种多样,老年人学习一定会选择适合自己的方式。作为老年教育机构,则需要提供尽可能多的形式供老年人选择。

4. 社区学习共同体

老朱是余杭区二院总务科的一名退休员工,喜欢学习,性格好动,退休后清淡、休闲的生活,对他来说是一个挑战。他觉得自己总不能像别人一样在家打打扑克牌、搓搓麻将。怎么办呢?他选择了参加老年学习团队,人们常说活到老学到老,不断学习才能不断提高自身素质和精神境界。听朋友介绍,余杭社区教育中心有一支铜管乐队,大多由退休或即将退休的人员组成,活动红火,非同一般。老朱觉得参加铜管乐队这种学习方式适合自己,抱着退休前找到一个落脚点的心态,尝试着报名参加了铜管乐队。

老朱是音乐的门外汉,此前对乐理一窍不通。到乐队能干什么呢?连他自己也说不清。管乐队的队员们热情地说:"我们大家年纪都大了,相聚在一起是一种缘分,以后互帮互学。对于音乐和乐器,我们都是从一无所知到渐渐懂起来的,在这个团队里,只要自己有学习兴趣,肯下功夫,一定能学会。"

后来在贝洪海老师的热情、耐心指点下,老朱和其他人开始学习长笛。贝老师是中泰小学的一名音乐老师,也是铜管乐队的一名队员。他言传身教,从演奏的站姿到吹奏的嘴型,从掌控气流到手按音孔,贝老师手把手地教学员们吹奏每个音符,指出他们的不足之处,教他们如何一个音阶一个音阶地练习长音,如何吹吐音,从单吐、双吐到三吐……

贝老师这么认真、热心地教,老朱觉得,自己这个当学生的怎么能马虎学习呢?每次回到家都仔细琢磨,反复练习。在家里小房间里关起门来练吹奏,功夫不负有心人,半年下来,老朱和他的同伴们长笛的吹奏水平有了明显的进步。

余杭成人学校的老师发现这个团队教学认真,效果显著,就请他们排练播出了一场五分钟的微电视教育课程,并制作成电教片,在媒体上推广学习使用。

因为大家能聚在一起学习排练,心心相印,走到了一起,形成了社区学习共同体。在参加铜管乐队的这些日子里,队员们每星期学习训练两次,风雨无阻,乐在其中。在乐队的日子里,老朱渐渐地融入乐队,而且也因为自己做事认真负责,深受队员们的信任,承担了铜管乐队队委委员的工作。

老朱的案例说明学习形式的选择对老年学习者来说非常重要。进入老年要学习一种乐器,对于一个以前毫无音乐知识和技能的人来说,需要面临巨大的压力,通过加入铜管乐队这种学习形式,老朱不仅找到了学习的方法和途径,更结识了一群朋友,而且真正地实现了自己学习乐器的目标。老朱的案例也揭示了一个道理,自主选择的学习形式才能真正激发学习的内生动力,让学习成为被内在动力驱动的快乐的事情。

（三）方法的自主选择

每个人在自己的领域都有比较优势。隔行如隔山，一个人觉得简单的事情，另一个人可能会觉得很困难。久而久之，个体会产生不同的学习偏好，而这些学习偏好会让他们被别人或自己贴上标签（"懒惰""内向""散漫"等）。

不要让这些标签来定义每一个学习者，要相信，每一个学习者都能够超越自己。有关大脑的研究表明，任何年纪的人都可以接受新理念，学习新技能，学习实际上会改变大脑中细胞的结构和功能，这意味着，坚持学习可以使人的智识增长。

肺癌患者老石（化名）学习养生知识的过程就是一个典型案例。老石出身贫寒，从小参加体力劳动较多。他一向比较马虎，又自认为体格强健，对养生也不重视。直到去年三月，老石干咳了一段时间，吃药无效。3月12日，去余杭二院呼吸内科就医检查，发现问题严重。按照余杭二院呼吸内科医生建议，3月14日去杭州浙一医院呼吸内科进一步住院检查。3月31日，确诊为肺癌。

因为在浙一住院十来天，老石对自己的情况早有预感，也早就有了思想准备。当他知道确切的消息后，不消极、不悲观，选择了积极、顽强地面对。老石首先听取多方意见，确定尽可能好的治疗方案和药物，严格执行治疗方案。其次迅速调整好自己的心态，保持内心的强大。老石当时的态度是，把生死置之度外，自己要尽最大努力，家庭要尽最大努力，做到不留遗憾。在合理治疗、合理饮食基础上，自己坚持做到"三个一"：

一是坚持每天有氧锻炼一小时，这是医生的要求。在住院期间，腹泻最多时每天要二十多次，吃一小口稀饭，会吐一饭盒，而且是挖心掏肝一样地吐。上卫生间要靠人搀扶。但是，老石还是坚持锻炼，怕摔倒，推着轮椅走，怕影响别人，早上六点起来锻炼。从每次走10米，增加到20米，到30米，直到100米、1000米。出院后，还是要依赖轮椅运动了约20天。第一次脱离轮椅走了大约60米，后来慢慢增加到1.5千米，直到现在1小时能走5千米。

二是坚持每天唱一首歌。唱歌能促进肺部运动，还能激发自己乐观、积极的情绪。老石本来不爱唱歌，每天唱歌就是唱给自己听。现在唱惯了，有时在同学聚会、朋友交往中也会唱几句。因而，许多亲友来探病，感觉不到忧郁的气氛。老石总是说，其实人遇到某些情况，外人的好心劝慰都变得苍白无力了，主要还是靠自己内心坚强，才能走出心理阴影。

三是坚持每天至少写一首诗。老石认为每个人的生活都有阳光的一面,也有阴暗的一面。当你面向阳光时,你的心态就阳光;反之,你的心态就阴暗。老石写诗取材于生活,写出自己的快乐。写诗是一种修行,在取材、谋篇布局、裁句、押韵、平仄的过程中,会进入一种忘我的境界。忘记了病痛,忘记了烦恼。下面就和大家分享一下老石创作的一首词:

诉衷情·郭庄兰花展

西湖山水沐春阳,

满目好风光。

名园熙熙攘攘,

雅室探兰芳。

青叶细,淡花香,态端庄。

风姿绰约,泼墨画堂,诗韵悠长。

得病一年了,最近老石检查身体,治疗效果很好。目前老石的日常生活和得病前完全一样。

老石的案例具有很强的代表性,许多老年人被病魔缠身后都面临选择,到底是悲观地自暴自弃,还是乐观地面对未来?当遭遇了前所未有的病痛折磨,人们对抗命运,只有不断学习和坚持,积极学习应对病魔的方法。锻炼、唱歌、写诗歌,这样的学习也是对抗病魔的方式,这样的自我拯救的方式也不断地刷新了人们对疾病的认知。老石的选择说明老年人哪怕在极其困难和特殊的条件下,自己积极地选择面对,就会激发出强大的内在动力,更好地面对生活。

二、满足便捷性:在哪里学

老年人参与学习受到空间因素的严重制约,只有在一定距离内的学习机会,才能有效满足老年人的学习需求。经过多年的发展,我国已经拥有老年大学等教育机构超 7 万所,在校老年学习者 800 多万名。还有上千万老年人通过社区教育、远程教育等多种形式参与终身学习,初步形成了多部门推动、多形式办学的老年教育发展格局。

(一)线下学习的便捷性

1.老年人线下活动能力不宜低估

近年来,关于老年人的调查报告引起了社会各界的重视,让社会也日益深刻地了解了老年群体的特征,特别是关于"活力老人"的研究更加引人深思。

有研究指出,其实在今天的老龄群体中,生活不能自理的重疾老人只占3%,能够称为"弱势"的比例非常小。在实际调研过程中,会发现很多老人不会把自己当作老人,他们心态年轻,认为乐观豁达、积极锻炼身体是非常重要的事,并将生活方式调整到积极向上的状态。

大量的案例彰显了老年人社会活动的丰富多彩,我们遇到了一位70岁的大爷,退休后爱上骑行,一个月内从四川骑到西藏,每天要骑行100多千米,这是很多年轻人都做不到的事情。而且在他所处的骑行团里,大部分人和他年纪相仿。

在老余杭60岁以上的骑行者也不在少数,他们每天坚持骑行20千米以上,保持着旺盛的运动能力和参与社会活动的精力。

因此,老年人参加线下活动的能力不能低估,为老年人提供足够丰富的线下学习机会是当前老年教育的重要内容,也是激发老年人内在学习动力的必要条件。

2. 基于社区的线下学习更加便捷

虽然老年人参加线下活动的能力不能低估,但是,客观上来说,年龄增长会带来生理及认知功能上的显著变化,老年人可能因此需要照料,或者要对生活做出新的计划。这时,来自家庭、朋友或者社区服务的支持能帮助他们把这种不连贯性最小化。因此,连贯理论认为应该让老人们离开养老机构回归社区,尽可能地帮助他们独立生活。

基于社区的线下学习会成为老年人学习最便捷的途径。在临平区社区学院,终身学习活动周期间开展的基于社区的系列老年学习活动成为典型的案例。

开展阅读学习活动。在活动周期间,临平区社区学院全天候开放了学校图书馆和竹影书屋图书馆,为市民提供舒适的阅读学习场地,已有444人次的市民来到两个图书馆进行阅读学习,使之成为广大市民学习提升的园地。

临平区社区学院利用综合体的场地设施设备,开展了丰富多彩的学共体活动。在活动周期间,共有健身操队、气排球队、太极拳队、葫芦丝队、铜管乐队等学共体来校进行学习训练,参与人数达2368人次,使临平区社区学院的综合体真正成为市民娱乐健身的家园。

以竹影书屋和青少年假日学校为阵地,积极组织青少年和家长开展各类学习活动,组织了"家长课堂""少年课堂:人工智能编程入门""老年读书会:诗词朗诵欣赏与讨论"三个学习活动,共有149人次参加。家长课堂使家长能掌握正确的家庭教育的方法,与子女建立和谐的家庭关系;少年课堂使孩子了解科学的奥秘,培养孩子从小树立爱科学、学科学的意识;老年读书会真正体现了"活到老,学到老"的终身学习理念。

临平区社区学院结合各社区实际开展各类培训活动。在活动周期间,临平区社区学院相继在社区服务中心开展了"如何预防龋齿"的培训,在南渠社区开展了"党政知识"讲座,在通济社区、山西园社区开展了"老年营养与成功老龄化系列讲座(三)",共有166位老年人参加了培训,从而营造了健康文明的人文环境,提升了老年人的综合素质。

3. 面对面学习能够促进深度学习

老年人喜欢面对面学习,因为面对面学习所传递的信息流是其他任何学习形式所无法比拟的。面对面学习,人与人之间的沟通不仅仅是语言与文字的沟通,而且还有面部表情、手势动作的沟通以及更加频繁的互动等等。面对面学习能够促进深度学习,能够将老人带入更加复杂的技能学习领域。

仍然以老年气排球队的学习为例。柳通犀教练一直坚持面授的教学方式,自从气排球队成立以来,队员们就凭着共同的目标、兴趣和爱好,坚持每周一、三、五早上活动。渐渐地,越来越多的人加入这支队伍,由最先的十几个人,发展到46个人,其中有26个中青年也加入此队伍。打球是一项激烈运动,年轻人与老年人体力差距也大,为了更好地训练,同时也便于管理,就分成老年队和中青年队。老年队男队由王鑫负责,女队由刘秀梅负责,中青年队男队由姚伟荣负责,女队由强炎负责,气排球队总负责人陈小杭,总教练柳通犀。

老年队都是退休人员,夏天早上5:30—7:30,冬天早上6:30—8:30,除了下雨或外出活动、比赛之外,他们每天到余杭社区教育中心球场训练。中青年队在每周二、四晚上6:30—8:30,周六下午1:30—3:30到余杭中学体育馆训练,周日早上6:30—8:30到大禹小学球场进行训练。

连续数年的坚持,面对面的教学,真实场景的训练,这些都是老年气排球队能够坚持下来的关键因素。面对面学习、丰富的实践体验环节,对老年人而言具有不可替代的重要地位。

(二)网上学习的便捷性

1946年,第一台电子计算机ENIAC在美国宾夕法尼亚大学诞生。对于教育领域而言,这朵第三次工业革命时期的科技之花,终于在21世纪的第一个10年孕育出了灿烂的果实,使我们的教育从传统的"班级授课式规模化教育"跃向了"生态化、网络化、分散化、生命化的个性教育"。老龄化社会的来临,恰好与中国移动互联网的爆发式增长相遇,二者必将引发一场老年教育的新发展。

1. 老年人线上参与能力的提升需要得到重视

现代社会中,老年人的社会参与能力被质疑,参与的空间也被不断压缩,老年人的社会参与容易陷入一种困境。这种困境一方面是由于知识获取和传承方式的转变,正规学校教育已经代替了传统的经验传承教育,老年人的年龄优势被消解;另一方面则可能是由于老年人身心状态的特殊性,对新知识的获取、理解、甄别与使用能力在不断弱化。

在这种困境中,老年人被认为"无能力"参与社会,且希望老年人主动撤离社会,老年人被过度"保护"起来。值得注意的是,老年人并不是主动退出社会,而是通过社交网络平台持续性地参与社会事务。

在移动互联网兴起之后,老年人的社会参与能力被解放,特别是近年来在线视频平台的大力推广,使老年人参与学习的门槛降低,越来越多的老年人通过手机的视频功能参与日益丰富的网络学习,老年人主动跨越"数字鸿沟"。研究人员发现老年人对于网络的依赖性很强:96%每天使用智能手机;65%表示"我非常喜欢上网";40%表示"通常会网购,如淘宝、拼多多";48%表示"通常会用网上支付,如支付宝"。手机智能程度的提高,为部分老年人的网上学习提供了无限的可能空间。

2. 线下线上相结合会更有吸引力

2007年,美国科罗拉多州落基山林地公园高中的两位化学教师——乔纳森·伯格尔曼和亚伦·萨姆斯在授课中遇到了一些困难:有些学生生病或学校与家的距离太远,花费了过多时间在乘坐校车上,无法按时前来上课。这样就会导致有些学生因为缺课而无法跟上教学进度。

为了解决这一令人苦恼的问题,两位教师开始使用录屏软件制作幻灯片和教师讲解的音频,然后再把这种带有实时讲解的视频、音频等资料上传至网络供学生下载或播放,期望以此来帮助缺课的学生跟上教学进度。由于这些在线视频也被其他学生所接受,因此两位教师就逐渐采取让学生在家看教学视频、听讲解,课堂上的时间就用来帮助学生解答疑难问题和完成作业这种方式来进行授课。这样,将以往"课堂上听教师讲解,课后回家做作业"的传统教学模式,转变为"课前听教师视频讲解,课堂上教师解决学生的疑难杂症"。两位老师兴起的这种"翻转课堂"也被其他无须补课的学生所接受,并受到了广大学生的欢迎,逐渐引起了学校、社会、家长以及同行的关注,因此在当地产生了越来越大的影响,其他学校的各个学科的教师也都在积极地探索和运用这种新兴的教学模式。

翻转课堂的模式不仅对学校教育产生了重大的影响,而且对老年教育的启发意义更大。老年人参加远距离的学校教育需要克服的困难较多,但是,统一的授课内容通过网络来实现,老年人的互动学习则在社区或者街道社区学校来实现,从而真正实现了老年学习的线上与线下的结合,形成了老年教育的线上线下融合的学习空间。

在翻转课堂教学模式下的老年教育中,表面上看起来教师讲得少了,工作量减轻了,学员们自主学习的时间多了,其实不然,教师从主讲转变至主导。因此教师必须适应新型的"翻转"教学方式,提升自我专业素养,指导老年学员们进行自主学习、分组讨论、合作学习、成果交流、相互评价等,辅助老年学员获得学习技巧帮助开展教学,组织各个学习环节,促进各学员参与学习。① 因此,主动引导老年人适应翻转课堂这一新的教学模式,对提升教学的针对性和有效性也非常重要。

融合学习空间的建构是未来教育发展的重要一环。怎样将线上学习与线下学习结合,让学习者的学习形成连续、统一的结构,从而将非正式学习与正式学习的界限打破;怎样让信息空间、物理空间、思维空间、心理空间形成一个循环结构,为学习者提供新的学习模式;怎样通过大数据的数字化教育体系优化学习空间,学习空间又将怎样融合数字化教育体系……这都是学习空间建构将面临的问题。

特别是老年教育,老年人更加期待这样一个融合的学习空间,广泛的不限时间和地域的在线学习为老年人打开了知识的大门,就近开展的面对面的学习又切实拉近了学习者之间的空间距离,通过线上线下的有机结合,新的融合学习空间将为老年人的学习注入新的动力。

网上学习作为老年群体参与社会活动的一个平台,有效地进行网上学习可以提高老年人的凝聚力,通过网络平台相互沟通,互帮互助,提高了老年群体的人际交流能力,网上所学的知识内容巧妙地应用于日常生活。② 老年人通过网络学习具有极大的便捷性,随着老年人对互联网和社交网络参与度的增加,老年人的参与社会生活的机会得以更好地丰富,社会参与权利也得到了较好地回归。

尽管互联网和社交网络对于老年人的影响是方方面面的,但根据对老年人

---

① 丁一琦.老年教学中翻转课堂模式探究[J].教育现代化,2016(21).

② 许鬲鬲.提高老年群体网上学习有效性的途径探讨[J].无线互联科技,2018(4).

的调查,主要的影响集中于两点:第一点是增加了老年人获取知识和信息的渠道;第二点就是方便了老年人的人际交往与沟通。

绝大多数老年人认为"社交网络帮助其增加获取知识和信息的渠道"很有帮助和比较有帮助。另外老年人也普遍认为"社交网络方便其与他人的交往",持很有帮助和比较有帮助的看法。因此,可以说互联网和社交网络方便老年人信息知识的获取和人际交往的作用是非常明显的。老年人网上学习的优势主要表现在三个方面:

一是通过使用社交网络,老年人更加便捷地了解新的学习机会。以前在没有互联网和社交网络的时代,人们在进入老年之后绝大部分被各种隐性的条件排斥在社会主流议题之外。现在通过互联网和社交网络,他们获得了更多的参与机会。

二是他们重新获得了实现学习权利的能力。社会排斥伴随着老年人日常生活活动范围的减少、互动人群的缩小、信息获得能力的减弱等生活变化,是被悄悄地剥夺了应有的权利(包括受教育权)的表现。但是,互联网和社交网络为老年人重新获得和实现学习权利提供了技术支持,他们与其他人一样获得了信息,可以议论同样的话题,重新获得参与学习的权利。

三是在前两个方面的基础上的延伸——网络改善了老年人完成自我认同的客观环境。以往,由于社会中"老人无用"的不当观念,导致社会形成群体压力和排斥,老年人不得不在"被歧视"的环境中认识自己。现在,社交网络给予了老年人参与学习的新机会,能够给予他们应有的权利,这将营造出新的更具有尊老意义的社会环境,进而保证老年人在积极的环境中完成自我认同。很多老年人利用网络实现了自我价值,不仅成为学习的主体,而且成为提供学习服务的助学者,帮助老人以及其他人群学习。总之,在顺应网络数字学习这一新的发展趋势、跟上数字学习的发展形势的同时,认清数字学习的局限性,更多更好地发展基于社区的老年教育,办好家门口的老年学堂,回应老年人对于学习便捷性的诉求。

第 四 章

老年教育新探索：社区共学养老

国务院办公厅印发的《老年教育发展规划(2016—2020年)》(国办发〔2016〕74号)指出:"老年人是国家和社会的宝贵财富。老年教育是我国教育事业和老龄事业的重要组成部分。发展老年教育,是积极应对人口老龄化、实现教育现代化、建设学习型社会的重要举措,是满足老年人多样化学习需求、提升老年人生活品质、促进社会和谐的必然要求。"多年来,我国老年教育事业已取得了长足进步,由于我国已进入老龄化社会,发展老年教育的形势更紧迫、任务更艰巨、使命更光荣。

　　开展老年教育具有五大意义:有利于促进老年人再社会化,有利于提高老年人素养,有利于提升老年人幸福感,有利于构建和谐社会,有利于推动学习型城市建设。老年教育的本质属性是教育,老年教育既有一般教育的本质属性,又有自身显著的特殊性。老年教育的特殊性主要体现在教育的现代性、主体性、社区性和非正规性等几个方面,充分揭示了老年教育与其他类型教育的差异。

　　老年教育发展过程中,从教育的四个要素着手变革,即教育者、受教育者、教学内容和教学方法的变革,从一件事情转变为一项事业,从享受福利转变为享受权利,从单一课堂转变为形式多样的学习方式,从单一的教育转变为丰富多彩的教育。汪国新通过分析老年教育的现状,认为老年人"在一起即学习",使老年教育更贴近老年人,贴近现代老年人生活,老年人聚集到一个共同体中交往切磋,潜移默化中促成老年人拥有积极的人生态度和生活状态,这本身就是一种学习。

　　要重新认识老年人和老年教育,"社区共学养老"是时代新命题,是应对人口老龄化社会问题的新思维与新探索。迈出从机构老年教育到社区老年共同学习的重要一步,从而实现学养融合老年教育的新境界。

　　未来,老年群体将通过社区学习共同体改变生活方式,提高生活质量,和谐邻里关系,在社区学习共同体中互爱互信、相助相伴、共学共享,更加健康、积极、优雅、有尊严地享受生命历程,更好地实现人的生命性价值。

第一节　老年教育的意义与本质属性

老年教育是让老年人继续学习而进行的教育活动,它是整个教育事业的一个组成部分。老年教育有着自身的特点,是适应老年人的生理和心理特点的一种特殊教育。老年教育内容丰富,形式灵活,其目的是使老年人增长知识、开阔视野、丰富生活、增强体质,帮助老年人保持自信、健康、思维活跃的生活状态,提升社会参与度,进而提高老年人的生活质量。[①]

一、老年教育的意义

老年教育是实现健康老龄化、积极老龄化的重要路径。作为服务全民终身学习的教育体系的重要组成部分,老年教育在学习型社会建设进程中发挥着不可或缺的作用。为了保障老年人的受教育权,满足老年人终身学习的需求,需要大力发展老年教育事业。[②]

(一)老年教育有助于促进老年人再社会化

老年人再社会化是指努力实现老年人的价值和对社会的积极影响。老年人重新适应新的社会生活系统需要积极地重新社交。[③] 老年教育有利于实现老年人的再社会化,持续帮助他们维持较高的社会参与度,使他们更顺利地适应退休生活和新的社会角色。一个人从工作岗位退下来,从忙碌的"单位人""职业人"成为"退休者",回归社区、家庭,社会角色随之发生较大的变化。从舒伯的"生涯彩虹图"来看,"退休者"属于人生的"退出阶段",这意味着需要老年人"重新根据自身的能力去发展新的角色",从新的起点出发,开始文明健康、退而不休,丰富多彩的老年生活。其实,这就是老年人再社会化的过程。接受老年教育有助于老年人这一过程的平稳过渡,使他们能更好地适应退休生活、更快地适应新的社会角色、更顺畅地融入新的生活节奏。因此,老年教育活动发挥

---

① 丹尼斯·雷赫扎尼·卡恩斯,张馨邈.澳大利亚老年教育研究:内涵及价值阐释[J].开放学习研究,2018,23(5).

② 魏梅霜.老年教育的意义和途径探讨[J].沈阳工程学院学报(社会科学版),2005,1(1).

③ 陈晓玲.城市社区老年志愿者再社会化研究——以 K 社区服务中心为例[D].西宁:青海师范大学,2019.

71

着越来越重要的作用,比如杭州市余杭区闲林街道方家山社区(2009年成为老年电大分校)坚持"学、乐、为"三位一体的教学方针,以电视教学为主,以第二课堂为辅,按需施教,因材施教,在提供各种讲座和文化娱乐的同时,这一场所也成为不少老年人"交友、交流"的天地,他们因彼此交流见闻、畅谈感悟而形成了一个新的社交圈子,助推了这些老年人的再社会化进程。

老年教育开展的能够促进就业的知识和技能培训,对老年人的再社会化也有非常重要的意义。从实际情况看,低龄、健康、经济困难的老年人具有再就业的强烈愿望,但这些老年人原有的知识和技能可能不符合就业市场的需求,老年教育是解决这一问题的重要途径之一。比如:杭州举办亚运会前,老余杭志愿服务的老年人迫切需要学点外语,才能更好地胜任新的工作。又如一个有意愿从事家政服务的老年人,就希望参加系统的家政服务技能培训,掌握家政服务的基本知识和操作技能,等等。对已经退休的低龄、健康、经济困难的老年人进行再就业教育和培训,既可以为老年人解决再就业问题,减轻养老负担,也可以为劳动市场补充新的力量。对此,老年教育在这方面大有作为,能够帮助老年人以积极的心态深度参与社会生活,有效防止老年人被社会生活边缘化。

(二)老年教育有助于提高老年人的素养

老年人素养主要包括健康素养、人文素养、职业素养、信息素养、数字素养等。老年教育可以发挥赋能作用,提高老年人的素养,特别是帮助未受过正规教育的老年人学习文化知识、开阔视野,使那些身体健康并有重新就业愿望的老年人获得再就业的能力和信心。

老年人要与时俱进,跟上时代发展的步伐就需要不断学习和汲取新知识。老年教育给老年人学习新知识提供了一个园地,使老年人缩小与年轻人在接受新知识方面的差距,以便更好地理解和支持年轻人的事业。因此,老年教育是弥合"代沟"的重要方法之一。在实践中,老年教育已经在提升老年学员综合素养方面发挥了积极作用,特别是近年来开展的"智慧助老"教学活动,较好地帮助老年人跨越数字鸿沟,实现智慧就医、智慧出行、智慧消费、智慧办事。

当代著名美国心理学家埃里克·霍姆伯格·埃里克森指出,老年人发展的可塑性尽管有极限,其潜力也会随年龄的增长而减弱。但是,老年人发展所能达到的最高限度迄今仍是未知数,而且也具有可变或可塑的特点。这从理论上提供了老年人素养可以提升的依据,老年教育大有可为。

（三）老年教育有利于提升老年人的幸福感

在接受老年教育以后，一些老年人的幸福感有了显著提升，变得更加乐观开朗，其世界观、人生观、价值观更为积极向上。老年教育真正满足了他们"老有所学"的需求、提高了他们"老有所为"的能力、丰富了他们"老有所养"的内涵、实现了他们"老有所乐"的目标，他们深感人生更有意义、生命更有价值。如老年书法、绘画、音乐、舞蹈等项目的广泛实施，吸引了大批老年人的参与，不仅丰富了老年人的娱乐休闲生活，而且对满足老年人的情感诉求起到积极作用。

在调查中发现，几乎所有老年学员认为，他们学习一天，或听一次课，或参加一次活动，就觉得很开心，轻易不缺课。这是因为，老年人在学知识、长技能的同时，自身的心境也在发生着改变，而且这种积极的变化具有延伸性，会波及日常生活的方方面面，包括对其他人和事的影响。如摄影班老年学员把自己的作品在朋友圈分享，获得多位朋友的点赞，自己高兴、朋友羡慕，成就感油然而生。

老年教育使老年生活变得更加充实和更富有意义，老年大学在这方面发挥着重要的平台作用。许多老年人由于种种原因在年轻时未能圆大学梦，而年老退休后，时间充裕，可以通过上老年大学的方式实现自己年轻时的心愿，这是人生一乐，也是人生价值的体现。通过老年大学这个"幸福之家"来开启心智、丰富精神生活，必将是未来老龄化社会中一道颇为亮丽的风景线。

（四）老年教育有利于构建和谐社会

提高老年人的社会参与能力，从而促进全民族的文化素质，有利于和谐社会的构建。老年群体在社会和谐稳定方面发挥着重要作用，每一位老年学员都与其家庭、所属社会群体有紧密联系，他们的生活状态、精神面貌和日常的所作所为都会对家庭、社会产生直接和间接的影响。老年人在参加老年教育活动后，精神面貌会有很大的变化，比如有的老年人参加了"如何处理婆媳关系"培训后，能主动调整人际关系，使家庭更加和睦。

享受教育是每一个公民应有的权利，老年人也不例外。身体衰老、知识老化、离岗退休等都使老年人从主流社会中淡出，如果没有老年教育的弥补，老年人的社会价值、社会地位、社会作用会打折扣，使老年人成为脱离时代的落伍者，这对代际和谐非常不利。著名的法国成人教育家保罗·朗格朗提出："终身教育要跳出单纯的智力活动这个狭窄范围。"面对瞬息万变的社会发展，老年人不再是被动地应付生活,而是主动地参与社会工作,活出积极、健康的老年生活状态。

随着社会的不断进步,各项福利事业、医疗保险、养老服务等都已经落实到社区,社区成为人们尤其老年人生活的一个基本单位。社区和谐在构建和谐社会中显得尤为重要。发展社区老年教育大有作为,办好家门口的老年教育有助于老年学员增进对社区的认同感,有助于推动社区综合治理、弘扬社区自助和互助精神,有助于推动社区精神文明建设和促进和谐社区的构建。

(五)老年教育有利于推动学习型城市建设

党的十六大把构建"学习型社会"纳入全面建成小康社会的总体规划,提出了"形成全民学习、终身学习的学习型社会,促进人的全面发展,构建终身教育体系"的目标。与全球一体化同时并进的是,我们已进入学习型社会的时代,终身教育成为一种国际性教育思潮。作为终身教育的后期阶段,伴随着社会老龄化的进一步加剧,老年教育在教育体系中作用日渐凸显,通过发展老年教育,助力学习型社会建设,对于提高全民族文化素质,具有重要的现实意义。

学习是一种生活方式,全民学习、终身学习正成为建设学习型城市的核心理念。老年教育正越来越得到老年人的认可,老年大学特别是老年大学中的热门专业不仅"一座难求",甚至屡屡出现老年人不愿意"毕业"的现象。老年教育已经得到了广大老年人的普遍赞同和大力支持,投身学习的老年人越来越多,各种社会组织也积极参与其中,社会正形成老年人以学为荣的风尚,这些都在一定程度上反映了学习理念的深入及其影响。

老年教育的发展是从全面发展理念出发,为老年群体人人、时时、处处学习提供保障,其目的不单是知识或技能的传授,更重要的是为老年人的自我发展提供机会和空间,为实现全面发展打造平台,进而推动学习型城市发展,建设学习型社会。① 学习型城市建设也为每一个城乡公民提供能够贯穿其整个人生历程的教育机会和条件,老年教育为公民的老年阶段提供了多种途径、多种形式的学习机会和条件,是实践终身学习理念的实招。在学习型城市建设进程中,老年教育以相当一部分的老龄人口为教育服务的对象,为尽可能多的老年人提供学习的机会和条件,进一步提升老年人的受教育水平。

---

① 赵文君.积极老龄化视角下宁波市老年教育供给体系研究[J].宁波开放大学学报,2022,20(3).

二、老年教育的属性

所谓属性，是指事物所固有的性质、特点，包括状态、关系等，是由事物内部的矛盾性质决定的。任何事物都具有许多属性，可分为本质属性和非本质属性。凡是体现该事物的基本特征，并以此区别其他事物的性质的属性，是该事物的本质属性。[①] 老年教育的属性，从理论到实践、从法律到行政管理等各个层面，都没有得到确切的、科学的、一致的答案，始终是众说纷纭。通俗的说法有：老年教育姓"老"（老龄）说、姓"教"（教育）说、姓"文"（文化）说。[②]

老年教育属性，即老年教育的性质、特点。老年教育既有一般教育的本质属性，又有自身显著的特殊性。老年教育的本质属性，是指在教育的范畴内，体现老年教育的基本特征并区别于其他教育形式的性质，即老年教育属于什么性质的教育的问题。需要说明的是，我们在此所说的老年教育的本质属性是老年人的教育，即教育性是老年教育的本质属性。除此之外，老年教育还具有现代性、主体性、社区性和非正规性等特征。

（一）老年教育的本质属性——教育性

1. 国内外老年教育的实践体现了老年教育的基本特征：教育性

老年教育诞生于教育土壤，世界各国都把老年教育视为教育的组成部分。1971 年，麦克拉斯基就强调老年教育的理念，指出："对于所有年龄组的一切人来说，教育是一项基本权利。它是持续进行的，而且今后将成为老年人获得丰富的和富有意义的生活的途径之一，是帮助他们发挥其潜力，使之成为改善社会的源泉的一种手段。"[③]

1976 年，《老年教育学》杂志创刊，标志着老年教育学学科正式创立。由此可见，在国际上，由于老年教育本来就起源于教育，诞生于教育的土壤中，从其诞生的那一刻起就顺理成章地成为教育大家庭中的一员。因此，老年教育在世界各国普遍都被认为属于教育的一种重要形式。

1996 年公布实施的《中华人民共和国老年人权益保障法》第七十条明确规定："老年人有继续受教育的权利。国家发展老年教育，把老年教育纳入终身教

---

① 岳瑛.老年教育与休闲教育理论关系辨析[J].老年教育（老年大学），2008(2).
② 岳瑛.试论老年教育的属性[J].老年教育（老年大学），2009(1).
③ 岳瑛.试论老年教育的属性[J].老年教育（老年大学），2009(1).

育体系,鼓励社会办好各类老年学校。各级人民政府对老年教育应当加强领导,统一规划,加大投入。"相关法律的出台表明,老年人受教育权作为重要的公民权利越来越受到重视。

2006 年公布的《中国老龄事业发展"十一五"规划》(全国老龄委发〔2006〕7号)等政策文件,将老年教育定性为丰富老年人的文化生活,老年教育因此成为文化事业的一部分。2010 年国务院发布的《国家中长期教育改革和发展规划纲要(2010—2020 年)》将"老年教育"归入"继续教育"的范畴,将其纳入教育部门管理体系以便确保国民教育体系的完整性。

为贯彻落实《中华人民共和国老年人权益保障法》《国家中长期教育改革和发展规划纲要(2010—2020 年)》,促进老年教育事业科学发展,2016 年国务院办公厅印发了《老年教育发展规划(2016—2020 年)》,文件指出:"老年人是国家和社会的宝贵财富。老年教育是我国教育事业和老龄事业的重要组成部分。发展老年教育,是积极应对人口老龄化、实现教育现代化、建设学习型社会的重要举措,是满足老年人多样化学习需求、提升老年人生活品质、促进社会和谐的必然要求。"对老年教育的教育属性、价值意义进一步予以明确。

2.教育四要素体现了老年教育的基本特征:教育性

老年教育的本质属性是教育,具体体现于它的基本特征、主要功能和社会需要,是区别于其他教育形式、其他老年活动的根本所在。老年教育具有教育者、受教育者、教育内容和教育手段四个基本要素。

相对于其他教育者来说,老年教育的教育者的含义更显宽泛,其外延更宽更广,各行各业能工巧匠、社会贤达、有一技之长、乐于为老年教育服务的人都可以成为老年教育的教育者。

老年教育的对象是老年人,按照《中华人民共和国老年人权益保障法》第二条规定,老年人是指六十周岁以上的公民。

老年人参与老年教育大都是为怡情养性,充实晚年生活,提高综合素质和生活质量。老年教育的教学内容是根据老年人的需求和需要来设置,内容十分丰富,充分体现了老年教育内容的丰富性、多样性和非功利性的特征。

老年教育可以分为两种类型:一是主要由政府、企事业单位、行业社团以及社会力量举办的老年教育,二是老年人自发组织的学习共同体。不管是哪种类型的老年教育,都是为了适应人口老龄化的发展趋势,以满足老年人精神文化生活需求为目的而开展的教育,在提高老年人生命质量和生活质量的前提下,让老年人发挥余热,贡献社会。

以上四要素表现出老年教育的特殊性，据此界定老年教育的本质属性为：老年教育是由政府、社会力量举办的正规的老年教育和自发组织的非正规的老年教育。它是以第三年龄老年人为教育对象，通过以健康、休闲、文娱等教育为主要内容的教学活动，满足老年人全面发展和适应现代社会发展的需要，最终达到提高老年人的综合素质和生命生活质量的目的。老年教育是我国现代国民教育体系和终身教育体系不可或缺的重要组成部分。

（二）老年教育的其他特殊性：主体性、现代性、社区性和非正规性

1. 老年教育的其他特殊性之一：现代性

从国内和国外的起源和发展来看，老年教育至今也只有 50 年的历史，因此，现代性是老年教育的特征之一。

老年教育诞生于教育的土壤，老年教育实践活动和老年教育理论起源于欧美。法国于 1973 年创办的图卢兹第三年龄大学，成为老年教育的发源地，发展老年教育的帷幕就此拉开。法国"第三年龄"老年教育模式，亦称"自上而下"或"政府主导型"老年教育模式，它是政府投资型老年教育模式的典范，从办学理念、制度与经费保障机制及管理体制到教学设计、课程开发及教师专业发展等方面均呈现出自上而下的办学形式。[①]

我国的老年教育发端于 1983 年，以第一所老年大学——山东省红十字会老年大学的诞生为标志。此后，在全国范围内，由一批热心老年事业的离退休人士自发地创办起了老年大学，在很短的时间内，在各地党委政府的支持下，几乎全国所有的省、自治区、直辖市先后成立了老年大学。

随着我国进入老龄化社会，老年人日益成为庞大而特殊的社会群体。他们离开了工作岗位，空闲时间大幅增多，收入水平有所下降。因此他们既需要物质方面的照顾，又需要精神文化方面的关怀。老年教育进一步得到了党和政府的重视，2001 年 6 月，中组部、文化部、教育部、民政部、全国老龄工作委员会办公室五部委联合下发《关于做好老年教育工作的通知》（文社图发〔2001〕22 号），体现了政府各部门齐抓共管、大力发展老年教育的决心。

2010 年《国家中长期教育改革和发展规划纲要（2010—2020 年）》明确地把"老年教育"写入其中，其后，全国人民代表大会通过的《政府工作报告》和国民经济的社会发展"十三五"规划中，都明确把老年教育列为教育事业的重要组成

---

① 王梦云，翟洁. 英、法、美老年教育模式比较研究[J]. 中国成人教育，2017(7).

部分。

《老年教育发展规划(2016—2020 年)》指出:"老年人是国家和社会的宝贵财富。老年教育是我国教育事业和老龄事业的重要组成部分。发展老年教育,是积极应对人口老龄化、实现教育现代化、建设学习型社会的重要举措,是满足老年人多样化学习需求、提升老年人生活品质、促进社会和谐的必然要求。"这一论述非常准确地阐明了老年教育的"性质""目的""意义",是老年教育的重要指导思想。

虽然老年教育是针对老年人的教育,但是老年教育事业却是新兴的朝阳事业,因此要以开放的理念,广泛吸纳各种新的理论和方法,以充实、完善、发展、壮大老年教育事业。

2.老年教育的其他特殊性之二:主体性

所谓主体是相对客体而言的,是指事物内部矛盾的主要方面,它在事物发展变化中起主导作用,决定事物的性质。[1] 作为终身教育体系最后阶段的老年教育,既具有一般教育的基本属性,又有自身的特点,尤其是老年教育学员有与普通教育学生不同的年龄特征。

就老年教育来说,老年教育的学员作为学习的主体,体现在办学宗旨是依据老年学员这一特殊群体而制定的;教育的一切教学活动都是围绕老年学员开展的;所有管理服务环节都是以老年学员为中心;教学效果和办学质量都要老年学员来评价;"老年教育"也是因这个老年群体而定名的。由此可见,老年教育学员的主体性是由其特殊性质所决定的。

老年教育学员的主体性除了其本质的规定性外,还表现在以下几个方面。

(1)老年教育学员的主体参与意识强。

普通教育是学生谋生和服务社会的跳板,学生学成毕业后走向社会谋取工作。老年教育学员则不同,他们把自己晚年生活的幸福与老年教育紧密挂钩,在快乐学习、学有所获、学有所成中,实现自己的梦想,感受生命的价值,体验美好人生。二者的目的、心态完全不同。老年教育学员常常以主人翁的姿态,积极参与学习、活动,分享学习、活动给他们带来的乐趣。

(2)老年教育学员的主体发挥作用多。

他们当中有来自政府机关的离退休干部;有企事业单位的管理人员和职工;有教师、医生和科技工作者,还有越来越多的其他各行各业的老年人加入。

---

① 刘璟.试论老年学员的主体性[J].老年教育(老年大学),2014(8).

他们久经磨砺、学有所长、见多识广、经验丰富，他们的智慧和力量一经发挥，就会对学校建设产生很大的推动作用。老年教育的学员不仅是教学改革和教学管理的重要力量，而且是参加学习、活动的内在动力。老年教育的供给者必须倾听学员的呼声，紧紧依靠学员群策群力，共同提高办学质量。

（3）老年教育学员的主体参与程度深。

老年大学往往摒弃"学校管、学生被管，老师讲、学生听"的传统教育模式，以主体角色出现的老年学员，在以教学为中心的各项工作中都积极参与。如制订和修订教学大纲、计划要征求学员的意见；教师授课的质量要听取学员的评议；所有组织的教学活动要以学员为中心；学习、活动的规范化管理应有学员志愿参加等。事实上他们在教育教学过程中已经发挥了主力军、主人翁作用。可以说，老年教育办学的每一个方面、每一个环节都离不开学员的深度参与、支持和帮助。毫无疑问，他们是老年教育的主体。随着老年教育走向成熟，老年学员的主体性特质将更加突出地显现出来。

3.老年教育的其他特殊性之三：社区性

在我国人口老龄化急剧发展的进程中，老年教育的学习圈建设势在必行，以社区为依托，推进社区老年教育，探索社区老年教育的路径和模式，构建社区老年教育体系，办好家门口的老年教育，成为提高老年教育参与率、满意率的基本策略和发展走向。

（1）关于社区老年教育的定位。

社区是社会学中的一个基本概念，本义为关系密切的伙伴和共同体，[①]指聚居在一定地域范围内的人们所组成的社会生活共同体。这里所指的"社区"，包括城市的街居和农村的乡镇村，广义来说，区（县、市）以下的地域都可视为社区范畴，实质上就是一定区域性的社会。

社区老年教育是指以社区为特定场域，以老年人群为特定对象开展的教育、培训、交流和有组织学习活动的总和。

从社区老年教育的外延来看，按照传统教育观念，生活休闲活动和教育没有关系。但是，按照联合国教科文组织对教育的最新定义，存在于社区居民中的大量的生活休闲活动，其中包含着"有意识的""旨在引发学习"的"某种形式的交流"，具有教育、健身、娱乐、休闲等多重属性与功能，有利于居民改善心智、愉悦身心、睦邻友善、社区和谐，是社区老年教育不可或缺的一部分，是社区老

① 娄成武,孙萍.社区管理学［M］.北京:高等教育出版社,2003:1—3.

年教育区别于老年学校教育的特色之处,也是今后老年教育发展的必然走向。因此,把生活休闲活动纳入社区老年教育范畴,当属一种与时俱进的解读,这样就使社区老年教育的外延显得比较宽泛和包容。

从社区老年教育的内涵来看,我们走进社区就不难发现,社区老年教育冲破了传统教育观念支配下课堂面授教学的模式和格局,在很大程度上,呈现为一种有意义(价值)的、含有教育内涵的交流、对话,形成一种自主学习和互动学习;特别是社区居民创造的"议事园""学习沙龙""百姓讲坛"等,更是成为一种问题学习、实践学习、经验交流、智慧分享的新方式。

因此,我们既不应该否认传统课堂面授教学的独特魅力,也不应该把以对话交流等互动为主要形式的学习活动排斥在教育范畴之外。这里必须强调的是,这种学习越来越接近于教育的本质和原生态,回归生活,回归本真,更具社区老年教育的独特优势。

(2)社区老年教育的原则。

坚持社会化原则。广泛动员社会各种资源积极参与老年教育,鼓励支持不同投资主体、运营主体参与社区老年教育服务。

坚持公益性原则。社区老年教育要以服务社会、服务老年人为宗旨,突出社会效益。

坚持普惠性原则。社区老年教育向社区所有老年人开放。老年人根据身体状况、兴趣爱好等参加线上线下教学活动。社区要动员、引导老年人积极参与,最大限度地让老年人享受老年教育。

坚持适用性原则。紧密结合老年人特点,从有利于老年人学习、娱乐、健康和自我实现等方面着手,从引导老年人树立积极养老心态、乐观面对老年生活等方面切入,开设老年人需要的教学课程,开展老年人可以参与的教学活动,切实增强社区老年教育的吸引力,让社区老年教育成为老年生活必不可少的人生课堂。[1]

(3)社区老年教育的特征。

社区老年教育是社区教育和老年教育的结合体,既是老年教育,也是社区教育不可分割、不可替代的组成部分,是构建终身教育体系、建设学习型社会的重要支撑和基础。

老龄化社会中,老年人群是社区居民中特别需要受到社会关爱的特殊群

---

[1] 《关于进一步推进社区老年大学建设发展的指导意见》,吉民发(〔2020〕46号)。

体,开展社区老年教育关系到老人及家庭的幸福和睦,关系到社区社会的稳定和谐,是保障老年人受教育权益的重要标志,是党和政府关心老年群体切身利益、实施民生工程的重要体现。

综上所述,社区老年教育是整个老年教育的主体和基石,如果忽视或漠视社区老年教育,要使老年教育成为一项广覆盖、普惠性的教育事业,就是一句空话,一座空中楼阁。

社区老年教育的特征:一是老年人身心状况及不同需求,体现草根化、生活化、多样化、快乐学习、享受生活的特点;二是因地缘相近、邻里互动、深藏在教育学习背后的文化内涵,体现老年人回归社区、创造生活、建设精神家园的特点;三是社区老年人群的积极性、主动性,体现老年人广泛性、参与性、普惠性、公平性的特点;四是社区老年人群是一个差异性最大的群体,承认差异,包容差异,让社区老年人各安其位,各展所长,各得其所,共存共荣,和谐美满,体现老年教育的差异性、多样性。

4.老年教育的其他特殊性之四:非正规性

"非正规"老年教育是相对于中国比较"正规"的老年大学而言的,指除"正规"老年大学之外的社区老年教育、大众传媒中的老年教育和老年人自发组织的老年教育等多种形式的老年教育,它是面向老年人的、由老年人作为参与主体的、促进老年人社会参与、实现老年人与社会共同发展的教育活动。[①]

与"正规"老年大学相比,"非正规"老年教育具有以下特征:

(1)可及性。

可及性是保障老年人教育权利实现的关键。中国的老年大学集中分布在城市、东部省份、沿海省份、经济较为发达的地区,这使得老年人在参与"正规"老年大学教育的过程中存在地域、时间、精力等诸多方面的局限。而"非正规"老年教育是在社区层面、通过广播电视等大众传媒及老年人自发组织的教育,教育重心下移到老年人的家庭和社区,在老年人生活与学习之间建立起直接、紧密的联系,很大程度上拓展了老年教育的对象、领域和范围。

与"正规"的老年教育相比,以报刊、广播电视为媒介的老年教育和贴近老年人生活的社区老年教育更具可及性,是广大老年人获取信息服务、实现社会参与的重要渠道。

---

① 王英,谭琳."非正规"老年教育与老年人社会参与[J].人口学刊,2009(4).

（2）广泛参与性。

"非正规"老年教育能够有效引导和帮助老年人实现参与社会的愿望和需求。

首先，与"正规"老年教育不同，"非正规"老年教育给予了老年人更为充分、更为全面的选择权和自主权。老年人能够主动组织、主动实施、主动选择、主动参与、主动调整教与学，自始至终按照自己的意愿参与教育活动的全过程。老年人在参与"非正规"老年教育的过程中不仅提升了主体意识，也培养了社会参与能力，以更积极的生活理念参与家庭、社区、社会的发展。

其次，"非正规"老年教育能够为老年人提供社会参与的平台。教育活动将老年人凝聚为一个能动的群体，形成彼此参与的互助团体，这种互助不仅体现为老年人在教育活动中的沟通交流和人际互动，在日常生活中的生活互助和情感互动，也体现为老年人根据所学开展各种扶助活动。在为他人提供服务的过程中，老年人自身也实现了助人助己、参与社会的愿望。老年人在参加社区老年教育的同时，可以直接借助社区平台，主动参与社区服务和社区管理，促进社区发展，实现社会参与。

（3）灵活多样。

老年人口在年龄、性别、兴趣爱好等诸多方面存在差异，而"非正规"老年教育的灵活多样契合了老年人多样的教育需求。

"非正规"老年教育对组织形式没有特别的标准，教学形式、教学方式上也较少规划，而且"非正规"老年教育的发展更依赖老年人的参与度和自我组织管理的能力，在教育启动、实施和评估的全过程中都允许老年人参与，引导和鼓励老年人根据自己的兴趣和爱好，组织、设计老年教育，具有较强的灵活性。"非正规"老年教育多是在社区层面或由老年人自发组织开展的，具有更多的选择和灵活的教育组织形式。

（4）低成本。

"非正规"老年教育的低成本特征是普及老年教育，特别是保障低收入老年人群体实现受教育权利的重要条件。

"非正规"老年教育的经济成本低。首先，教育组织者不需建设专门的教育场所和设施，可以借用社区服务中心、老年活动中心、教育机构的场地、校舍、设施和师资，甚至利用文化礼堂、公园、广场等公共场所开展老年教育活动，办学成本较低。

老年大学往往布点少、交通成本高，而"非正规"老年教育灵活方便、时间成本低。在社区范围内开展老年教育活动可以使老年人就近入学,节约时间,兼顾家庭,充分享受教育的便利性;报刊、广播、电视的普及使老年人无须花费太多的时间和精力就能参与大众传媒中的老年教育;老年人自发组织的各种教育活动可以依照老年人的愿望和需求组织实施、灵活安排。因此,老年人参与"非正规"老年教育需要支出的时间成本低,只要老年人愿意,各个层次的老年人都能够参与并从中获益。

此外,由企事业单位、非政府组织、民间机构开展的老年教育和在社区教育中心、党群服务中心、图书馆、博物馆、老年文化活动中心和文化礼堂等各种非营利性公共文化服务场所开展的旨在满足老年人学习需求的各种教育活动也是"非正规"老年教育的组成部分。

第二节　老年教育的变革:在一起即学习

现阶段,我国的老年教育可分为传统的老年学校教育和自发组织的老年社会教育,这是通过举办者来划分的。传统的老年学校教育由各级政府、企事业单位或行业社团及社会力量举办,通常我们所说的老年大学、老年电大等等,与普通学校教育一样是正规的、传统的老年学校教育,它是一种自上而下的教育。自发组织的老年社会教育是老年人自发组织的学习共同体,它是非正规的、现代的老年社会教育,是一种自下而上的老年教育。二者起到很好的互补作用。

教育是培养人的社会活动。广义的教育泛指一切增进人们的知识技能、身体健康、影响人们思想品德的活动,包括学校教育、家庭教育、社会教育。狭义的教育指学校教育,是教育者根据一定的社会(阶级)的要求,对受教育者所进行的一种有目的、有计划、有组织地传授知识技能、培养道德品质、发展智力体力的社会活动。

教育的这一定义揭示了教育的四个基本要素,即:教育活动由教育者、受教育者、教育内容和教育手段构成。不管是传统的老年学校教育还是自发组织的老年社会教育,都与这四个要素相吻合,均具有教育的基本属性。随着时代的发展、人口老龄化的加剧,老年教育的四要素也随之发生了改变。

一、老年教育的变革:教育者方面

教育者是教育过程中"教"的主体,直接对求教者的素质发展起影响作用的人。传统的老年学校教育的教育者包括学校的教师、管理人员、兼职教师、家庭教师,其中学校教师是教育者的主体和代表。[1]

但对于自发组织的老年社会教育的教育者来说,教育者的含义更显宽泛,其外延更宽更广,从"一学师""一技师"到专家学者,从行业工匠到时代劳模先进,从民间奇人到名不见经传的"小人物",都有可能成为当代老年教育的教育者,学员之间互为教师,这也印证了孔子的名言:"三人行,必有我师焉;择其善者而从之,其不善者而改之。"当下的老年教育内容丰富:从政治经济,社会文化到健康养生,从花草虫鱼到文房四宝,上至天文,下至地理,从瑜伽到武术,从音乐到美术,每一样均可成为老年教育的热门课程,那么,教育者从何而来? 原有的追求职称和学历的"教育者"选聘方式已远远不能适应新时代的要求。

因此,不拘一格招纳"教育者"应成为老年教育的一个共识。老年教育的优与劣,关键在于是否适合受教育者——老年人的喜欢。一味地追捧大师来做老年教育的顶梁柱,往往不太现实。老年教育要摒弃常规教育管理模式,包括普通教育中选聘教育者的方式和标准,老年教育应当遵循因地制宜、灵活多样、注重实效、没有功利色彩的按需选聘原则。

二、老年教育的变革:受教育者

受教育者是教育过程中"学"的主体。广义的教育中,所有为提高自身素质而处于学习状态的人都是受教育者。在狭义的教育中,受教育者特指教师"教"的对象——学生(学员)。随着世界范围内终身教育和全民教育的施行,教育对象的范围已经扩展到一个人从生命形成(胎教)到死亡的整个一生和全社会不分种族、性别、年龄、民族和阶层的所有人。

从目前我国老年教育的举办者来看,不管是传统的学校老年教育还是自发组织的社区老年教育,无论哪一种类型,它们都是面向老年人举办的,招生对象主要是老年人。按国际上通行的说法,即第三年龄老年人(退休或低龄老年人)。

传统的老年学校教育的受教育者主要是部分离退休干部,以解决离退休干

---

① 岳瑛.试论老年教育的属性[J].老年教育(老年大学),2009(1).

部离退休后的组织管理问题及帮助老干部们调适心理，同时组织学习与培训，组织参观考察、交流，从而帮助他们平稳度过晚年。场地、师资、设施等均由财政投入，创办伊始规模小、招生人数少、专业设置窄，报名就读对象受身份限制，可谓是门难进、名难报。随着人口老龄化的提前到来，老年人报名参加学校老年教育呈井喷现象，"一位难求"成为社会老年教育的热点问题。

自发组织的社区老年教育的受教育者可以不受限制，老年教育的对象可以是离退休的老干部、职工，还可以是街道、乡镇、农村中农民以及社区中所有第三年龄的老年人，他们参与老年教育大都是为怡情养性，提高综合素质，充实晚年生活，提高生活质量，提升生命价值。

自发组织的老年社会教育受教育者的主体是中国当代社会的一个庞大群体，这些"50后""60后"乃至"40后"有不同的职业、不同的岗位、不同的经历和文化背景，离休、退休及退养带来的是同一身份——老年教育的受教育者，这种受教育者的角色和传统的老年学校教育的受教育者角色迥然不同，他们不再受教育的学制、课程、年限及专业等等的限制和束缚，而是根据兴趣、爱好和志向而组成的受教育者群体。

自发组织的社区老年教育受教育者，其中有很大一个群体是当年的教育者，他们是从幼儿教育、义务教育、高中、高等教育乃至于特殊教育中离退休的人员，他们从教育者转换成受教育者，一字之差却反映了教育过程：从零岁到死亡的人的全过程，这一属性也正是老年教育的本质属性，从退休前的教育者转换成退休后的受教育者，也是党和国家在我国提倡的全民学习、终身学习的出发点和归宿点。对于从其他职业和工作岗位上退休的老人而言，成为老年教育的受教育者，也正是中国社会和谐进步的重要标志之一。

自发组织的社区老年教育，帮助老年人树立终身发展的理念，让老年人把老年期作为个人发展的重要阶段，积极面对老年生活，保持身心健康，积极地参与社会发展，共享社会发展的成果。

三、老年教育的变革：教育内容

老年教育的教学内容和学校教学有很大的差别，老年教育的内容可以因地制宜，可以因人制宜，也可以因时制宜。老年人的需要和需求是老年教育内容的主要来源和途径。

传统的学校老年教育的教学内容原先以政治理论学习、健身休闲文化娱乐为主，近几年，在开设书法、国画、国学等传统课程之外，还开设了老年学员喜闻乐见、时尚简约、文化娱乐相结合的专业课程,同样引起了老人的浓厚兴趣,使他们在学习的过程中,深感与时代同步、紧跟时尚节奏。比如余杭区还集中教学,帮助老年人攻克"数字鸿沟","数字鸿沟"的突破是老年教育的最大变革且卓有成效。

自发组织的社区老年教育的教学内容则更加丰富,主要涉及文化与艺术、生活与休闲、健康与娱乐、公民与公益、科学与技术等五种类型,其中文的有文学历史、外国语言、电脑网络、中医中药等;武的有拳、剑、操、舞;雅的有琴、棋、书、画;趣的有戏曲、器乐、声乐、股票、收藏等等,不一而足。可以说,目前任何一种类型的教育都没有像自发组织的老年社会教育这样,教学内容呈现如此的丰富性和多样性特点;任何一种类型的教育都没有像自发组织的老年社会教育的教学内容这样,以健身休闲文化娱乐的内容为主,呈现纯粹的非功利性特点。其教育内容的安排,完全根据老年人的需求与需要设置,并充分满足老年人的各种需求与需要。

自发组织的老年社区教育内容丰富多元、形式灵活多样、人员异质互补,极大地满足了老年人的多样化、个性化、品质化的学习需求。只要老年人有需求,教学内容就可以很短时间内在老年课堂内呈现并充分满足老年人的需求和需要。

四、老年教育的变革:教育手段

教育手段是教育活动的基本条件,是指教育者将教育内容作用于受教育者所借助的各种形式与条件的总和。

传统的老年学校教育指的是老年大学,退休干部大学、社区大学及分布在城市各区、县(市)社区学院、各街道乡镇的社区教育指导中心、党群服务中心及社会团体、企事业单位主办的老年大学等各社会机构办学。

传统的老年学校教育优势是教育学习特点鲜明,学校软硬件设施较为齐全,管理制度规范,师资力量充足,教学质量较高,文化氛围浓厚,师生人际关系互动交流和谐,深受来机构学习培训的老年人青睐。

传统的老年学校教育劣势是老年教育发展不平衡、不充分,资源分配差异大,老年人社会参与力不足,"入学难""一座难求"成了老年大学的普遍现象,未能解决老年人口快速增长所带来的社会老龄化的问题。

现代自发组织的社区老年教育继承发扬了传统的老年学校教育的优势,摒弃了传统的老年学校教育的劣势,在我国人口老龄化急剧发展的过程中,以社区为依托,推进社区老年教育,探索在社区内支持和激励自发组织的老年教育,办好家门口的老年教育,成为提高老年教育参与率、满意率的基本策略和发展走向。

培育发展各类民间学共体,形成社区团队"抱团"学习形式——社区老年学习共同体,深受当今老年人们的喜爱,它是老年人们喜闻乐见、行之有效的现代自发组织的老年教育的一种组织形式。和老年学校教育相比,它更多地体现了从老年教育向老年休闲康养的主体位移,有利于发挥老年人学习的主体性、自觉性、能动性,更能体现社区老年教育的本质特点和学习优势。比如余杭区老年学共体与老年学校教育相得益彰,形成了老年教育一体两翼的发展格局。

社区老年学习共同体指生活在社区的老年人,为了生命成长和生活质量的提高,自觉、自愿在社区学习共同体中互爱互信、相助相伴、共学共享,更加健康、积极、优雅、有尊严地享受生命历程,其实质在于老年人的自主发展与生命成长,更好地实现人的生命性价值。[①] 社区老年学习共同体以社区老年教育为主要体现形式,具体体现在以下几个方面。

1.组织与形式

社区老年学习共同体是自发组织的非正规的老年教育,它是一种自下而上的老年教育。这种社区老年学习共同体产生在老年人相对集中的社区,老年人灵活多样性的自主学习是新时代老年教育的一大进步与创新:它一改以往较为刻板的机构教育中以课堂教育教师面授为主的教学形式,让学习共同体中的成员(主要是老年人、教师、学者与辅导者等)在一定的时间、空间,轻松、自由地分享各种学习资源,进行有益的对话、交流和沟通,分享彼此的情感、体验和观念,共同完成既定的学习任务,通过共同学习交流等活动,形成相互影响和人生感悟,进而使老年人对自己所在的共同体有较强的认同感、归属感。

社区老年学习共同体以其灵活性、参与性和低成本等特性契合了中国老年人口的特点,能够更有效地适应老年人的教育需求,是促进中国老年人社会参与的重要途径。

2.设施与条件

从当前余杭区的老年教育活动手段来看,其较之早年的老年教育有了更好的设施及更先进的手段,余杭区的老年教育的活动场所、设施有了基本保证。

城镇中老年教育依托老年大学、社区大学、社区学院及社会团体、企业及事

① 汪国新,郭晓珍.社区共学养老的实践创新[J].高等继续教育学报,2018,31(5).

业单位、党群服务中心。在农村则依托乡镇街道党群服务中心、社区教育中心、农村文化礼堂等有着较为充裕的老年教育活动场所。这些场所同时配备较为完善的教学设施，如多媒体教室、实训室、体验室，以及与教育活动相匹配的教育设施，如烘焙箱、烤箱、茶道用的茶具、花木剪枝用的剪刀、中式烹饪和中西点心课程用的灶具等，这都为老年教育的顺利开展提供了基本的设施。见表 4-1。

表 4-1　2019 年度未来科技城五街道文化阵地及活动内容一览

街道 （乡镇）	活动面积（M²）		活动场所（个）		主要活动内容	每月活动频次 （人次/月）
	室内	室外	室内	室外		
余杭街道	5500	38070	21	32	老年教育、青少年教育、体育锻炼、节庆活动等	32000
闲林街道	3200	17760	10	9	老年教育、青少年教育等	28320
五常街道	3600	23400	16	8	老年活动中心、文体服务中心、图书馆等	26000
中泰街道	10006	20270	14	86	健身器材、广场舞、篮球、乒乓球、健步走等	27000
仓前街道	4700	26300	19	13	国学教育、老年教育、体育锻炼、相约周末、市民体验、非遗传承等	29000
合计	27006	125800	80	148	0	142320

3. 教法与学法

传统教育的理念是"教化"，其行为主体是传授者，行为目标强调同一的"合格"标准。行为责任主要由政府、社会承担，行为过程注重规范性、连续性、阶段性。社区老年学习共同体却是一种自觉性行为，是"一种乐趣、一种工具、一种权利以及一项共同的责任"。老年人面对面的共同学习的本质是人对人的影响，面对面的交流学习是温暖的学习，带有情感的学习，可以建立起"守望相助"的群体归属感。对老年人来说，在一起即学习，身边的榜样是最可信和最能效仿的。

老年人是老年教育的最丰富的资源。退出职场的老年人回到社区，他们的"老有所学"和"老有所为"常常是一体的，他们在分享个人经验智慧的同时，实现了自身的价值。对他们来说，分享就是"学"，也是"为"。有的老年学员拥有一定的社会威望、丰富的社会资源，也是老年教育最得力的资源。

以上教育的四要素表明：不管是由政府、社会力量举办的正规的老年教育，还是自发组织的非正规的老年教育或者说是社区老年学习共同体，它们都是以第三年龄老年人为教育对象，通过以健康、休闲、文娱等教育为主要内容的教学活动，满足老年人全面发展和适应现代社会发展的需要，最终达到提高老年人的综合素质和生命生活质量的目的。它是我国老年教育的主要形式，也是我国现代国民教育体系和终身教育体系不可或缺的重要组成部分。

五、老年教育的变革：在一起即学习

根据学习的本质属性，能促进人身体健康、生活幸福等一切能使人生命状态发生积极改变的活动都是学习。老年人的发展需求得以满足是老年人生命状态积极改变的原因和必然要求，老年人自身的特点和独特的学习需求决定了老年人更需要面对面的情感建立而非知识技能的掌握。因而，老年人聚集到一个共同体中交往切磋，潜移默化中促成老年人拥有积极的人生态度和生活状态，这本身就达到了学习的目的，就是快乐、有效的学习。

社区老年学习共同体是社区学习的重要主体。据不完全统计，杭州市余杭区八成以上的老年人都在居家、社区养老，办好自发组织的、非正规的老年社会教育就是要办好家门口的学校，也就是社区老年学习共同体。目前，余杭区有自发组织的老年学习组织 700 多个，主要涉及文化与艺术、生活与休闲、健康与娱乐、公民与公益、科学与技术等五种类型。自发组织的老年教育内容丰富多元、形式灵活多样、人员异质互补，极大地满足了老年人多样化、个性化、品质化的学习需求。见表 4-2、表 4-3。

表 4-2 2019 年度未来科技城五街道文化学共体建设状况

街道（乡镇）	学共体数量	参加学共体人数	主要学共体名称（人数）	五类学共体数量				
				文化艺术	生活休闲	健康娱乐	公民公益	科学普及
余杭街道	136	8056	余杭街道武术辅导站 100 人左右、老年书画社 47 人	10	8	33	83	2
闲林街道	39	2000	林溪书画院 80 人、可乐球操队 40 人	10	13	13	3	0

续表

街道 （乡镇）	学共体 数量	参加学共 体人数	主要学共体名称 （人数）	五类学共体数量				
				文化 艺术	生活 休闲	健康 娱乐	公民 公益	科学 普及
五常街道	36	1680	西溪文艺家协会 236人、绿雅舞蹈队 20人、西溪风情旗袍队 36人、荆山腰鼓队 23人	23	3	8	2	0
中泰街道	26	650	中泰武术辅导站 210人、中泰书法协会 45人、中泰武校艺术团 63人、中泰百笛队 120人、中泰合唱团 36人	20	1	2	1	1
仓前街道	76	4620	仓前剪纸专家工作室 53人、葛巷村羊舞学共体 26人、太炎社区门球队 36人、高桥太极学共体 42人、苕溪舞蹈队 37人	17	6	38	14	1
合计	313	17006		80	31	94	103	4

表 4-3　余杭未来科技城五街道针对老年群体为主的学共体活动情况

街道	针对老年群体的文体学共体	活动内容	参加人数	获奖及成效
中泰街道	64	书画、太极、广场舞、梅花锣鼓、合唱、戏曲等	1179	10 余项区级以上各类获奖
闲林街道	39	书画、健康操、太极拳、戏曲等	1980	10 余项区级以上各类获奖
余杭街道	134	书画、舞蹈、健康操、广场舞、太极拳、铜管乐、戏曲、葫芦丝、旗袍秀、读书会等	2318	20 余项区级以上各类获奖
五常街道	42	太极、十八般武艺、老年健身气功、老年门球、书画、摄影、戏曲社、合唱团、舞蹈社、葫芦丝、旗袍走秀、园艺社、读书会、广场舞等	1500	20 余项区级以上各类获奖

街道	针对老年群体的文体学共体	活动内容	参加人数	获奖及成效
仓前街道	40	太极拳、合唱、书画、气排球、腰鼓等	1350	20 余项区级以上各类获奖
小计	319	略	8327	100 余项区级以上各类获奖

社区老年学习共同体以其灵活性、草根性、非功利性和低成本等特性契合了中国老年人口的特点,它是一种自下而上的老年教育,能够更有效地适应老年人的教育需求,是促进中国老年人社会参与的重要途径。

第三节 社区共学养老

当前,以往"颐养康乐"休闲娱乐式教育已经不能满足积极老龄化背景下的老年教育需求。[①] 在积极老龄化"参与行动"理念的引导下,老年教育将在促进老年人参与社会和社会融合方面发挥更大的优势。比如中共北京市委、北京市人民政府印发《关于加强新时代首都老龄工作的实施意见》的通知中明确提出:探索"医、养、文、体、教"等场所与老年人学习场所共建共享模式。[②] 加快养老产业发展势在必行,鼓励社会力量参与,推进医养教一体化服务。社区共学养老是应对人口老龄化社会问题的新思维与新探索,在持续十余年研究社区学习共同体的基础上,把社区学习共同体建设聚焦到养老问题,将开启养老事业的崭新篇章。

社区共学养老是时代的重大命题,中国"有钱、有闲、有活力"老年人数量巨大,实现社区共学养老,能使他们成为和谐社会建设的正能量;从"供养"到"自养",从养"体"到养"心",从注重工具性价值到注重生命性价值是养老思想的重大变革。

杭州社区学习共同体建设的实践充分证明社区共学养老不仅是必要的,更是可行的。全面推进社区共学养老,从根本上改变养老格局,不是一蹴而就,面

---

① 李贞.积极老龄化背景下老年大学发展路径研究[D].上海:上海工程技术大学,2019.
② https://www.163.com/dy/article/H88163LP0514AAHG.html.

临的挑战是巨大的。契合人性和老年人成长发展特点的社区共学养老,代表着养老事业发展的正确方向,它代表的是社区的未来、学习的未来和人的未来。

一、社区共学养老的意义与特征

（一）社区共学养老的意义

社区共学养老指生活在社区的老年人,为了生命成长和生活质量的提高,自觉、自愿在社区学习共同体中互爱互信、相助相伴、共学共享,更加健康、积极、优雅、有尊严地享受生命历程,其实质在于老年人的自主发展与生命成长,更好地实现人的生命性价值。[①]

社区共学养老理论与实践,是老年教育思想和路径上的突破。把社区教育、老年教育与社会矛盾、人的发展问题的化解直接勾联起来,具有化解老龄化社会问题和提升人的生命质量的重要意义。社区共学养老理论与实践探索的意义至少表现在以下几个方面:

1. 揭示养老真谛

共学养老的精髓是"自养"而不是他人"供养"。养老的过程是生命成长和成为真正的人的过程,即养老的过程是学养的过程。因为少了功利心和浮躁感,老年人的学习常常有更高的效率。麻将桌越来越多,不该是全面建成小康社会的标志。老年人自觉地走近中华传统文化的经典,用东方智慧认识人生价值,在与同龄人的共同学习中自得其乐,是更高质量和更高境界的养老。[②]

2. 提高人的生命性价值

发现和提升老年人的生命性价值和工具性价值。等级框架内的教育和学习,常常视教育为工具,既然是工具,过程与目的可以是不一致的。明明不喜欢物理、化学,但因为毕业后能找到工作,所以舍去有兴趣和专长的文学、哲学或艺术。基于社区学习共同体学习,具有非功利性的特征,其过程与目的是一致的,过程也是目的,过程的快乐是学习的重要目的。

3. 提高社会资本和社会健康资本

社区共学养老可以提升社会和社区的和谐度,降低社会管理综合治理成

---

① 汪国新,郭晓珍.社区共学养老的实践创新[J].高等继续教育学报,2018,31(5).
② 汪国新.社区共学养老:特征、意义与实施策略[J].中国成人教育,2018(17).

本;发展兴趣爱好、丰富文化生活,可以避免误入一些不良的活动和组织。数据表明,老年人在健康休闲类的社区学习共同体中学习、生活,他们的身体素质远远好于没有参与学共体学习的老年人。社区学共体的广泛兴起,对提升社会的健康资本有着很大的裨益。

4.丰富了学习型社会的细胞

党的十九大报告提出"加快学习型社会的建设"的总体要求,学习型社会建设的基础是学习型社区的创建,学习型社区建设在很大程度上取决于学习生态的丰富与活化,社区老年学习共同体是老年人自主的学习,是发自内心的"我要学",社区共学养老格局的形成,是学习化社会的细胞,是学习化社会建成的重要标志。

5.破解了老年教育的资源难题

社区共学养老从根本上破解了老年教育学习资源不足的先天性问题。社区学习共同体是实现社区老年人共同学习的有效载体,通过社区共同学习可以明显提升老年人的学习内动力和能力,大大提高老年教育的效率,进而有效突破制约时下老年教育发展资源不足的"瓶颈"。

(二)社区共学养老的特征

社区共学养老是生活在社区的老年人,为了生命延续和生活质量的提高,自觉、自愿在社区学习共同体中互爱互信、相助相伴、共学共享,更加健康、积极、优雅、有尊严地享受晚年生活历程。

社区共学养老的实质是老年人的自主发展与生命成长,更好地实现人的生命性价值。引导和促进老年人积极的生命成长,健康、积极、优雅、有尊严地老去,走向生命意义的更高境界,而不是消极、被动地苟活着。[①]

社区共学养老具有以下几个显著特征:

1.主体性

社区共学养老是基于社区资源、在社区中开展的养老,主体是老年人,强调"自养""共养"而非"供养""他养"。老年人是社区共学养老的主体,不再是传统养老的"客体"和被帮助照料的弱者,而是共同学习、积极、健康向上、自主养老的主体。老年人不再是被动地接受外来(社会和子女或养老机构)的养老服务,

---

① 汪国新.社区共学养老:特征、意义与实施策略[J].中国成人教育,2018(17).

养老的主体的变换,变被动为主动。当然,这一主体的变换并不是说政府和家人可以撒手不管,不用提供基本的保障和用心用情赡养老年人。没有政府建成的"湿地"和"池塘",就没有湿地、池塘里动植物的健康成长。

2.学习性

学习是人的天性,共同学习更是人的天性。人只有通过他者,才能映照出自我,完善自我。绝对的个体的自我充实、自律完满是很难做到的。社区共学养老的路径是基于"社区学习共同体"的社区共同学习,体现在老年人的愿学、共学和乐学上。愿学即基于老年人的本质意志自觉、自愿地主动学习,随心而来、主动参与,强调对老年人本质意志的尊重;共学指一种共生的学习生态,强调成员间相互介入、互帮互助、互教互学、共建共享的乐学过程;乐学即快乐学习,乐学是社区共学养老的核心要义。社区学习共同体是指在社区范围内的居民基于共同的兴趣、爱好及学习需求,在平等、互助的原则下,通过兴趣、爱好、共同的志愿构成的非正式学习团体,是生活在社区中的居民因共同学习而结成的能实现生命成长和建立守望相助关系的群体。这样的学习区别于一般学习组织的集体学习,是以学习者的成长作为学习的目的,而不是把组织的发展作为学习的目的。"本质意志、共同学习、守望相助、生命成长"是其本质内涵,"自觉、自主、自给、自评"是其区别于一般学习组织的学习机理。

3.生命性

社区共学养老是一种实现生命性价值的养老方式。社区共学养老以生命成长和提高生活质量为宗旨,而不把物质生活条件的改善和个体自然生命的延长作为养老的目的。主要体现在社区共学养老以老年人的兴趣爱好和内在需求为起点,绝对尊重老年人的自主意愿,去除功利化学习取向的约束捆绑。在满足了基本的物质生活需求后,追寻生命的价值与意义,并在共同学习过程中实现。去除了功利之心的共同学习,能"诚其意、正其心"。能促进人的生命成长,即滋养善根与良知、发展潜能、获得归属感。这里的学习更多地体现在人的生命性价值上,体现在内在的成长和生命状态的积极变化上,不追求外在成功成才,不体现在学历或资格证书上。这里的学习,是在自由中,为了自由和通向自由所进行的共同学习。这里的学习,少了自利性,多了互助性;少了功利性,多了生命性。社区共学养老的目的在于促进生命成长,实现自身生命状态的积极改变,提高老年人生活生命质量。

4.社区性

社区共学养老是基于社区的养老,学习发生在社区中,学习资源在社区,学习者就是最重要的资源。这一养老方式，基于社区实际和老年人现实生活，学习与生活融为一体，学习的过程就是生活的过程。社区性强调社区共学养老实践的地域性特征。资源就在身边，就在社区，因而成本更低，在实践中具有较大的操作性与可行性。政府及相关机构，既要看到老年人是学习者，也是学习资源的主要提供者，所做的主要工作是在资源方与需求方之间建立起连接沟通的桥梁。同时，为共同学习提供必要的空间与设施。与机构养老比，仅从物质层面看，这也是性价比最实惠的养老服务。

此外，社区共学养老是治愈"城市病"的良方之一。人的社会性决定了人的群体性，共同学习是人的本质需求。季羡林在《九十述怀》中写道："老年人最常见的现象或灾难是自我封闭。封闭，有行动上的封闭，有思想上的封闭。"老年人共学互助，通过彼此之间面对面的交往沟通，排遣老年人的孤独感，重建呼吸与共的邻里乡愁。①

二、老年教育新探索：社区共学养老

社区共学养老是应对人口老龄化社会问题的新思路与新探索，它作为一个新生事物，契合了老年群体对美好生活的诉求，顺应了人的发展规律，昭示着社区教育与社会养老有机结合的发展趋势。

（一）从机构老年教育到社区老年学习

为了满足新时代背景下老年人日益增长和日趋多元的学习需求，老年教育成为全民学习、终身学习不可或缺的一部分。回首我国老年教育随着时代的嬗变过程，从无到有再到发展壮大，取得了前所未有的成就，如确立了以人为本的发展理念，推进了政府主导的运行机制，形成了多元发展的办学模式，并呈现出以社区老年教育为主体的学养融合。

1. 机构老年教育的产生与发展

机构老年教育即平常人们所说的老年大学、退休干部大学、社区大学及分布在城市各区、县(市)社区学院、各街道乡镇的社区教育指导中心、党群服务中心及社会团体、企事业单位主办的老年大学等各社会机构办学。

20 世纪 80 年代，浙江省老年大学由老干部局呼应省、市大量离退休干部离退休后无以为继的一个过渡性措施，以解决离退休干部离退休后的组织管理及

---

① 汪国新，郭晓珍.社区共学养老的实践创新[J].高等继续教育学报，2018，31(5).

帮助老干部们调适心理，同时组织学习与培训，组织参观考察、交流，从而平稳度过晚年。老干部大学纯粹是政府办学，场地、师资、设施均由财政投入，创办伊始规模小、招生人数少、专业设置窄，报名就读对象受身份限制，可谓是门难进、名难报，随着逐年干部退休量的增加，老年大学教学口碑及专业设置更适合老干部文化及工作背景，老年大学规模也不断扩大，随着时间的推移，老年大学"一座难求"的矛盾问题终于显露。因此90年代后的社会保障部门、民政也纷纷办起了退休大学，招生对象从离退休干部扩展到企事业单位的退休职工及社会退休人员，这就是机构办学的起源，在20世纪90年代到21世纪初，机构办学的老年教育渐渐成为主流。21世纪初，随着杭州老龄化的提前到来，老年人报名参加机构老年教育呈井喷现象，"一座难求"又成为社会老年教育的热点问题。

机构办学的老年教育优势显而易见：教育学习特点鲜明，学校软硬件设施较为齐全，管理制度规范，师资力量及其教学质量较高，文化氛围浓厚，师生人际关系互动交流和谐，深受来机构学习培训的老年人青睐。因此，在机构就读的老年人再也不愿离开，从一个专业报到另一个专业，从今年报到来年，有进无出，使得后来者无法参与，因此机构办学的老年教育逐渐暴露出致命的弱点：退休人数呈几何级上升，招生数远远满足不了汹涌而来的老年人，而机构办学招生人数仍原地不动，无法满足广大老年人的就学需要，更何况还不包括乡镇街道一级的小城镇退休人员乃至农村中的老年人。

老年教育服务能力在老年人口快速增长面前，面临的发展不平衡、不充分等诸多问题被充分暴露出来。近年来，"入学难""一座难求"成了老年大学的普遍现象，老年教育资源分配差异大问题、老年教育推进社会综合治理问题、老年人社会参与力不足问题、老年学习团队建设问题、培育长者风范问题等也日渐显著地横亘在老年教育发展的进程中。全面并及时把握新时代老龄化发展的背景下老年教育的新走向，对于有效应对我国老龄人口趋势变化、社会经济发展及满足老年群体学习需求至关重要。

2. 社区老年教育的兴起与壮大

20世纪末到21世纪初，杭州市的社区教育悄然兴起，随着各区县(市)社区学院的设立，各街道乡镇的社区教育中心纷纷就位，杭州市的老年教育赋予新的目标和方向，社区教育的定位也越来越清晰：从幼儿教育到青少年校外辅导，从失业下岗人员的技术技能培训到成人教育、老年教育无所不包，伴随着社区老年人的比例越来越高，社区教育中以老年人为主的老年教育逐渐成为主角，各社区学院、社区教育中心以老年人为主要对象的专业和课程，每年都在花样翻新，老年人积极报名参加，社区学院、社区教育中心开设的老年课程的受益人数年年有增无减。

与此同时，老年人自发组织成立的各类文化学共体也如雨后春笋般地呈现在老人们的视野中：夕阳红合唱团、越剧等戏曲队、夕阳红旗袍队兴致盎然的表演，已成为余杭社区、公园、街角的一大特色，琴棋书画的活动之地也成为社区老年人们趋之若鹜的场所。在社区学院、社区教育中心的积极引导、合理安排下都成为社区教育的新热点、新亮点。杭州的老年教育在社区教育的引导、指导和领导下，不断壮大，从开始的纯粹兴趣爱好、娱乐和健身为主逐渐向着更高层次——共同学习演化，从而使社区教育走向新境界。学习型社区、学习型学共体、学习型家庭蔚然成风，学习成了晚年生活的新选择、新目标，由此社区的老年共同学习组织形态已渐成一种风景。

（二）在社区学习共同体中学习，实现学养融合

在我国人口老龄化急剧发展的过程中，以社区为依托，推进社区老年教育，探索在社区学习共同体中学习，将社区学习共同体与养老问题相结合，办好家门口的老年教育，成为提高老年教育参与率、满意率的基本策略和发展走向。

1. 在社区学习共同体中学习

"老年学习共同体"，它不仅是一个学习组织，更是基于这种学习组织的一种新的学习方式。它的培育是一个自下而上的过程，通过引导和培育，使原有松散的学共体发展为相对稳定、自主学习的老年人为主体的学习共同体，并以草根的方式扎根于广袤的社区，其草根式的学习方式，激活了老年人学习、交流、互动的内在需求，找到了一个学习和养老的最佳契合点，从而提高老年人学习兴趣与效果。

2. 成员即资源

共同体在成员的集聚上追求持久的、真正的"心灵契约"的缔结，在共同生活的方式上注重"志趣相投"的契合，以及发挥"交往""互助"的作用，最终呈现有机体生机勃勃的生态现状，共同体的这些基本机理是新资源观建构的重要理论基础。[①] 成员间互教互学，互为师生，成员本身的经验素养就是资源，成员可以调动自己的社会资源为学习共同体带来资源，成员之间的共同学习不断生成

---

① 王中，汪国新.社区学习共同体的"新资源观"探析［J］.职教论坛，2019(5).

新的资源。"成员即资源"的资源观,化解了社区老年教育和社会养老的资源困境。

(三)社区共学养老是一种重要的未来发展形态

社区共学养老具有无限美好的前景,代表着养老事业发展的未来、社区建设的未来、终身学习的未来和人的全面自由发展的未来。[①] 社区共学养老作为一种新思路和新实践,突破了传统思维的桎梏,既回应了当代需求,又代表了时代发展的新趋势,引领着时代潮流,无疑是革新的、超前的。

1.社区共学养老是社区建设的未来

未来的社区是无为而治的和乐社区,社区氤氲着温馨怡人的文化氛围,人们常常观赏到身边长辈们的异彩纷呈的表演,以此填补平时被网络淹没的闲暇。社区成为一个个小的精神共同体,进而成为一个大的地缘共同体,居民以共同学习为纽带与身边的邻居缔结出入为友、守望相助的邻里情谊,治愈城市居民之间冷漠疏离、孤独无依的"城市病"。

2.社区共学养老是终身学习的未来

社区学习共同体成为老年人回归生命本原、全面自由发展的最佳路径之一。社区共学养老有利于个体生命性价值的彰显和生活幸福力的提升终将成为公允的时代共识。在未来,社区共学养老成为主流的社会养老模式,公共影响力和社会认可程度将会有一个显著的提升。基于本质意志自主参加共同学习来实现生命成长、生活幸福的积极养老,逐渐成为老年人居家养老、颐养天年的首选,社会弱势群体有机会享受本真的学习带来的幸福快乐。

3.社区共学养老是人的全面自由发展的未来

社区共学养老在时空维度上形成更加广泛的集聚辐射效应,引导并促进其他的区域社区学习共同体的健康发展。社区老年人幸福的美好生活会进而影响社区年轻人的生活,影响人的整个生命历程,成为我国民众美好生活的重要组成部分。城乡每个社区都有一组社区学习共同体,每个城乡老年居民都参与某个社区学习共同体;社区成为老年人展示自己人生的大舞台,他们的潜能在社区共学互助中得到充分释放,共同学习、共享快乐、相助相伴、乐享晚年将成为一种社会风尚。

---

① 汪国新,郭晓珍.社区共学养老的实践创新[J].高等继续教育学报,2018,31(5).

新时代我国社会的主要矛盾是人民日益增长的美好生活需要和不平衡不充分的发展之间的矛盾。养老事业发展的不平衡不充分，不仅直接影响亿万老年人美好生活目标的实现，也会影响社会的稳定和谐。自上而下地提供物质生活及医疗保障的传统养老思维和实践，与老年人的多样化、个性化、品质化的需求不对应。社区共学养老积极回应老年群体的多元学习需求，回归学习本原，是一种自下而上、低耗高能的草根式民间自主养老方式，能突破国家当前养老工程和老年教育的资源困境，将社会福祉普及更加广泛的弱势群体，具有无限广阔的发展前景。

（四）社区共学养老初显成效

社区学习共同体不仅是成人最佳学习方式之一，而且还是提升人的幸福感和城市归属感的有效载体。截止到 2021 年，据杭州市不完全统计，有文化与艺术、生活与休闲、健康与娱乐、公民与公益、科学与技术等五种类型的社区学习共同体约 8000 个。调查表明，每个月有 10.8 万老年人在"学共体"中学习，人均学习时间达到每个月 17 小时。因内容丰富多元、形式灵活多样、人员异质互补，极大地满足了老年人的多样化、个性化、品质化的学习需求，社区共学养老初见成效。[1]

1.老年人的社区归属感得到提高

城市快速发展，居民小区越来越高档，许多人家的客厅也越来越大，但小区中人互不认识，彼此都是陌生人。老年人的孤独感、无助感严重困扰着他们。人的原子化状态困扰着城市人，对城市的老年人特别是新的城市居民来说更是如此。社区学习共同体让人有了家的感觉。杭州经济技术开发区朗琴社区的翟彩琴是一位新杭州人，是社区学习共同体改变她的人生。翟彩琴说："来到陌生的地方，没有了亲朋好友，没有了倾诉的对象，更没有了适合自己做的事情。失落、孤独、寂寞时时困扰着我，让我这个多年来被同事、朋友称为女强人的人感到无所适从。自打有了这个自己喜欢的团队，有了一拨和自己志趣相投的姐妹，有了自己热衷于奉献的群体，我觉得虽然离开了故土，远离了亲友，告别了施展才华的岗位，但我却找到了另一片天地。在这里大家有着共同的爱好，共同的愿望，共同的追求。在这里大家找到了自我，找到了自信，找到了幸福！失落、孤独、寂寞消失在我走进合唱队的那一刻。"通过社区学习共同体建立起新

---

[1]　汪国新.社区共学养老：特征、意义与实施策略[J].中国成人教育,2018(17).

型的守望相助人际关系,老年人的社区归属感得以明显提升。

2. 老年人的生命状态发生积极变化

舞动人生舞蹈社的方大姐说:"我的生活因跳舞而美丽,我很快适应了退休生活,人感觉年轻了许多,每天我都很开心。"方家山社区林溪书画院 71 岁的吴阿姨说:"书法是我生命的源泉。"对于许多人,特别是生活中遇到困境的人来说,社区学习共同体能改变的不仅是知识结构与技能层次,而且是生命的状态。星火社区的宓银娥书画摄影学共体有 24 人,其中 80 岁以上的 10 人,10 余年前,他们开始了共学养老之路,10 余年过去了,他们共同学习、守望相助,因"生命共成长"而夕阳无限美好。他们如此年轻有活力,如此幸福而又对社区建设具有满满的正能量。

社区共学养老是一项重大的时代命题,自带动力的社区共同学习,用最小的消耗,换取最多的归属感、获得感和幸福感。契合人的本性又符合老年人的学习规律。社区共学养老不仅是必需的,也是可行的。

第 五 章

老年学习共同体的价值、内涵与培育实践

进入老龄化时代,老龄人口日渐增多的趋势迫切要求社会更加重视和发展老年人教育事业,进一步加强老年教育。要创造更多机会充实老年人的文化生活,做到"老有所学""老有所能""老有所为""老有所安"。社区学习共同体理论与实践,是当代老年教育思想的突破,具有解决老龄化社会问题和提升老年人的生命质量的重要现实意义。

第一节　老年学习共同体的价值

　　中国正在步入超级老龄化社会,30 年后,我国将进入重度老龄化社会,成为世界上老龄化最严重的国家之一。人口老龄化会导致政治、经济、文化和社区发展的诸多问题,这一现状迫在眉睫,急于寻求解决之策。老龄化趋势已不可避免,因此解决策略不应采取极端性遏制与阻拦的方法,堵不如疏,应对老龄化社会的到来,应采取积极的态度实现老年人的积极社会化。中国社区学习共同体理论的创立,为老年教育的变革和高质量发展提供了坚实的理论基础。社区学习共同体理论应用到老年教育中,自然重视由老年人组成社区学习共同体,而认识老年学习共同体的价值是大力倡导和培育老年学习共同体的重要前提。

一、老年学习共同体是文化养老的重要载体

　　2017 年,中国成人教育协会科研机构工作委员会副理事长、杭州社区共学养老发展中心主任汪国新首次提出"社区共学养老"理念。作为应对新时代老龄化问题、提升老年教育深度的新路径,其实质是"老年教育的自主发展与生命成长,更好地实现人的生命性价值",基于其四大显著特点"主体性、学习性、生命性、社区性",结合基层老年教育实践,迎接新时代的机遇与挑战。

　　近年来,杭州市余杭区社区学院组织全区各街镇成人教育机构积极开展老年教育,老年学习共同体遍地开花,村村社社都有老年学习共同体。全区评出 100 多个"余杭区示范社区学习共同体",有 50 多个"杭州市示范社区学习共同体"。社区文化养老中,老年学习共同体已经成为社区文化养老的重要载体。

（一）文化养老是社会养老的高级形式

　　他们 80 多岁高龄了,可依然醉心于书画和摄影创作。

　　80 多岁的宓奶奶,身体健康,是报告会上年纪最大的。她笑着说,自己的生活特别充实,秘密就在于星火社区书画摄影共同体的创建。

　　这个学习共同体已经坚持了 10 余年,宓奶奶是创建人之一,有核心成员 20 多位,其中 80 岁以上的老人就有 10 位。"我们成员中不少是零基础,大家就向有基础的成员学,积极性都很高。"坚持多年学习,宓奶奶在书画上已颇有造诣。身为党员的她始终不忘服务群众,每年春节,她都会组织成员们去社区里义务

给大家写春联,一写就是几百副。

现在这个学习共同体的影响力越来越大,外围成员已发展到几百位。"学习让我们快乐。"宓奶奶说,接下来计划把星火社区打造成文化养老的基地,从而让更多老人学有所乐。

老年人自觉地走近中华传统文化的经典,用东方智慧认识人生价值,在与同龄人共同学习中,自得其乐,是更高质量和更高境界的养老,从某种意义上讲文化养老是社会养老的高级形式。

(二)老年学习共同体让老年人找到了"家"

老年学习共同体的成员以实现自身的生命性价值为参与的根本目的,其价值取向是生命性价值理性,他们摒弃工具理性,把金钱、地位、名誉等抛之脑后,通过基于本质意志的共同学习,认识自我,实现终身发展。老年学习共同体能让成员体验"平静"的美好,享受互动学习的乐趣,收获守望相助的群体归属感,取得内在生活质量和幸福感的提升,从而实现人自身的生命性价值[①]。

老年学习共同体让许多老年人有了"家"。随着我国城镇化的加快,城市里看不见的"病"显而易见,老年学习共同体是不一样的"共同体",能使城市有"温暖与温度",使小区居民为社区共同体。人是一个终身未完成的群体归属者,社区归属是人的本质意志。老年学习共同体是符合老年人本质意志的归属载体。老年学习共同体是现代城市中存在的"微共同体"[②],是优化了的城市细胞,"对于一个地区或一个城市,其价值在于构建温暖而舒适的场所,一个温馨的家"。

二、老年学习共同体是终身学习的重要路径

党的十九大报告提出要"加快建设学习型社会"。学习型社会建设的基础是学习型社区的创建,老年学习共同体是学习型社区的重要组成部分。学习型社区建设在很大程度上取决于学习细胞的丰富与活化,老年学习共同体是自带动力的学习,是真正的"我要学"。老年学习共同体的形成,是学习化社会建成的重要标志,是终身学习的重要路径。

---

① 汪国新,项秉健.社区学习共同体[M].杭州:浙江大学出版社,2019.
② 汪国新,项秉健.社区学习共同体:重拾共同体生活的现实载体[J].教育发展研究,2018,38(9).

（一）老年学习共同体让老年人爱上学习

如果说关于幸福的评价，当事人者是真正的专家的话，那么学习也是如此。社区学习共同体是由其共同负责的成员组成，个体之间会产生令人愉快的协作关系，更重要的是，真正的团队学习，不仅个人能获得出色成绩，同时个人的进步速度也比其他学习方式更快。一般等级框架内的教育和学习，常常视教育为工具，既然是工具，过程和目的可以是不一致的。基于老年学习共同体的学习，其过程和目的是一致的，过程也是目的，其真正魅力在于共同学习，实现"内目标"和获得"归属感"共同诠释了幸福的内涵。

"爱摄生活"是杭州余杭某社区一个具有社区学习共同体性质的学习组织。他们的活动非常频繁，其成员每周都会花一天时间聚在一起学习摄影，通常上午在社区活动室学习新内容，下午则外出，去公园或其他地方围绕上午学习内容开展拍摄活动，这些都是成员们自己安排决定的。如果问他们为什么要一起学摄影，学摄影有什么好处，他们会争先恐后地回答：

"好处多着呐！大家聚在一起学，学习氛围很好，我们年纪大了，看书看得慢，有几个人一起学，学起来也开心！"

"是的，要是有什么不懂的地方，大家可以相互交流，这比一个人看书本学要学得快，再说他人比你学得好，自己也想达到他那个水平，学习动力也会足一些。"

"一起学，可以交流摄影技术，每次户外拍摄活动结束，我们都拿出自己认为拍得最好的照片，然后大家一起点评，好在哪里，不好在哪里，这是一个分享成果与经验的过程，这样提高很快的！"

"我们都喜欢这样啦！每次搞学活动，我们都会来的，大家的学习积极性很高的，在这里人开心，学得也快！"

（二）老年学习共同体让老年人全面发展

根据老年人的特点，在物质性需求满足的基础上，可以把社区老人的文化养老需求分为三个层次，即"取悦自我的需求""社会交往的需求""创造价值的需求"。

"取悦自我的需求"是指社区老人生活条件改善了，由于时间和金钱上的充裕，有机会从事年轻时无法满足的事情。包括兴趣爱好类，如琴棋书画、摄影录像、唱歌跳舞、吹拉弹唱、读书写作等；康体休闲类，如拳剑球牌、旅游观光等；教育学习类，如学习新知识、新技术、新思想。

"社会交往的需求"指所有老年人情感上的需求,需要家人、社会的关注,融入社会群体从事的活动。包括参加兴趣小组、艺术学习共同体、书画诗词小组等;参加讲座、座谈会、研讨会等;开展各种纪念性活动或趣味性运动;成立报刊阅览室、活动室等。

"创造价值的需求"指社区老人希望得到社会尊重,获得成就感,产生社会影响的心理。包括政治类,如为社会发展建言献策;文学类,如出版诗词刊物;服务类,如为社区调解矛盾纠纷;奉献类,如开展志愿者服务等。

社区老人根据个人情况,通过老年学习共同体再融入社会,使自己的思想境界、文化素质、实践能力有了进一步提升,进而激发成员的生命潜能,促进成员的生命成长,很多平时并不起眼的"平凡老人",在老年学习共同体表现出超凡的才艺,不断开发潜能,创造新的东西,实现自己的生命性价值,从而促使老年人全面发展。

第二节　老年学习共同体的内涵

老年人的发展需求得以满足,是老年人生命状态积极改变的原因和必然要求,老年人自身的特点和独特的学习需求决定了老年人更需要面对面的情感连接,而非单纯的知识技能掌握。因此,老年人聚集到一个共同体中交往切磋。潜移默化中使老年人的人生态度更加积极、生活状态得到提升,这本身就达到了学习的目的,就是一场快乐、有效的学习。

一、学习动机的非功利性

老年共学养老以生命成长和提高生活质量为宗旨,而不是把物质生活条件的改善和个体自然生命的延长作为养老的目的。在满足了基本的物质生活需求后,追寻生命的价值与意义,可以在共同学习过程中实现。去除了功利之心的共同学习,能"诚其意、正其心",能促进人的生命成长,即滋养善根和良知、发展潜能、获得归属感。这里的学习,更多地体现人的生命性价值,体现在内在的成长和生命状态的积极变化上,不追求外在的成功成才,不体现在学历或资格证书上。这里的学习,是"在自由中为了自由和通向自由所进行的共同学习"①。

---

① 汪国新.社区共学养老:特征、意义与实施策略[J].中国成人教育,2018(17).

这里的学习,少了自利性,多了互助性;少了功利性,多了生命性。

二、学习方式的自主性

学习是人的天性,共同学习更是人的天性。人只有通过他者,才能映照出自我和自我完善,绝对的个体的自我充实、自律完满是很难做到的。共学养老的学习,体现了老年人愿学、共学和乐学。因为社区共学养老的路径是基于"社区老年人学习共同体"的社区共同学习。社区老年人学习共同体是指在社区范围内的老人基于共同的兴趣、爱好及学习需求,在平等、互助的原则下,通过心灵契约的形式,共同构成的非正式学习团体;是生活在社区中的老人因共同学习而结成的能实现生命成长和建立守望相助关系的群体。这样的学习区别于一般学习组织的学习,是以学习者的成长作为学习的目的,而不是以组织的发展作为目的。"本质意志、共同学习、守望相助、生命成长"是其本质内涵,"自觉、自主、自给、自评"是其区别于一般学习组织的学习机理。

三、学习资源的自给性

从本质上讲,老年学习共同体的主体是老年人自己,是"自养",而非他人"供养"。成长不是青少年的特权,是作为人的每个个体的责任和使命。老年学习共同体是基于社区资源、在社区中开展的养老,老年人是社区共学养老的主体,不是老年人被动地接受外来(社会、子女、养老机构)养老服务,养老的主体变换,变被动为主动。当然,这一主体的变换,并不是说政府和子女可以放任不管,不用提供基本的保障和用心赡养老年人。没有政府建成的"湿地"和"池塘",就没有湿地、池塘里动植物的健康成长。

老年共学养老是基于社区的养老,基础在社区,资源就在身边。这一养老方式,基于社区实际和老年人现实生活,学习与生活融为一体,学习的过程就是目的。学习发生在社区中,学习资源在社区,学习者就是最重要的资源。老年人是学习者,也是学习资源的主要提供者,政府及相关机构所做的主要工作是在资源方和需求方之间建立连接沟通的桥梁,为共同学习提供必要的空间和设施。与机构养老比,仅从物质层面看,这也是最实惠的养老。

四、学习评价的内在性

老年学习共同体的学习是基于人的本质意志的学习,即基于"初心"的学习、不为世俗的功利羁绊的学习。视学习过程为目的还是手段,可以有效地鉴别基于本质意志的学习和基于选择意志的学习。前者享受学习的过程,而后者视学习的过程为代价。前者学习效果的评价主体是自己,后者学习效果的评价主体是社会和"考卷"。

老年学习共同体成员有共同的学习愿景,形成自主、互助、分享的学习方式。学习共同体成员持续学习的动机,是潜能与兴趣爱好的实现,是人的积极情感上的分享体验,是社区归属感的获得。在老年学习共同体中,人是互利共生的主体,不是社会化的文艺组织、文化管理的工具,更不是楚河汉界两边斗争的棋子。

第三节　老年学习共同体的培育实践

一、老年学习共同体的培育策略

在全面建成小康社会的大背景下,老年共学养老不仅是必要的,而且是可行的。社区学习共同体是一个生命体,培育社区老年学习共同体需要遵循的基本原则是支持而不包办、扶持而不控制、助推而不实行目标管理、养护而不拔苗助长。虽然老年共学养老的主体是老年人自己,但是政府是构建社区老年共学养老支持服务体系的主体。实施社区老年共学养老,培育老年学习共同体,是一个系统工程,要组织、开展、实现好社区老年共学养老,其培育的策略至少有以下几个方面。

(一)就地取材策略

老年学习共同体是自己"长出来"的。它就像"没有花香,没有树高"的路边小草,其生命力无疑是旺盛的,因为它有自己的根,是自己长出来的。而人工草坪,虽然有工人养护,却常常难逃死亡的厄运,因为它是"被生长"的。社区学习共同体,特别是老年学习共同体,就是"小草",是城市社区和乡村社区里自己"长"出来的,它已经遍布城乡各个角落,不管你看没看见,承不承认,它都实实在在地存在着,只是有的地方多一些,有的地方少一些。据不完全统计,到2021年底杭州已有各类学习共同体8000余个,其中大多数是老年学习共同体。社区学习共同体天然地存在于城乡社区中,存在于老百姓的生活中。就地取材,发现身边现有的学习共同体,加以保护、呵护、维护,让这些老年学习共同体苗壮成长起来,是各级社区教育部门首先要做的工作。

（二）核心成员培养策略

所谓老年学习共同体的核心成员,他们是一些因其人格魅力和实际行动而具有强大凝聚力的人,他们没有权力,却有威望,在学习共同体中居于核心地位。学习共同体是自己长出来的,在自己长出来的同时,它的核心成员也随之长了出来。自然形成的核心成员队伍,如果经过一定的培训,其行动能力会得到提高。针对核心成员的培训工作,可以由政府组织或由民间社会组织来承担,也可以由政府相关部门委托民间社会组织培训。

核心成员培训的主要内容包括:

1.对学习共同体的理解。社区学习共同体的生命性价值与成长机理,社区学习共同体的成长对于和谐社会建设的影响。

2.对核心成员地位和作用的理解。既不是领导者,又不是负责人,如何正确定位,如何发挥特殊作用。

3.提高活用资源的能力。如何充分利用社区现有的资源,如何调动和充分发挥其他成员的力量,挖掘成员拥有的资源为学习共同体服务。

4.提高协调组织能力。如何有效地组织各项学习活动;怎样面对矛盾,处理冲突;如何激励其他队员,提高成员的学习积极性。

5.提高交流沟通能力。怎样与其他成员沟通;怎样与社区沟通;怎样与其他学习共同体合作等等。

6.提高评价调适能力。能运用有效评价的方法,评估活动质量,采取有效方法,调整学习内容、活动节奏等。

街镇层面可以将老年学习共同体的培育作为一项重要的社区服务内容,纳入社区工作服务体系。坚持“找种子,善引领,重服务,不干涉”的原则。即深入基层广泛调研,发现能够成为学习共同体核心成员的“种子”,开展社区学习共同体核心成员的培育,帮助其更好地凝聚有共同兴趣、共同需要的人参与学习,提供必要的场地、设施、助学者、展示交流平台等,统筹社区内的各种资源,为学习共同体的培育和发展提供资源支持。

（三）“五有”激励策略

社区老年学习共同体形成于成员的共同兴趣与爱好,自觉、自主、自律是其学习的本质属性。然而,如果缺少一定的外在作用力,仅仅依靠自发组织、共同兴趣爱好难以取得高效、持续发展。因此,必须通过建立有效的激励机制,激发学习者深层次的学习需求、兴趣,使其获得更多的满足感,发挥更大的社会效应。在多年的实践探索过程中,余杭区根据成人学习心理和需求,遵循学习共同体的特质,采用一系列举措,形成一套行之有效的社区学习共同体成长的"五有激励法"。

1.活动有场,以所安心

学习需要一个学习场,可以是物质的,可以是虚拟的,也可以是一种心理归属地。余杭区的做法是,针对不同类型和发展层次的学习共同体,提供不同的学习场,引导学习共同体心有所属。

(1)物质场地。

物质场地指的是物质概念上的场地,可以是公共场所,也可以是私人场所。社区内的文化场馆、科研院所、高等教育院校、动物园、植物园、政府机构、企事业单位和社区各教育机构是学习共同体开展学习活动的重要场所和资源,充分利用这些场所资源,既能创造浓厚、高雅的文化氛围,对学习者实施潜移默化的教育,同时又解决了学习共同体学习场地缺少的问题。

学习共同体的发展是建立在成人自主学习的基础之上,因此,学习场地需要适度开放,在不影响他人的前提下,尽量减少使用约束。

以余杭区为例,为了解决学习场地有限与需要学习场地的学习共同体数量过多之间的矛盾,塘栖社区教育中心通过整合自身办学场地资源,以建立"名人工作坊""达人工作室"等形式,把学习共同体引进校园,为我所用。要求"入驻"校园的工作室免费为当地社区居民开展培训,免费为各类大型活动展示表演。如此措施,不仅解决了学习共同体没有学习场地的困难,也走出了社区教育机构培训没有优质教师或学员的困境,一举多得。

(2)心理场地。

"场"是物理学上的概念,可以指能量的一种聚合。心理场是心理与物体之间形成的场,具备有机化合性、辐射性、变化性、惯性和敏感性。自然因素、社会因素和个体因素是影响心理场的重要因素。本书所指的心理场地即学习共同体对自己归属感的一种界定和依赖。

学习共同体不同于在民政部门登记的学习共同体,它一般指散落在各社区的学习共同体,有些有一定的组织归属,也有一些是纯粹自发形成的"草根"组织,没有任何组织来协调、管理和关心。针对这些学习共同体,社区教育机构为了维持其长效、有序发展,可以通过登记备案、主动关心、提供支持等方式,让这些学习共同体心有所属,使其在任何时间、任何地点、遇到任何问题第一时间想到当地社区教育部门,从而形成强大的心理场。

(3)虚拟场地。

虚拟场地主要是基于数字化学习背景下创设的一种云端学习场所。虚拟学习场地可以包括腾讯课堂、微博、学习网站、微信、QQ 群、远程教育、空中课堂等等。虚拟场地不受时间、人数、地点、内容等限制,学习共同体成员无论在何时、何地都可以进行学习。

余杭区在"终身学习在线"网站内,单独设置"学习共同体专栏",各学习共同体负责人拥有单独的登录账号,根据学习形式、内容和时间,负责人在网站上发布学习通知、讨论内容、学习视频等有关学习内容。随着数字化学习深入人心,今后将尝试为学习共同体负责人建立微博,建立余杭区学习共同体微信公众号。

虚拟场地具有时效性、容纳度和灵活性,可以充分落实"人人皆学、时时能学、处处可学"的美好愿景。

2. 提高有路,以培助长

(1)根据学习共同体的不同类型开展培训。

不同类型的学习共同体是根据人们生活所需和生活环境而形成的,因此,从不同的角度可以有不同类型的学习共同体。从行政管理角度划分,可以是学术、行业等社会团体,也可以是从事非营利性社会活动的民办非企业单位;从学习共同体的组织功能划分,可以分为慈善类、助老养老类、老年人活动类、帮困救助类、文体娱乐活动类等。

不同类型的学习共同体其学习诉求、学习内容不同,因而培训内容也不同。余杭区各社区教育机构根据不同的学习共同体的类型,设置培训套餐,制定培训制度。培训套餐由公共课程与专业课程组成,要求每个参加年度评优评奖的学习共同体每年必须完成至少一个培训套餐,完成培训套餐越多,培训积分越多,评优评奖就越有优势。

(2)根据不同人员设置不同的培训课程。

在学习共同体持续发展的过程中,有几类人员起到至关重要的作用:第一类人,是学习共同体中的核心人物,也可以称作组织者、发起人;第二类人,是学习共同体中的骨干人员,专业技能过硬,辅佐协助核心人员组织开展工作;第三类人,是学习共同体所在区域的社区管理人员,可以是社区主任或文体工作者,本书称为推进员;第四类人,是每个街道(乡镇)社区教育中心、社区学校的校长或者是具体开展社区教育的工作人员,本书称为推介员。

　　基于学习共同体发展过程中不同人员的不同角色和作用,培训课程因人而异,课程可以按照学习需求自由组合成培训套餐。培训套餐分为基础模块和拓展模块,其中基础模块主要由学共体相关人员的必修课程组成,拓展模块由选修课程组成。其中必修课程如下:

　　人文修养类课程。历史、文学与政治方面的内容,如社会主义核心价值观、时政解读、科学发展观、人口理论、语言修养、着装与礼仪、家庭美德、当代人文精神风貌等。

　　社区教育基础理论课程。如社区教育理论、社会工作知识、人类学、社会学、教育学、管理学、心理学等。

　　社区教育工作技能类课程。如计算机操作技能、网络办公技能、档案管理技能、新闻写作技能、活动策划与组织等。

　　(3)根据培训需求采用不同培训形式。

　　根据培训对象和培训内容,采取多种形式开展培训活动。

　　课堂教学式。主要以讲座老师讲授知识、学员听课的方式进行。

　　学员参与式。在教师发挥教学主导作用和学员发挥自主学习作用的前提下,以学员参与的方式开展讲座活动。

　　研究交流式。通过老师和听众共同讨论、启发、沟通、研究、交流等形式展开活动。

　　情景模拟式。在课堂中营造讲座需要的情景,老师和学员共同运作开展的讲座活动。

　　实践操作式。在教师指导下,学员参加实践或操练的讲座活动。

　　参观观摩式。在教师带领下,组织学员观摩实际场景的讲座活动。

　　询问答疑式。由学员向老师、专家咨询开展的讲座活动。

3.激励有道,内外协同

　　学习共同体学习的目标不是评奖,但是奖励可以促进学习共同体的成长、发展,两者相辅相成,互为促进。外界可以通过制定奖励办法、确立奖励类型和推介评优三种方式促进学习共同体的发展。

　　(1)制定实施评比奖励制度。

　　激励机制作用的发挥取决于激励制度的建立,实现于激励机制的运行。激励制度不确立、不实施,激励机制无法发挥其功效。激励制度的建立要考虑学习共同体不同的文化价值、目标追求等因素。奖励方式不同,如评估、成果回馈和物质奖励等会不同程度地影响学习者的学习热情和学习共同体的发展。

在实际操作中,根据学习共同体的发展情况决定奖励的实行或者取消。如评估强调的是对学习共同体的外部作用,对团队的发展起到抑制作用;回馈促进的是对学习共同体的内部控制,起到加强作用;物质奖励能够促进学员对学习的好感,因此也起到促进作用。

在制定奖励制度的过程中考虑奖励形式,还要考虑奖励的时间和学员对奖励的期待程度。余杭区制定了《余杭区社区学习共同体奖励办法》,文件中规定了评比奖励的时间、申报的流程、奖励办法和内容。奖励主要组织和实施者为社区学院、社区教育中心、社区学校。评上杭州市级示范社区学习共同体予以3000元奖励,评上区级的予以1000—2000元的奖励。文件要求优秀或示范学习共同体所在的社区教育中心或社区学校要给予配套奖励。奖励经费用于学习共同体购买器材、服装等日常开支。评为市级示范学习共同体的,三年开展一次评估,淘汰不符合条件的学习共同体。定期或不定期地开展成果汇报座谈会。

制度文件化,制度常态化,制度可行化,社区学习共同体的发展才有保障,发展才能更为规范、持续。

(2)确立奖励评优组织类型。

评优组织类型主要分为奖励授予方和奖励接受方。

授予方主要有三个层级:第一层级为市级层面,这是目前的最高奖项,为杭州成人教育研究室组织的评比;第二个层级为区级层面,每个地区的社区学院开展评比;第三个层级为街道(乡镇),社区学习共同体所在辖区的社区教育中心和社区学校实施评比。有的运行比较完善的学习型学习共同体内部也有奖励办法。

接受方主要有几类群体:第一类为学习共同体本身,可以设置"标准化社区学习共同体""优秀社区学习共同体""示范社区学习共同体"等奖项;第二类为学习共同体所在辖区社区教育中心、社区学校,可以设置"最佳组织奖""优秀组织奖"等奖项;第三类是学习共同体所在辖区社区教育中心、社区学校内部积极组织推进学习共同体各项工作的老师,可以设置"优秀推介员"等奖项。

(3)推介评优社区学习共同体。

大部分学习共同体扎根在社区,活动于社区,社区教育机构除了在内部开展评优评奖工作,要把向外宣传推介制度化、常态化,使学习共同体不断扩大到各个领域和人群中,为其发展壮大创造良好的外部环境。可以分"走出去"和"引进来"两步走。

走出去——学习共同体有更广的发展空间。学习共同体自身和社区教育机构要充分发挥主动性,积极利用各种平台宣传自身团队和学习成果。在社区教育系统内,学习共同体要相互了解,互通信息,交流学习。在社区教育系统外,学习共同体通过参加企事业单位的年会、各种文艺表演节目等,发挥自身优势,在参与的过程中学习。

引进来——学习共同体有更大的影响力。学习共同体除了自己主动参与社区内、地区内、市内的交流学习,还可以走出省、走出国。走出去的同时,为了表示礼尚往来,可以主动邀请其他同类的学习共同体到本地来。以讲座、演出、比赛、展览等形式,以学会友。

学习共同体走出去、引进来,两者相辅相成,互相提高。

4.展示有"台",以演聚气

学习共同体可以激发社区活力,推动居民广泛参加自己感兴趣的学习活动。社区教育机构可以通过搭建实体和网络舞台,增强学习共同体在社区凝人聚气的作用。

(1)搭建实体舞台。

第一是技能大擂台。技能大擂台的主要目的是促使学习共同体重视学习实效,掌握学习的本质内涵,提高学习共同体成员的学习意识。在竞技的过程中,一是可以将技能比拼与学习方式、方法的改变相结合。以技能比拼为平台,努力找到适应学习共同体发展的学习形式和内容,引导学习共同体优化发展。二是可以把提高技能与学习成效相结合。学习共同体通过参与竞赛,全面检测自身一段时间的学习效率,通过比较,明确同类学习共同体发展现状。突出先进的学习内容、新颖的学习形式、居民的喜爱程度,重视学习过程意识、社会责任与服务群众意识。三是通过技能比拼,将个人发展与学习共同体发展相结合。竞赛是以团队的形式呈现的,在展示个人风采的同时,着重考察学习共同体成员的学习精神和合作意识。

余杭区在多年的技能大赛中,通过搭建"相约周末""排舞大赛""烹饪大师"等技能比拼平台,开展不同类型的比赛。学员们秉着"友谊第一,比赛第二,互为学习"的原则,寓赛于乐,寓学于赛,寓乐于学。

第二是民俗节庆日。2000年11月,中共中央办公厅、国务院办公厅转发《民政部关于在全国推进城市社区建设的意见》,把社区定义为"聚居在一定地域范围内的人们所组成的社会生活共同体"。从概念可以看出,社区是一个范围很大的共同体,它不仅是一个共同的生活空间,还应该是一个情感空间,一个能够满足居民精神文化需求的祥和空间。随着城市现代化的发展和人们生活方式的改变,社区成员缺乏沟通和交流的平台,对"社区"这样一个不得不每天面对的生存空间认同度低。

民俗文化节作为一种流传已久的集体无意识,它对居民的吸引是无形的。老百姓在公共的空间,带着对民俗文化的爱好,自然而然地能够加入节日。本辖区内的学习共同体与辖区外的学习共同体在民俗节日的氛围中既是展示表演,也是学习与传承的过程。同时,提高其他居民对社区文化的参与度和自觉性,活跃了社区文化生活。余杭区每年的"径山茶圣节"、瓶窑老街金鹄电影节、"塘栖枇杷节"、"仓前羊锅节"、"超山梅花节"、"全民终身学习活动周"、"读书节"等等都是学习共同体很好的展示平台。在这些大型的节庆日中,学习共同体大显身手,竞相绽放。

第三是成果展览秀。成果展览可以激发学员的学习积极性,扩大学习的影响力,在某种程度上能够产生经济效益。此平台主要是为以实物形式表现学习成效的学习共同体搭建,表现为集中陈列实物、模型、文字、图表、影像资料等。成果展示既可以是学习的完结,也可以是下一阶段学习的开始,在展示的过程中,学习共同体成员发挥能动性,增强团队合作意识。

举办成果展览秀要考虑以下几个因素:一是展览地点。一般放在社区居民容易积聚的地方,可以是图书馆、文化馆、商场超市、博物馆、体育馆等公共场所,也可以是校园、社区或居民家里。二是展览主题。展览的主题围绕学习共同体的成果,以小见大,凸显学习成效。确立主题,内容就应运而生,围绕主题展览不同类型或同一类型的学习成果实物,可以是成品,也可以是半成品;可以是实物,也可以是多媒体资料。三是展览时间。在最佳"档期"推出展览秀,可以结合上文提到的展示平台开展。四是展览宣传。为了让更多的社区居民参观展览,展览前的宣传报道必不可少,前来参观的居民越多,学习共同体成员的成就感越强。通过新闻广播、报纸杂志、网络等方式,结合各部门做好推广宣传。

(2)开辟网络剧场。

大数据时代,网络已经成为人们重要的生活方式。学习成果除了在线下展示,还可以借助网络在线上展览,开辟网络剧场。网络剧场既快捷又时尚、既多元又共享、既多向又广泛,是一种点对面的传播方式,发挥着更为强大的展示、引导功能。

5.宣传有法,以"媒"造势

正确地选择宣传方式能够强化宣传效果,提高学习共同体的社会影响力。

在实际操作过程中,学习共同体可以借助传统媒体、新媒介两种宣传方式扩大其效能。

(1)传统媒体。

传统媒体主要指报纸杂志、电视、广播等,它一般是宣传的主要阵地和途径。通过这些媒体,可以刊登文章、播放宣传片和专题片、广播重要讲话内容、制作学习卡片和图片宣传资料等。它的宣传对象为不特定的大众人群,具有单向性特征。

余杭区的具体做法:一是编印《余杭社区教育》杂志,开辟"社区达人"栏目,专题报道学习共同体核心人物、推介员、骨干分子等事迹,目前已经连续办了 16 期。二是编制学习共同体地图。三是承办全国性的学术研讨会。2013 年 11 月,顺利承办"共同学习,让生活更美好"专题研讨会。在会议上,积极宣传余杭区学习共同体培育策略。四是编写特色教材。学习需要材料,鉴于很多学习共同体通过口耳相传的方式开展学习,没有系统的教材,余杭区社区学院组织各社区教育中心、社区学校编写了《余杭文化——传统手工技艺》。

(2)新媒介。

新媒介主要指的是网络媒介和移动媒介。网络媒介可以是网站、论坛、博客等,移动媒介主要指微博、微信、手机报、慕课等等。它可以进行大众传播,也可以针对特定人群进行小众传播,有针对性。传播者和受播者可以双向互动。一是在"终身学习在线"设置"网络课堂"和"学习共同体风采"两个专栏,及时发布学习共同体的学习信息、活动情况及各项荣誉。二是以"移动校园手机报"的形式,向余杭区教育系统、政府各部门、社区居民、外来务工者几类人群发送学习信息。三是制作学习共同体宣传片。把余杭区前四届示范社区居民学习共同体的具体情况拍摄成专题宣传片。

社区学习共同体成长的激励机制可以因地、因时、因人、因需的不同开展实施。在以人为本、服务至上的理念指导下,凡是有利于推动居民广泛开展学习的方法,凡是有利于学习共同体发展壮大的奖励措施,凡是有利于社区和谐发展的学习活动,社区教育机构都可以大胆尝试实施。余杭区在长期的实践探索过程中,总结形成了"活动有场""提高有路""激励有道""展示有台""宣传有法"的"五有激励机制"。事实证明,在这一系列激励举措下,社区居民学习的主动性、自觉性、学习力和对生活的感悟力有了极大的提高。

二、老年学习共同体的保障机制

为了促进老年学习共同体的健康发展,必须建立保障机制。余杭区进行了一系列探索,成立了各级老年教育领导小组,实现老年教育场地师资共享,落实老年教育活动经费保障,建立了多方合力的老年学习共同体的保障机制,逐步形成老年学习共同体养护的组织网络。

（一）建立老年学习共同体养护组织网络

余杭区成立了以余杭区社区教育委员会负责人为组长,区委老干部局、区老龄委、区教育局、区社区学院、区老年大学、区科协等相关部门负责人为成员的"余杭区老年教育领导小组",实现区级层面的统一领导,改变了原先多头领导的现象,形成了多方合力。

建立了以各街镇分管领导（副主任或副镇长）为组长,街镇老龄委、街镇党群服务中心（文体中心）、街镇教卫办、街镇农业公共服务中心、街镇科协、街镇社区教育中心（成校）等相关部门负责人为成员的"镇老年教育领导小组",统一领导街镇的老年教育工作。

由市社区大学、区（县）社区学院、街道社区学校（乡镇成校）、社区（村）市民（村民）学校组成的四级网络,是一个纵向的"阶梯式"管理体系,老年学习共同体是撒在这个"阶梯式"管理体系里的各式各样的种子。余杭区、临平区充分利用这一组织网络,为老年学习共同体的发展提供广阔的空间。

（二）实现老年教育场地师资共享

整合了"街镇文化馆""街镇图书馆""街镇老年活动中心""街镇老年大学"等街镇场地设施设备资源,"农村文化礼堂""社区文化家园""村社图书室""村社科普教室"等村社场地设施设备资源以及街镇社区教育中心（成人文化技术学校）等场地设施设备资源,实现共建共享。

同时,还整合了"杭州市科普讲师团""余杭区科普讲师团""街镇成人文化技术学校""街镇老年大学"和各文化学习共同体的师资,建立了"老年教育师资库",实现统一调配,实现共享。

如杭州市社区科普讲师团师资库——"科学与社会"系列、杭州市社区科普讲师团师资库——"科学与生活"系列。

各街镇老年教育培训机构,通过预约可以聘请讲师团的专家到各村社为老年人讲课,给老年学习共同体提供专家指导。

（三）落实老年教育活动经费保障

街镇老年教育领导小组落实老年教育活动经费。街镇出台相关文件,把街镇老龄委、街镇党群服务中心(文体中心)、街镇教卫办、街镇农业公共服务中心、街镇科协、街镇社区教育中心(成校)等各部门的有关经费统一调配使用,提高了资金的利用率。各乡镇(街道)把老年教育活动经费列入街镇年度预算,保障老年教育活动经费的正常开支。

余杭区重视老年教育工作的经费保障,不断加大经费投入力度。各部门深入贯彻落实中央及省委省政府关于老年教育事业发展总体部署和要求,不断加大老年教育的经费投入。对各地的老年大学(学校)加大政策支持力度,合理安排老年教育专项经费,支持推进老年人学习场所文化建设和教育队伍建设,提升其教学场所和设施的现代化和规范化水平。

三、培育老年学习共同体的实践活动

（一）示范评选:持续开展示范学习共同体的评选

制定、出台了《余杭区社区学习共同体评估表》,通过评估表中的 5 个一级指标、27 个二级指标对全区老年学习共同体进行引领。见表 5-1。

表 5-1　余杭区社区学习共同体评估表

兴趣与愿景(15分)	成员有共同的兴趣、爱好与学习需求(5分); 成员共同制定发展目标,并具有可行性(3分); 共同商定安排学习(活动)主题(3分); 积极传播终身学习的理念(2分); 成员的集体归属感强,愿意为集体付出(2分)。	听汇报,查材料,实地抽查,个别访谈。		
运作与管理(25分)	规模发展适宜,一般为 10—40 人,主要成员相对固定(5分); 有能够引领发展的核心成员(4分); 民主协商,引领发展,成员关系平等和谐(4分); 成员间相互了解,关系融洽,相互关心(3分); 有较为完善与有效的自主管理办法和措施(4分); 良性运作 2 年及以上(5分)。	听汇报,查材料,实地抽查,个别访谈。		

学习与活动 （25分）	拥有深厚的学习氛围，每月至少开展两次学习活动（5分）； 开展平等、互助、协作、分享式的自主学习（4分）； 有相对丰富的学习内容与形式，并不断提出新的学习主题（5分）； 将现代信息技术有效应用到学习活动中（3分）； 积极自主地整合开发学习资源（4分）； 学习活动有相应的档案记录（4分）。	听汇报，查材料，实地抽查，个别访谈。		
支持与保障 （15分）	乡镇（街道）、社区给予必要的外部支持（4分）； 有相对固定的学习场所（4分）； 发展拥有充足的活动经费保障（4分）。 拥有必要的师资资源（3分）。	听汇报，查材料，实地抽查，个别访谈。		
影响与特色 （20分）	成员通过学习身心愉快，有收获感、满足感（5分）； 有效带动了辖区居民的学习热情（3分）； 对身边的居（村）民有强烈的吸引力（3分）； 在一定范围内产生了较大的辐射影响（4分）； 在服务社区建设方面发挥作用明显（3分）； 引起各类媒体关注，并给予较多报道（2分）。	听汇报，查材料，实地抽查，个别访谈。		
合计得分				

余杭区每年都评出10个"余杭区示范社区学习共同体（学习型学习共同体）"，给其他社区学习共同体树立了学习的榜样。

1. 优化评选过程，区级评选和市级参评

首先在区级层面，对学习共同体评选不断进行优化，力求使评选过程成为促进基层工作的抓手。余杭区社区学院根据基层要求，对余杭区社区学习共同体评估表进行完善，使之符合区内共同体的发展要求，更是力求使评选老年学习共同体的过程成为促进社区老年工作发展的过程。社区学院会不定期邀请相关专家，对学习共同体的活动情况进行走访，并进行指导，从而促进老年学习共同体的发展。老年学习共同体自身和社区教育机构也充分发挥主动性，积极利用各种平台宣传自身团队和学习成果。在社区教育系统内，学习共同体相互了解，互通信息，交流学习。在社区教育系统外，学习共同体通过参加企事业单位的年会、各种文艺表演节目等，发挥自身优势，在参与的过程中学习，从而在区级评选中崭露头角。每次区级示范学习共同体的评选,余杭区社区学院都邀请学习共同体方面知名专家如汪国新、曲连冰等人参加,专家精彩的点评,学习共同体核心成员的思维碰撞,让评选的过程也成为学习共同体之间互相学习、交流、借鉴的过程。

市级学习共同体的参评过程也以促进基层工作为出发点,做好"方向引领"工作。社区学院从区级示范学习共同体中,选出最能体现时代潮流、政策导向和群众需求的老年学习共同体,参与市级评选。社区学院协助基层社区学校对相关学习共同体的各项工作进行提升,并积极利用各种平台宣传相关团队和学习成果,对学习共同体的培育工程作辅导,既促进基层教师的成长,又促进其他学习共同体的学习成长。对推荐的老年学习共同体注重新鲜血液的培养,让学习共同体后继有人。

2.评选结果的运用,发挥示范引领作用

示范学习共同体的评选绝不是活动的终结,而是促进学习共同体工作的起点。社区学院注重示范学习共同体的示范引领作用,并列入工作计划的要求。提高这些示范学习共同体的社会影响力,通过宣传提高知名度,从而起到示范引领作用。对示范学习共同体核心人物的媒体报道,制作学习共同体宣传片在电视台播放,不但对这些老年学习共同体是一种鼓舞,而且对其他学习共同体也是一个借鉴。基层社区学校也定期召开学习共同体核心成员会议,示范学习共同体核心成员在会上作经验交流,促进其他学习共同体的发展。

(二)展示交流:老年学习共同体的亮丽风采

1.会议、展板、文集交流

通过"示范性社区学习共同体"的评比、组织专题研讨等,交流老年学习共同体的经验体会,形成大家相互学习的良好氛围,促进了老年学习共同体的建设。

(1)会议交流。

余杭区瓶窑夕韵书画学习共同体是由 20 多位老人组成的学习共同体,2017 年 7 月被余杭区社区教育委员会、余杭区社区学院评为"2017 年余杭区示范社区学习共同体",2018 年 10 月被杭州市教育局评为"2018 年杭州市社区示范性学习共同体"。核心成员葛寿海是这样在评审会上发言的:

我们瓶窑夕韵书画学习共同体在镇党委、镇老龄委、镇文体中心的关心和支持下,于 2015 年 3 月 26 日正式成立。书画学习共同体坚持党的四项基本原则,贯彻文艺双百方针,以"增长知识,丰富生活,陶冶情操,促进健康,服务社会"为宗旨;坚持"老有所学,老有所乐,老有所为"指导思想;以繁荣文化事业、提升老年人生活品质为动力;开展与各兄弟书画社技艺的交流,以不断提升社员的艺术修养为载体,吸收本地区老年书画爱好者加盟。为推动、活跃、丰富瓶窑地区老年人文化生活作贡献。回顾书画社的活动,主要做了以下几方面工作:

注重学习提高。瓶窑夕韵书画学习共同体注重"普及型"学习。一直坚持双周书画学习交流活动,聘请老师为学员们现场指导。尽最大努力给予书画爱好者学习创作"平台",成员们的书法或绘画作业请老师点评,大家深受启发,取得良好的效果,进步较快。

举办作品展示。在 2016 年重阳节来临之际,书画学习共同体在老师的指导下组织举办书画作品展。展出期间,镇老龄委、镇文体中心兄弟书画学习共同体领导亲临现场指导。余杭电视台记者特地赶来采访现场录像,并且在重阳节时段电视专题节目中播放。全体社员受到莫大鼓舞,倍感荣幸,书画展览期间,前来观看的市民群众络绎不绝,并得到大家的一致好评。

慰问孤寡老人。每年的重阳节,我们书画学习共同体积极参加镇组织的到敬老院慰问。学习共同体的有关同志为敬老院的孤寡老人作歌舞表现,现场赠送书法、绘画作品,表达对这些孤寡老人的慰问和美好祝愿。

选送优秀作品。在余杭区老年大学成立 30 周年校庆期间,书画学习共同体成员选送的书画作品中有两位同志的绘画和书法作品被录用,并且收录在《文化养老》纪念文集中。

组织联谊交流。书画学习共同体积极和兄弟书画学习共同体进行联谊活动,相互交流经验,互相切磋提高,取得良好效果。同时,我们经常到野外搞采风活动,如到瓶窑塘埠樱花基地,到百丈釜托寺,到香格里拉和北湖湿地进行现场写生作画,还有老师现场指导,大家受益匪浅。

参加公益活动。夕韵书画学习共同体除正常开展技艺交流学习活动外,积极参与社会公益活动。到敬老院去和老人们一起开展学习活动,手把手教他们写字、画画,送去笔、纸、颜料,受到市民和领导肯定。另外,每逢春节来临,我们积极参与镇成校、镇政府和社区举办的写春联、送春联活动。到恒德文化广场、镇成校广场,还到村文化礼堂和径山镇小古城村文化礼堂及电信公司、邮电局等地方写春联,深受广大群众喜爱。

回顾这两年,我们书画学习共同体在镇老龄委、镇文体中心和瓶窑成校等部门的关怀和指导下,慢慢地成长起来,我们感慨万千,真正体会到老有所学,老有所乐,增长知识,丰富生活,做现代老人。我学习我快乐,我学习我健康,我学习我时尚,真正实现终身学习学有所乐、学有所获。

又如,余杭区瓶窑摄影学习共同体,由瓶窑摄影学习共同体的30多位老人组成,2018年7月被余杭区社区教育委员会、余杭区社区学院评为"2018年余杭区社区居民示范学习共同体",2019年10月被杭州市教育局评为"2019年杭州市社区示范性学习共同体"。其负责人吴云水在余杭区和杭州市的评审会上作如下经验分享:

六载岁月不畏艰苦 学无止境砥砺前行

——兴趣与愿景。余杭区瓶窑摄影学习共同体成立于2013年1月,成员是来自镇内机关、企事业的退休人员,共同的摄影爱好让我们聚集在一个团体中。学习共同体从成立起,每年由理事会征询成员的意见、建议后制定年度活动计划,并在年会上进行年度活动总结。

成员有共同的兴趣、爱好与学习需求。协会活动结合政府重点项目开展,得到政府的大力支持。学习共同体成员集体归属感强,特别是年老的同志为学习共同体活动无私奉献,成员中的企业老总为学习共同体出钱出力。

——运作与管理。协会成员从成立时的21人发展到现在36人,其中李国清、汤荣华、华苗毅等3人成长为省摄影家协会会员,2017年中国摄影家协会会员伍宗保老师加入我们协会,另有朱关城等市摄影家协会会员。协会以这些骨干成员为核心,引领团队活动的开展。

协会有较为完善与有效的自主管理办法和措施,制定有《瓶窑摄影协会章程》和《瓶窑摄影协会管理制度》。

协会理事民主协商,引领发展,成员关系平等和谐。协会成员间相互了解,关系融洽,相互关心。

——学习与活动。学习氛围浓厚,活动丰富多彩。除统一组织参加专家讲座外,更多的学习是在协会的QQ群和微信群。

积极开展学习及服务社会的摄影活动,五年来开展"服务G20""美丽乡村""良渚申遗""五水共治"等大型专题活动10次以上。

——支持与保障。瓶窑镇政府对摄影学习共同体的工作不仅给予精神上的指导,还给予物质上的帮助。例如支持出版《窑山画报》4期,2016年评上区二级团队后瓶窑镇政府还给予了团费补助。配有固定的活动场所,位于文体中心四楼的一个活动室,里面有幻灯机、电脑等设备。聘请杭州市摄协副主席白植槟、区摄协主席谢伟洪等专业人士为顾问,不定时来协会讲授摄影技巧。

——影响与特色。协会成员通过学习身心愉快,有收获感、满足感。协会团队围绕政府重点工作、重点项目、民生工程,跟踪拍摄,服务于当地经济文化建设。瓶窑摄影团队不仅着眼于艺术创作活动,更多的是深入基层,到乡村,去田间,往现场,引得群众的赞赏和向往,不少人要求加入瓶窑摄影协会。例如在瓶窑全运会期间,在G20会议期间,瓶窑摄影学习共同体都受到了广泛关注。2018年余杭区美丽乡村的年度赛中,已揭晓的前2季获奖作品,我协会占了三分之一以上。

近3年,瓶窑摄影协会外出采风活动15次(包括会员自行组织),主办摄影比赛4次,举办摄影展览3次,服务瓶窑镇摄影宣传10次,有力地推动了瓶窑摄影事业的发展。先后编辑出版《窑山画报》4期,每期都在200页以上,每期刊登照片260幅以上。参加区级以上各类摄影比赛活动,共获得奖项60多个。

2014年、2015年、2016年全国获奖作品3件。朱关城的《精工细作》入选由中国摄影家协会、丽水市人民政府主办的2016年"寻梦菇乡杯"瓯江行丽水摄影大展。汤荣华的《捉泥鳅》入选2016黄山乡村国际摄影节展。华苗毅的作品《春茶》入选由中国摄影报主办的"山水情韵·诗画宁国"全国摄影大展,刊登在《中国摄影报》2016年7月22日第57期上。

2014年、2015年、2016年省级摄影作品入围18件。华苗毅《骑行茶园》《今日下沙》《下沙巨变》3件。朱关城1件作品《秋叶纷纷戏清流》和吴云水1件作品《天上人间》分别入围由浙江省摄影家协会和开化县人民政府主办的全省摄影大赛。

2017年成绩突出,主办承办摄影比赛两次。一是主办了"光影北湖,窑看芦花"摄影比赛。朱关城的作品《误入仙境》荣获一等奖,伍宗保的《北湖湿地风光》荣获二等奖,汤荣华的《冬徙:豆雁南归》获得三等奖,蒋洋波的《野鸭戏苇丛》、汤荣华的《谷尖上的欢呼雀跃》、汤琪儿的《静谧》3幅作品获得优胜奖,沈文塊、华苗毅、蒋洋波、朱关城、汤荣华、伍宗保9幅作品获得入围奖。二是主办了"瓶窑镇第六届文化艺术节摄影比赛"。华苗毅的《舞动瓶窑》荣获一等奖,胡兴国的《童话瓶窑》、沈国英《新年愿景》、沈文塊《挡不住的诱惑》,获得二等奖,蒋洋波《传承》、卞金龙《青春活力》、汤荣华《雁南飞》、伍宗保《良渚国家考古园南门景区》、朱关城的《艺术节之花》5件作品获得三等奖。另外有14件作品获得优胜奖。

2017年国家级摄影比赛奖项5件。华苗毅的《尝鲜》获得"走进畲乡"全国联谊擂台赛二等奖、《春的律动》获得"走进大美径山"全国联谊擂台赛三等奖；由中国摄影报举办的"开化是个好地方"全国摄影大赛，沈文塊的《管山人》被选为入展作品，《径山晨曦》获中国摄影报联赛三等奖；汤荣华的《走进大美径山》，获得影友擂台赛三等奖（全国擂台）。

省级获奖作品1件，华苗毅的《陕北老汉》获得浙江省"孝行杯"老年人幸福笑脸摄影大赛优秀奖。

市级获奖作品20余件。参加杭州良渚遗址管理区管理委员会等5个部门举办的首届"摄影家眼中的良渚文化"摄影大赛，取得丰硕成果，中国摄影家会员伍宗保的《秘境》获得三等奖，华苗毅、沈文塊、朱关城、蒋洋波、吴云水、汤荣华等获得优胜奖。这是瓶窑镇摄影会员获奖人数最多的一次。

汤荣华的《苕溪人家》获得"浙水千秋·最美杭州"摄影作品展优秀奖（市级）；蒋洋波在"浙水千秋·最美杭州"摄影作品展展出的作品《清理》荣获优秀奖（市级），朱关城有六幅作品获杭州市级奖项。

围绕美丽乡村建设跟踪拍摄全镇10个精品村和一个精品示范村的创建工作，派出最好的摄影师兵分五路对第一批精品村的南山、西安寺、窑北、石濑、彭公进行建设前、建设中、建设后的拍摄。同时各村专门安排一个人对接摄影师，以免错过拍摄时间。

每期《窑山画报》反映了瓶窑镇一年来的经济社会发展进程，抓住重点全面反映发生在身边的深刻变化。选取了积极向上、充满正能量的能激励和引导时代风尚的图片。同时，《醉美瓶窑》《光影故事》栏目满足摄影会员的创作热情。该栏目艺术地再现瓶窑发展、瓶窑人文的精神风貌。

瓶窑摄影协会成员积极投身瓶窑千载难逢的发展时期，紧跟时代发展步伐，发挥摄影优势，拍摄创作出无愧于时代的作品。特别是美丽乡村建设、良渚申遗项目、小城镇改造工程、五水共治等工作需要大量的摄影记录，协会成员深入一线，主动对接，记录身边发生的重大事件，为后人留下宝贵的图片资料，得到上级领导与人民群众的一致好评。

（2）展板交流。

在每年的余杭区终身学习活动周的启动仪式上，都会组织各街镇的老年学习共同体把经验做在展板上，在全区进行交流。

（3）文集交流。

由余杭区社区教育委员会、余杭区社区学院编写的《2011—2018杭州市余杭区社区学习共同体（学习型社团）风采集》，把余杭区老年教育学习共同体的事例集中编入书中,进行学习交流。

2.学习共同体联盟交流

组织老年学习共同体参加余杭区的各种表演和比赛活动,展示了老年学习共同体的亮丽风采。如余杭区瓶窑同心艺术团的旗袍秀老年学习共同体多次在余杭区的各类活动中表演,展示了老年追梦人的风采。

又如,五常十八般武艺老年学习共同体。这些老人传承了国家级非遗项目五常十八般武艺,在学习中传承,在传承中发扬光大。五常十八般武艺老年学习共同体经常参加各种表演和比赛活动,展示了老年学习共同体的亮丽风采。

3.搭建老年学习共同体网络交流平台

数字时代,网络已经成为人们重要的生活方式。老年学习共同体的学习成果的展示,除了在线下展示,还可以借助网络在线上展览,开辟网络剧场。积极引导老年学习共同体搭建网络交流平台,成为余杭区社区学院和基层社区学校的共识。老年人拥有了自己的交流平台后,可以在这里展示自己学习的成果,可以交流学习上的困惑,学习共同体骨干释疑解惑,开展活动也更加方便了。

网络剧场的表现形式是多样的,可以是终身学习网站,可以是腾讯课堂,可以是远程教育在线,可以是空中课堂等,以上几种形式适合电脑学习端。为了扩大受众面,学习成果展示更为便捷、快速,可以采用手机学习端,采用微信、慕课等 APP 软件。展示的形式可以是图片、文字、微课、音乐、视频、动漫等。展示的内容可以是学习的成果,也可以是学习的整个过程,特别是对于实操性比较强的学习,要展示整个过程。如此一来,通过微信、QQ 等形式展示的老年学习共同体活动风采,既使学习共同体的老年成员们深受鼓舞,又起到了良好的示范、带动作用。

社区学校对老年学习共同体的核心成员也建立网络交流平台,相关的活动信息定期在平台发送,便于不同的学习共同体之间交流和借鉴,取长补短,促进学习共同体的发展。

4.完善老年学习地图

余杭区探索完善老年学习地图,让老年人可以按图索骥,找到自己喜爱的学习场所。一是编制老年学校的地图,把辖区内老年学校的各个教学点全部纳入,公布服务电话,公示办学特色。学习地图还纳入村社有特点的老年学习场所,让老年人的选择更为丰富。二是编制学习共同体地图。通过调研,余杭区拥有社会民间组织 1500 多个,符合学习共同体条件的有 600 个。社区学院编印了学习共同体地图,发放到各乡镇街道,便于居民了解学习信息,扩大学习共同体的知名度。

(三)总结提炼:老年学习共同体的经验特色

1. 老年学习共同体的特色品牌的打造

组织全区各街镇的老年学习共同体总结经验与特色,打造属于余杭的学习共同体特色品牌。如瓶窑"夕阳红"学习共同体组织各类培训学习,提高自身综合素质,合力打造了"夕阳红"品牌。

在余杭区打造老年学习共同体特色品牌的过程中,逐渐形成了一些可行的做法:

(1)亮出一个响亮的名号。

如五常街道社区教育中心学校主推打造的五常十八般武艺老年学习共同体,紧密结合当地流行的民间传统体育活动,很快打响了学习共同体的品牌。

(2)塑造一种核心影响力。

有影响力才有生命力。如瓶窑社区教育中心学校积极为"夕阳红"老年学习共同体创设学习、交流的场所,搭建表演的舞台,扩大学习共同体的影响力。老年人发现,在乡村振兴、西部富美的大舞台上,他们也可以有所作为,参与的积极性更高了。通过宣传、推介,学习共同体的影响力扩大了,老年人也找到了自己的价值。

"夕阳红"学习共同体摄影小组组织成员到浙江省美丽乡村"瓶窑奇鹤村"进行采风活动,举办摄影作品展览,宣传美丽乡村建设,得到了人民群众的一致好评。

(3)讲好一个品牌的故事。

要让学习共同体品牌深入人心,有一个脍炙人口的品牌故事,可以扩大老年学习共同体的影响力。基层社区学校从讲学习共同体核心成员故事,讲学习共同体品牌背后的历史故事,讲学习共同体的成长故事等多角度入手,挖掘学习共同体内涵,做好宣传的文章。如仁和街道高头竹马老年学习共同体就善于讲好高头竹马的历史故事、核心成员挖掘恢复这一非物质遗产的故事、竹马表演队在各地表演的精彩故事等等,让这一品牌大放异彩。

在老年学习共同体的实践中,余杭区满足了老有所学的需求,打造了诸多老年人学习特色品牌。

余杭区瓶窑镇被中国成人教育协会农村成人教育专业委员会和教育部社区教育研究培训中心评为"全国农村优秀学习型乡镇"。

余杭区瓶窑镇新窑社区,被中国成人教育协会农村成人教育专业委员会和教育部社区教育研究培训中心评为"全国农村优秀学习型村居"。

余杭区瓶窑镇、余杭街道、塘栖镇、良渚街道、南苑街道、闲林街道被杭州市教育局评为"杭州市示范街道(乡镇)30分钟市民学习圈"。

余杭区瓶窑镇的"竹产业培训"学习共同体被全民终身学习活动周工作小组评为"全国终身学习活动品牌"、被浙江省教育厅评为"浙江省成人教育品牌项目"。

余杭区瓶窑镇老年开放大学教学点被浙江老年开放大学评为"浙江省村社老年教育示范点"。

余杭区瓶窑镇老年开放大学教学点的"老年教育国画专业"被评为"浙江省老年开放大学示范专业"。

多个学习型组织获得市、区级表彰。"夕阳红学习共同体"被杭州市成人教育协会评为"杭州市终身学习品牌项目","西溪书画社""夕韵书画社"被杭州市教育局评为"杭州市示范社区学习共同体","良渚文化培训学习共同体"被评为"余杭区社区教育特色品牌项目"。

2.老年学习共同体个案跟踪研究

余杭区注重对老年学习共同体的跟踪研究,从中总结成功的经验。基层社区学校每年选取本地有代表性的老年学习共同体,进行个案跟踪研究。如瓶窑社区学校对本镇的花卉学习共同体进行了多年的跟踪研究,取得了一定的成果。瓶窑镇花卉学习共同体核心成员、瓶窑中学的退休教师郑亦灿喜欢种兰花,在他家里,一年四季均有兰花可观赏。农历正月开花的报岁兰(墨兰),二、三月间开花的春兰,仲春之际开花的蕙兰,六、七月间开花的夏兰,八、九月间开花的秋兰,十一、十二月间开花的寒兰,共有300多盆。又如,春兰传统名品有宋梅、大富贵、集园、汪字、龙字、万字、瑞梅、贺神梅、桂圆梅、虎蕊蝶、大元宝、余蝴蝶、花蝴蝶、新昌牡丹、九仙牡丹等30多种。蕙兰也有程梅、荡字、元字、大一品、老权品、郑孝荷、适园、老上海、端梅、南阳梅、关顶、刘梅等传统名品20多种。

"花卉学习共同体"成员经常交流种植花草的经验,学习养花。大家实地参观学习交流,郑亦灿老师还先后整理出《兰花生长条件》《兰花浇水的要点》《兰花施肥要点》《兰花主要病虫害及防治》《冬季如何养护兰花》等10多篇文章,在花友中交流。养花不仅自得其乐,还营造了舒适的环境,提高了生活的品位。

在跟踪过程中发现,一个老年学习共同体的核心成员在团队中起着举足轻重的作用。郑亦灿老师不但自己善于总结，而且乐于向团队成员传授经验，整个团队在互相学习中共同进步，形成了良好的氛围。在郑亦灿老师的带动下，新的花卉老年学习共同体核心成员也在成长起来。随着郑亦灿老师年龄的增长，胡大海老师逐渐接手组长的工作，这让花卉学习共同体有了较好的传承。个案跟踪研究可以让我们对学习共同体发展的规律有更好的认识。

在个案跟踪研究过程中，余杭区也注重对其中涌现出来的共学养老的典型人物的宣传。如余杭区老年大学瓶窑教学点负责人倪西赚，就是在社区共学养老一线涌现出来的典型人物。他在职时担任瓶窑镇文化站站长，组织社区居民开展文艺活动，退休后担任区老年大学瓶窑教学点负责人，自己每天练习学习书法，学习电脑知识、上网和智能手机的操作，还组织老年大学学员开展书法、国画、声乐、舞蹈、电脑、国学等专业的学习。受到上级领导和群众的一致好评，是百姓学习的典范。在老年大学瓶窑教学点里，多个老年学习共同体在倪老师的关心下茁壮成长。

对倪西赚老师这样的社区老人学习的引领者、老年学习共同体活动开展的支持者，余杭区加大宣传和表彰的力度。余杭区编印《余杭社区教育》杂志，开辟"社区达人"栏目，专题报道学习共同体核心人物、骨干分子等事迹，特别是加大对共学养老典型人物的宣传力度。从 2011 年开始，在宣传报道上重点推介这些典型人物，从而对社区工作产生了积极意义，目前已经连续办了 16 期。各级社区学校还通过网络宣传共学养老典型人物，如通过余杭发布刊登相关报道。有的学校还制作了典型人物宣传片，产生了更大的宣传效应。

第 六 章

基于社区学习共同体的老年教育区域推进策略

《国家中长期教育改革和发展规划纲要(2010—2020年)》明确提出要"重视老年教育",老年教育是国家构建终身教育体系,建设学习型社会的重要组成部分。《中国老龄事业发展"十二五"规划》(国发〔2011〕28号)明确提出要"加强老年教育工作。创新老年教育体制机制,探索老年教育新模式,丰富教学内容",这是新形势下实现健康老龄化、提高全民族素质、促进经济发展、确保社会安定、推动精神文明建设的需要。自2007年起,杭州市持续探索创新老年教育发展机制,在加大政府供给力度外,充分激发老年人自身的潜力,以社区学共体为抓手,创新老年教育发展。2022年,杭州市人民政府办公厅印发《关于加快发展老年教育的实施意见》(杭政办函〔2022〕1号),明确提出"培育老年学习共同体,建设共学养老基地"的主要任务,重点实施"共学养老建设"工程,要培育团队学养力量,扶持社区学习共同体建设,挖掘培养有影响力的社区居民,提升核心成员素养,引导老年人自主组织、自我管理、互助学习。然而,社区学习共同体是一种自发生长、草根式、具有生命力的发展力量,其培育与区域推进需要遵循其自身发展规律,这是一个迫切需要解决的现实问题。

第一节　问题导向和需求导向

一、问题导向

老年教育作为终身教育体系的重要组成部分,它不同于以普及青少年、打牢基础作为升入更高一级教育层次为目标的基础教育,也不同于以传授知识技能和以进入职业发展做准备为主的职业教育,其有自身的价值与目标定位。老年教育是以老年人为对象,按照老年人的需求,根据老年人的心理和生理特征而开展的一种教育活动,其具有特殊性,在贯彻落实积极老龄化战略、推进社会治理、构建和谐社会、加强精神文明建设等方面具有重要意义。为更好地服务老年人,推进老年教育事业发展,必须厘清现行老年教育存在的问题和认识误区,精准了解现行老年教育供给服务与老年人学习需求的矛盾。

（一）厘清现行老年教育的发展误区

1. 重视老年教育组织领导体系建设,弱化多部门合力的形成

从第七次全国人口普查数字来看,无论是全国还是浙江省,老龄化程度进一步加深,每 10 年有 3％—5％增速,2020 年全国老年人口占比达到 18.70％,其中,65 周岁及以上的老年人口达到 13.50％（见图 6-1、图 6-2）,浙江省有 3 个市老年人口 20％以上,其中,舟山市老年人口占比达到了 24％,已进入中度老龄化社会。各地政府先后下发了针对老年教育的有关文件,并成立了老年教育组织领导体系,但从实际调查的情况来看效果并不理想,主要体现在:顶层设计不完善,主管部门不明确,多头管理存在各自为政的问题。首先,各级政府要对老年教育认识到位,做好顶层设计,职责分明,各负其责;其次,在组织领导体系中要体现领导管理网络一体化,形成领导一体化、管理一体化和办学网络一体化,有制度落实,有经费保障,有评价考核,形成主要领导全面抓、分管领导亲自抓、有关部门领导重点抓、工作人员具体抓的顶层设计体系。

2. 重视老年大学创建,弱化老年教育的村社阵地建设

《"十三五"国家老龄事业发展和养老体系建设规划》（国发〔2017〕13 号）指出:"落实老年教育发展规划,扩大老年教育资源供给,拓展老年教育发展路径,加强老年教育支持服务,创新老年教育发展机制,促进老年教育可持续发展

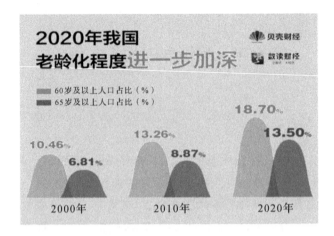

图 6-1 中国老龄化程度进一步加深(来源贝壳财经)

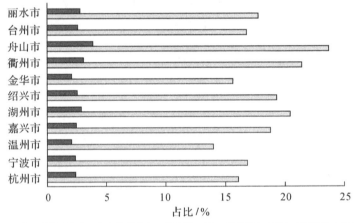

图 6-2　2020 年浙江省各市 60 周岁及以上和 80 周岁及以上老年人口占比(％)

……到 2020 年,基本形成覆盖广泛、灵活多样、特色鲜明、规范有序的老年教育新格局。全国县级以上城市至少应有一所老年大学。"老年大学是老年教育的有效途径,也是老年人活动的重要的场所,各地政府都非常重视,在大中小城市都建设了老年大学。这些老年大学在硬件建设、课程资源、教育经费、师资资源等方面都进行了大量的投入,其教学内容、教学方式、教学管理也在一定程度上满足了老年人的需要。传统老年大学办学主体主要有两种:一种是老干部局主管的老年大学(老年活动中心),学员以公务员和事业单位离、退休人员为主;一种是市民政局主管的老年广播电视大学,学员以企事业单位退休人员为主,教学资源依托地方老年开放大学。

　　然而,从 2021 年第七次全国人口普查的结果来看,农村老年人口比城镇老年人口高 7.99％,农村老年人接受老年教育的需求量越来越大,反映出农村老年教育的发展任务越来越重。从老年人口的发展趋势来看,从 2000 年到 2050年,老年人口将经历平稳老化期、快速老化期、高峰平台期三个发展阶段(见图6-3),可见,村社对老年教育的作用越来越重要,只有积极打造好村社老年教育阵地,把老年工作列入村社重要议事日程,在人力、场地、设施、财力上给予支持,才能使更多的老年人来参加学习,进一步促进老年教育事业发展。

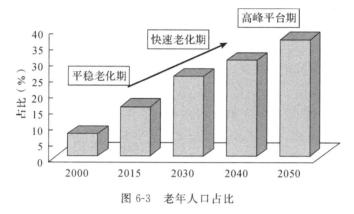

图 6-3　老年人口占比

　　3.重视老年教育休闲娱乐活动组织,弱化老年教育多样化学共体建设

　　20 世纪 80 年代,传统老年教育理论普遍认为:老年人已操劳忙碌了大半辈子,步入晚年后继续参加教育活动,应该以"康乐""休闲"为核心,教学内容应以开展轻松、愉悦的文体活动为主,即"带老年人玩""哄老年人玩""让老年人玩得开心"。而随着终身学习理论的进一步发展,人们普遍认为:老年人要活到老学到老,学无止境,既要满足其休闲娱乐的兴趣爱好,更要关注其心理健康。因此,大多数老年大学的教学内容,还是以休闲娱乐养生为主,如书画、声乐、舞蹈、器乐、摄影等不同文化方面的兴趣培养;其次是精神方面,如心理建设、思想建设、社会参与、人文关怀等的学习指导。

　　浙江老年开放大学是全省最大的老年大学,遍布全省各地,其主要职能是组织开展浙江省老年教育以及浙江省电大和社区教育系统老年教育的业务指导、教育示范、师资培训、资源开发、平台建设、理论研究、政策咨询和信息服务。目前,学校开设学制半年以上的老年班 752 个、学员 6.3 万人,"第三年龄学堂"注册学员 16.4 万人。各区、县(市)很多镇街与浙江老年开放大学合作,充分利用浙江老年开放大学的教学资源和课程,开办了老年电大或老年电大教学班。每学期有两门课程,一年四门课程,每个课程十讲,采取电视直播学习方式,内容涵盖养生、声乐、手机摄影、手工编织、浙江历史文化、红色基地传播、思政等，一定程度上满足了老年人学习需求。但如何进一步激发老年人学习兴趣爱好，特别是能够让更多的老年人有机会参与学习，仅仅依靠政府自上而下办老年大学(学堂)的方式，是远远不能实现的。让有共同兴趣爱好的老年人，自发组织成一个学习小组，达到自主平等，既是成员又是老师，互帮互学，共同进步，展示学习成果，交流学习心得，通过共同学习实现精神养老，学共体培育与建设就更具有现实意义。

4. 重视老年人受教育的权利，弱化老年教育服务的精准性

自20世纪80年代我国第一所老年大学开办以来，国家非常重视老年教育，先后制定了许多老年教育行业相关政策，从政策层面全面支持发展老年教育。如1996年《中华人民共和国老年人权益保障法》，规定了老年人有继续接受教育的权利，并确定了国家鼓励社会办老年学校，各级人民政府负责管理的教育制度；2010年《国家中长期教育改革和发展规划纲要(2010—2020年)》，明确规定重视老年教育，建立继续教育体系和终身教育体系；2014年《关于推进学习型城市建设的意见》(教职成〔2014〕10号)，提出了在全国各类城市广泛开展学习型城市创建工作的总体目标；2015年《中共中央关于制定国民经济和社会发展第十三个五年规划的建议》，要求发展老年教育，首先将发展老年教育，提高到党和国家发展战略高度；2016年《老年教育发展规划(2016—2020)》，提出到2020年，以各种形式经常参与教育的老年人占老年人口总数的比例为20%以上；2017年《"十三五"国家老龄事业发展和养老体系建设规划》，提出到2020年，基本形成覆盖广泛、灵活多样、特色鲜明、规划有序的老年教育新格局。全国县级以上城市至少应有一所老年大学；2019年《国务院办公厅关于推进养老服务发展的意见》，提出大力发展老年教育，优先发展社区老年教育，建立健全"县(市、区)—乡镇(街道)—村(居委会)"三级社区老年教育办学网络，方便老年人就近学习。

国家从政策制度层面保障老年教育事业能够长期发展，要求加强老年大学的建设力度，提升了老年教育的地位，从而保障了老年人参与继续教育的权利，确定了老年人教育的地位。但随着社会经济的发展，老年人口不断地增加，要想进一步促进老年教育健康、有序地发展，使更多的老年人参与学习中来，接受新思想、新理念、新技术、新需求，有限的资源根本无法满足大规模老年人的学习需求；如何根据老年人求知、求健、求乐的要求，紧紧围绕老年教育方针，按"适其所需、授其所求"的原则，设置老年教育课程，从而体现其科学性、普及性、

趣味性和实用性,让老年人学其所需、学其所爱、学有所得、学以致用,就必须重视研究老年教育的推进策略,改变传统的大一统式办班的老年教育供给。

(二)调研老年教育服务与老年人学习需求的矛盾

做好老年教育、办好老年大学是贯彻落实中央提出的"老有所学、老有所教、老有所乐、老有所为"工作目标的有效途径之一,也是不断满足老年人日益增长文化需要的重要路径。但据实际调研,目前老年教育服务与老年人学习需求的矛盾十分突出,主要体现在以下几点。

1. 老年教育服务资源与老年人需求总量的矛盾

随着社会经济的发展,国家的养老保障制度和医疗保障制度逐步完善,人们的生活水平得到了很好改善,老年人的生命周期越来越长。

而人均寿命的延长与生活质量的提高,使更多的老年人对晚年精神生活的质量有了更高的要求。我国老年人的教育需求量大,而老年教育资源严重不足,很大程度上影响了老年教育的可持续性发展。目前,我国老年教育服务以政府自上而下供给为主。从杭州市的调研情况来看,老年教育服务部门主要是老干部局和民政局系统开办的老年大学和老年电视大学、养老机构,另外,镇(街道)开办养老中心和各村社的文化礼堂(家园)。如临平区塘栖镇是杭州市比较发达的乡镇,塘栖镇各村、社区都建立了老年活动中心、居家养老服务中心和农村文化礼堂,现有二星级老年活动中心 25 家,镇三星级老年活动中心 1家,设有教室 2 个、阅览室 2 个、书画室 1 个、电脑室 2 个、健身室 1 个、排练厅 2个、居家养老服务中心 15 个;老年大学 1 个,现有学员 250 人,开设几门课程,老年电大教学点 1 个,学员 300 人。随着老龄化的加剧,老年人对文化艺术、参与实践、终身学习的需求和愿望将会更加强烈,在老年大学和各村的村民学校学习的老年人还不足老年总人口的 7%,老年人参加上述场所学习的机会是"一票难求"。老年教育服务远远不能满足老年人的需求,与"大众化普惠性"的目标相差甚远。其原因:一是现有学校的数量、规模、基础设施、办学经费、教学手段、办学水平还跟不上时代发展的需要和老年人的需求;二是单靠政府加大对现有老年大学的投入,扩大学校规模,现实中存在一定的困难;三是农村老年教育普及和巩固难度大,规范化办学和教学水平有待于进一步提高;四是老年大学、老年学校无专职教师,教师主要来源是从社会上招聘,影响了教学质量的提高。

2.老年教育服务形式与老年人需求多样性的矛盾

老年教育服务形式主要是老年学校、老年活动中心和老年养老中心采取传统教学方式,如面授、讲座、辅导、实践活动,条件好的地区运用现代化教学设施,如电脑、电视、QQ、微信、钉钉、微课等。但老年人个体差异、文化水平层次不同,学习习惯与喜好不同,老年人都更倾向于丰富多样的教学方式,而不是像义务教育阶段那样,被动地听课,被动地接受知识,希望更加开放、自由,希望有更多的展示学习成果的机会。据对临平区塘栖镇老年电大 200 名学员问卷调查显示,传统面授形式的满意率只有 68%,有共同兴趣爱好的小组学习交流的满意率 92%,而参加展示活动的满意率达 98%。由此可见,老年大学(学堂)采用的传统的讲授式的教学形式远远满足不了老年人的学习需求,而重视团队归属与个人学习成果展示的团队学习,明显更受广大老年人的青睐。

3.老年教育服务内容与老年人生价值需求的矛盾

调研显示,区域老年电大通常会开设如下四个方面内容的课程:一是文化娱乐类课程;二是传统非遗类课程;三是保健养生类课程;四是思政红色记忆类课程。尽管老年人对于参加上述老年教育活动普遍持积极态度,但仍有不少老年人表示学校开设的课程内容过于单一,其参加学习的主要目的是促进心身健康、满足兴趣爱好、扩大人际交往、跟上社会发展、弥补教育遗憾、实现自我价值、提升素养(谭绍华,2018)。这就涉及社会发展与生活科学等多方面的教育教学,而老年教育服务机构无法满足当代老年人日益增长的多元化的教育需求,因此,老年教育服务内容不仅要考虑老年人的基本学习需求,更要考虑其个人社会价值实现和人生高层次发展的需求问题。

4.老年教育服务质量与老年人教育满意度的矛盾

老年教育服务质量是吸引老年人参与学习的重要保障,是衡量老年人积极参加老年教育的一个重要指标,也是激发老年人实现自我价值的有效途径。老年教育服务质量,包括课程资源、教学计划、教学安排、师资力量及教学形式等与老年人学习需求适切性的问题,但这些服务仍与老年人的预期目标有比较大的差距,如课程资源不足、课程的系统性程度低、内容缺乏特色、教学形式单一、师资力量不足、活动展示与参与社会实践的机会偏少。这就要求我们另辟蹊径,从整个老年教育发展上作出系统设计,整合新的教育资源,特别是社区学习共同体这种零成本、可再生的教育资源,不但要延伸老年教育的深度,还要延伸老年教育广度,满足不同层次老年人对多元化学习的需求,提高老年人的生命质量,实现自我价值。

二、需求导向

（一）需求总量大：如何提高满足老龄化背景下老年人教育巨大需求的能力

杭州市各区县的老年人口与全国的情况差不多，有的区县老年人口比例超过 20%，已进入老龄化社会，由此可见，在老龄化背景下，面对如此大的老年教育需求总量，如何满足老年人对教育的需求，这是摆在我们面前的一个现实问题。

1. 转变思维，做好顶层设计

老龄化社会进程加快是我国乃至世界的发展趋势。不能把老年问题仅仅简单地理解为医疗养老问题，它是一个全方位、结构性的社会问题，而发展老年教育是积极应对人口老龄化的重要途径。根据"党政领导、政府主导、社会参与、全民行动"老年教育模式，需要政府部门在终身学习体系框架下，做好顶层设计，构建老年教育体系。《2017 年浙江省老龄办工作要点》中指出，其总体目标是推动老龄工作向主动应对转变，向统筹协调转变，向加强人们全生命周期养老准备转变，向注重老年人物质文化需求、全面提升老年人生活质量转变，推动全省老龄事业全面协调可持续发展。一方面，精神养老是积极老龄化的一个内在要求，要充分发挥"政府主导、社会参与"两手抓两手都要硬的工作发展思路，要进一步重视自下而上生长型老年教育的发展，培育更多的社区学习共同体。另一方面，在发挥老年人积极作用方面，要深入开展"银龄行动"，通过定向委托、合同管理、评估监督等运作模式，进一步发挥涉老社会组织在促进"老有所为"中的积极作用，让更多的老年人群在同伴与外界的帮助与支持下，更多地参与社会活动，为社会发展继续做出贡献。

2. 统筹协调，扩大资源供给

《国务院办公厅关于推进养老服务发展的意见》（国办发〔2019〕5 号）中指出，建立全国老年教育公共服务平台，鼓励各类教育机构通过多种形式举办或参与老年教育，推进老年教育资源、课程、师资共享，探索养教结合新模式，为社区老年教育机构及养老服务机构等提供支持，积极探索部门、行业企业、高校举办老年大学服务社会的新途径和方法。自 2017 年以来，浙江省老龄办协调各部门，启动实施老年教育"个十百千"计划。"个十百千"计划即为建设 1 个全省统一的老年教育工作管理体系。建设 10 个高水平老年学校（老年电大分校），成为浙江老年教育示范窗口,具有教学、活动、展示、国际交流等功能。建设 100 个老年示范基地,1000 个社区(村)标准教学点,引领全省老年教育工作,做到点面结合,以示范带动基地,以资源共享服务基层。而在各个层级的老年教育机构与阵地,要进一步突出社区学习共同体的作用,让其吸引与辐射更多的志趣相投的人自发开展学习。

3.扩展渠道,壮大师资资源

不能满足不同层次的老年人对教育需求,其根源之一就是师资不足的问题。在很多的老年大学里专职教师很少,尤其是在农村地区和经济不发达的城镇,教师的主要来源是从社会上招聘,这些教师往往责任心不强,与老年人沟通不够,且流动性大,时间不确定,对老年教育的教学质量提高影响较大,也影响了老年人的学习积极性。因此,要重视老年教育的师资问题,扩展渠道,加强师资队伍建设。一是依靠上级学校的师资力量,来校进行指导和组织培训,帮助本校教师提高业务水平;二是重点培养本校责任心强、对老年教育感兴趣的教师来担任老年教育教学管理工作;三是要树立学员即教师、教师即学员的理念,挖掘学员的师资"宝库",这在社区学习共同体中是非常普遍的现象。老年学员中在退休前,许多人从事教育、医学、管理、文学艺术、法律、理财、音乐等各方面的工作,有着丰富的工作实践经历,是很好的教师来源;四是建立志愿者师资库,余杭区各成校都建立了兼职教师师资库和志愿者服务队;五是借助于政府各部门组建的讲师团,来解决部分师资问题。

(二)需求多样化:让老年人对老年教育服务的参与率与满意度进一步提高

老年教育把"促进健康、丰富生活、增长知识、服务社会"作为其发展的基本理念,让先进文化占领老年教育阵地,促使老年人更好地实现"养、学、乐、为"一体化的精神养老。庞大的老年群体对老年教育有巨大的需求量,老年教育的发展规模和发展速度跟不上老年人数量增长和需求增长的速度,且随着物质文化生活水平和老年人受教育水平提高,老年人个性化、多样化需求增多,要想让老年人喜欢老年教育服务,就要丰富老年教育形式内容,细化供给结构,在传统教学模式基础上,重点探索同伴互助式、体验活动式的教学形式,充分应用于老年教育日常教学中。经过区域实践探索,"三位一体"课堂建设是一种值得推广的老年教育教学形式:以基础课为主的第一课堂活动,注重提高课堂教学质量;以学习活动为主的第二课堂活动,注重转化为社会效益;以社会实践为主的第三课堂活动,注重提升学员的社会文化实践能力。

1. 第一基础课堂,注重提高课堂教育质量

第一基础课堂是指针对老年人的学习特点,专门开设的一系列集系统性、完整性、知识性、趣味性于一体的课程,每门课程10讲,每周1讲。内容包括思想政治、历史记忆、文化传承、保健医学、文学艺术、音乐美术、摄影、育儿、隔代教育、安全法律、学历教育等,采用面授与电视观看相结合、专题讲座与实践操作相相合、线上与线下相结合、经验分享与小组讨论相结合、案例分析与热点问题分析相结合,将知识与趣味有机结合,达到教学目标,提高课堂教学质量。

2. 第二团队学堂,注重提升老年人归属感

第二活动课堂是指有共同兴趣爱好及学习需求的老年学员在平等、互助的原则下,组成不同的兴趣小组在一起学习,即社区学习共同体。其特点是:有共同的兴趣爱好、学习积极性、发展目标,学员之间相互了解、关系融洽,对周边学员有强烈的吸引力。老年人参与学习的一大动机是减少孤独感。而通过团队学堂,在社区学习共同体中,同伴们不仅是学习成员关系,更是守望相助的伙伴关系,彼此没有高低之分。

3. 第三实践课堂,注重提升自身价值

第三实践课堂是指老年学员参加社会实践活动,使自己更好地融入社会、积极发挥余热、实现自身价值的过程,达到老年学员生活质量与生命质量共同提升。其主要内容形式有:一是组织学员积极参与社会治理、五水共治、垃圾分类等活动;二是组织优秀学员参加进村社、学校讲师团活动;三是组织学员积极参加志愿者活动;四是组织学员积极参加当地政府组织的新冠疫情防控活动;五是组织学员参加当地政府各种节庆活动和大型文化演出活动。如老年学员丁盼月同志是志愿者服务队的成员,无论是五水共治还是垃圾分类,无论是新冠疫情防控还是大型志愿活动,都能看到她那穿着红背心的身影,十余年如一日,全心全意地为居(村)民服务,另外,她积极参加市区镇老年教育的征文活动,都获得了好成绩,因此,她也被评为余杭区学习之星。又如,老年学员王云龙同志参加区讲师团,经常收到各村社、学校的邀请,进村社上党课、讲授家风家训为内容的家庭教育,入学校作思政教育讲座,连续几年被评为优秀讲师。又如塘栖老年民乐队,其成员扎根塘栖这片肥沃的文化土壤,不断吸收塘栖的古镇文化,成员之间相互交流创作作品,不断提高创作水平,有多个原创作品获奖,如创作的民乐曲《枇杷熟了》获浙江省民族民间乐团(队)大赛银奖曲目,《梅魂曲》民乐合奏曲在"音韵塘栖"浙江省民乐邀请赛上获得金奖,并多次在塘栖

的大型活动中进行展示,宣传塘栖文化。

第二节　整合与融合

老年教育可以有效促进老年人的身心健康发展,增强其技能,提高其社会功能,促使其参加社会治理活动,还能够充分利用老年资源,为社会经济发展做出新的贡献。但目前,老年教育的供需矛盾突出,教育资源严重不足,这就需要在教育资源上进整合,在教育内容上进行融合,从而更好地解决老年人个性化、层次化、多样化的学习需求,促进老年教育的有序发展。

一、整合

各类资源的有效整合利用是老年教育发展的现实需求,也是老年教育满足老年人多样化学习需求的必然要求。老年教育资源的整合就是要开放共享学校资源、统筹共享社区资源、充分利用社会资源,达到各种资源的共建共享,实现资源为老年教育所用。

(一)开放共享学校资源

以杭州总体情况来看,各类各层次的基础教育、职业教育、高等教育学校资源相对比较齐全,无论是办学条件还是教学环境,无论是现代化教育教学设施设备还是师资资源,都相较老年教育要丰富得多、充足得多,尽管各类政策文件也要求各地要充分利用各类学校教育资源,但实际上,各地(镇街)的教育资源对老年教育的开放程度远远不够,而只有成校在资源整合开放共享方面做得相对到位。通过对余杭区调研,各镇街都有乡镇成人文化技术学校(简称成校),而大多数成校为省级示范性学校,学校硬件设施完善,校园环境优美,长期从事社区教育、成人教育和学历教育。这些成校以实施农民素质教育培训工程和构建终身教育体系、推进学习型社会的进程为重点,建设30分钟市民学习圈,全面提高城乡劳动者素质,丰富城乡居(村)民的文化生活,构建和谐社会,开展公益性培训,充分发挥社区教育在和谐社会建设中功能,每年参加培训和活动的人数达1万人次,获得了较好的经济效益和社会效益。近年来,成校逐渐将工作重心与视线定位于老年人,关注老年人的学习需求,做了很多资源整合开发和共建共享的工作。

【案例】

临平区塘栖成校开办老年电大。充分利用成校的教育资源,在成校开办老年电大分校,是对成校办学内容的拓展,同时对成校形成动力,激励成校做好老年电大工作。塘栖成校为了做好老年电大工作,进行资源整合,共投入资金6万元,改造了两间教室,作为老年电大专用教室,并配备老年活动室一个、报告厅一个,购买了硬件设备。制订了各种规章制度,建立了塘栖镇老年电大师资库,2010年如期开班,在教学方式上采用五结合,即电视观看与专题讲座相结合、自学与问题研讨相结合、兴趣活动与课外活动相结合、学共体活动与组织表演相结合、联欢活动与组织慰问相结合。除开展课堂教学外,还开设了电脑班、空竹班、舞蹈班、唱歌班、太极拳班、茶艺班、摄影班等兴趣班,组织了若干个学习型学共体,不定期地到社区(村)、企业进行展示汇报,积极组织老年学共体参加镇里的各种演出活动和全民终身学习活动周活动,并到敬老院等地进行慰问演出,先后有10个学习型学共体获得杭州市示范学习型学共体,先后评为全国农村老年教育先进单位和全国首批城乡社区教育特色学校——"老年教育特色学校",扩大了老年教育的影响力,取得很好的社会效益,也得到了观众的好评,到老年电大参加学习的人数逐年增加。

经过十多年老年教育实践,老年电大逐步完善了老年教育"三个课堂"建设,由课堂教学延伸到社会实践活动,由小组讨论延伸到成果展示,丰富了老年教育的课程,扩展了老年教育的内容,促进了老年人再社会化,实现了老年人的社会价值,解决了老年教育经费问题(社区教育经费支持),满足了老年人个性化和多样性需求。

开放共享各类学校资源,不仅进一步推动了老年教育发展,而且对其他类型学校的发展也有诸多益处,对中小学校来说,一方面提高了学校的知名度,扩展了学校德育的内涵,使小手拉大手与隔代教育得到更深层次的活动平台;另一方面以家庭教育内容为抓手,优质资源得到利用,可邀请优秀的老年学员进校进行专题讲座,达到双赢的局面。综上,在学校层面,仅仅整合传统成校的力量远远不够,需要更多类型的学校以更多、更灵活的方式对老年教育实现资源共建共享。

(二)统筹共享社区资源

统筹共享社区资源就是要充分利用社区现有的各类教育资源,横向联合,纵向沟通,有组织、有计划地实现教育资源共享,其目的就是满足社区老年人对学习的需求,满足老年人对提升生活质量和生命质量的要求,促进社区学习化、学习社区化,最终形成学习型社区。

统筹共享社区资源,首先要摸清本社区的各种资源。一方面要与社区领导沟通,得到社区领导的重视与支持,把老年教育列入社区的年度工作计划,老年大学要建立老年教育网络,并制订有关老年教育奖励制度,调动各方积极参与老年教育活动;另一面要与相邻社区联系来补充本社区老年教育所缺资源;第二要调查本社区老年人的学习需求,丰富教育内容,按需教学;第三要组建老年志愿者服务队,参与社区的各种志愿服务和社会治理活动,这也是老年教育"三个课堂"建设的要求;第四要处理好社区文化活动与老年教育活动的共享关系,两个活动是相互联系、交相辉映、不可分割的,据各社区调研,社区文艺活动的参与者80%都是老年人;第五要利用好市(村)民学校和居家养老中心,扩大老年教育的影响和覆盖面。

统筹共享社区资源,一是有利于提升老年教育质量,有利于进一步促进和谐社区建设。和谐社区建设是构建社会主义和谐社会的基础,是推进城市管理创新的重要载体,也是促进学习型社区建设的重要路径,达到资源的最大化、最优化。二是有利于人的全面发展。家庭是社区的基本单元,每个人都有继续学习的愿望,无论是年轻人还是老年人,都希望通过学习不断提升自我素质,尤其是老年人,更有接受新知识、新技术、新方法的愿望,跟上时代的步伐,实现自我社会价值,从而达到人的全面发展。三是有利于社区精神文明建设。优化社区资源开展各种形式的教育培训活动,开展文明家庭、文明楼道、学习之星、优秀志愿者等各种评比活动,开展娱乐性、趣味性、知识性相结合的文艺活动,不断丰富社区居民的文化生活,促进社区居民的身心健康,使社区成为一个积极向上、有正能量、和谐文明的精神家园。

【案例】

社区老年教学点。为充分调动各社区(村)开办老年电大教学点的积极性,我们采取了资源共享、成果共享、人员共享、互惠互利的原则,在人力上、师资上、活动内容上给予支持,带动和丰富社区(村)活动,并在适当的时候开展重视老年工作功勋评比,积极参加余杭区社区教育优秀推广员和社区教育优秀志愿者评比,使各社区(村)把老年工作列入社区(村)重要议事日程,在人力、场地、设施、财力上给予支持。如2018年西小河社区莫蓉被评为余杭区社区教育优秀志愿者,2017年华城社区黄艳书记评为余杭区社区教育优秀推广员,在她的带领下,每年为老年人举办各类养生讲座,开办老年电大学习班,组建爱拍社区摄影队,余杭区教育推广员这支队伍慢慢由外界组建、推动发展变成了自主运作、影响他人的社区学习共同体,从居民个体不同的视角记录社区文化与当地传统生活在社会大潮中的发展与变迁,越来越多的社区老干部、老教师、老党员自发组建老年讲师团,每年开展10多场生命故事宣讲活动。只有得到各社区(村)的支持,方便老年人的学习活动,在社区(村)建立老年电大教学班,进而发掘与培育更多的社区学习共同体,才能使更多的老年人来参加学习,才能使更多的老年人生活丰富多彩,才能使老年电大与老年教育事业得到进一步发展。如今,塘栖老年电大分校在镇老龄委的统一协调下,在获得杭州市老年电视大学第二轮市级示范教学点和余杭区敬老文明号的激励下,分别在各社区(村)设立老年教学班,做到统一管理、统一教学计划、统一表格、统一台账格式、统一安排,并指导社区(村)示范点的创建与社区学习共同体的培育。只有充分发挥示范点的中心带动作用和电教的辐射作用,才能对推动社区(村)建立老年电大教学班和社区(村)文化活动产生积极影响。

(三)充分利用社会资源

《"十三五"国家老龄事业发展和养老体系建设规划》中提出,支持鼓励各类社会力量举办或参与老年教育,实施社会主义核心价值观培育、老年教育机构基础能力提升、学习资源建设整合、远程老年教育推进等计划。目前,我国非常重视老年教育,无论是从政策层面还是从各级政府的制度落实,无论从顶层设计层面还是老年大学开办数量,无论是从老年教育理论研究层面还是老年教育的实践来看,都取得了一些成果,但老年教育资源总体较少、地区差距又十分明显的情况下,现实问题依然没有解决。基于此,老年教育发展除了需要依靠政府投入、开办学校(学堂)这样的传统办学方式外,还必须充分利用好社会资源,并将这些资源优化整合,尤其要将老年人的自身力量和社会团体组织力量有效集合,发掘与培育更多的社区学习共同体,让更多的老年人参与其中,使老年人成为一个有生命力、有社会价值、有正能量并适合新时代发展的新群体,不断推动老年教育多元化发展。

现在老年教育向多维度延伸,由单一的政府投资办学扩展到以政府办学为主体,企业、高校、社会组织及个人办学为补充的格局,在一些养老机构也兴办了老年大学,如杭州的福利院,构建了教育养老模式,整合利用社会资源,推动现有社会教育资源参与,推动社区学习共同体这种低成本、易复制、成效好的学习组织发展,不仅缓解了老年教育资源的紧张,还为老年教育提供了校内的第二课堂和社会实践第三课堂的活动场所,盘活了公共文化资源,促进了优质资源均衡配置,开启了"互联网＋老年教育"的新模式,形成了区、镇街、村社、养老机构、老年人自身的多层级老年教育网络,为老年人提供了更好的学习场所,丰富了老年教育内容,实现了"积极老龄化"的良好教育生态。

【案例】

利用老年社区学习共同体等社会力量联合举办老年排舞比赛活动。老年教育(大学)要坚持搞活第一课堂、丰富第二课堂、拓展第三课堂,就必须充分利用社会资源,并与有关部门联动,得到各部门的支持,不定期地召开各有关部门的联系会,明确相关部门的责任,及时通报各自情况,形成协调配合机制,统筹协调老年教育培训工作,形成合力,确保老年教育培训活动上下贯通,工作运行机制正常化、规范化。例如,为了进一步促进广大老年人的身心健康,培养老年人"每天锻炼一小时,快乐生活一辈子"的人生态度和生活习惯,倡导"我健康,我快乐"的理念,使每个人能够通过日常持久的身体锻炼,收获健康,收获快乐。从而提高每个人的生活质量,以健康快乐的精神面貌投入自己的生活和工作。塘栖电大分校于 6 月 3 日在塘栖镇思敬广场举行了塘栖镇老年健身排舞大赛,共有 12 支社区学习共同体队伍的 150 位成员参赛,其中,年龄最大的 72 岁。在筹备此次活动中,塘栖镇社区教育中心、塘栖舞蹈协会、塘栖镇文体中心、塘栖镇妇联、塘栖镇老龄委和各社区(村)负责人先后三次出席联席会,商讨活动有关事项,明确了各自的职责,社区教育中心负责活动方案的制定和资金落实(社区教育经费支出),舞蹈协会负责比赛裁判邀请和评分标准制定、解读及训练指导,文化中心负责音响和比赛舞台设计,妇联和各村社负责宣传发动,组建比赛队伍,提供训练场所,老龄委负责邀请领导出席、媒体宣传。正是整合了各方面的社会资源,得到各部门的联动和各村社教学点领导的重视,才使此次活动获得圆满成功,表现出"一高二多三影响"特征:一高是规格高,共有六位镇领导观看并颁奖;二多是参赛队伍多,共有 12 支代表队参赛,观看人数多,约 1500人;三是社会影响好,先后有余杭本地媒体进行了报道、公众影响好,广大群众希望今后有更多类似的活动举行,同时也得到镇政府领导的肯定、示范效果好,由获得浙江省排舞比赛一等奖的余杭区妇女儿童中心"康燕"健身舞蹈队进行了排舞表演,对进一步推动塘栖镇健身排舞的开展,特别是给社区学习共同体交流展示搭建了非常好的平台,起到很好的示范效果,激发老年朋友积极参加各种活动,在活动中体验快乐。

二、融合

老年教育要本着"因地制宜,按需施教,保证质量"的原则,进一步提高老年教育的针对性和实效性。要以提高老年的生活质量和生命质量为目标,大力开展多层次、多内容、多形式的老年教育课程,使老年人在社区中实现老有所学、老有所为、老有所乐的精神养老目标。要实现这些目标,其中,怎样根据当地文化与老年人多样性需求相结合,把老年教育的教育内容进一步丰富化,将非遗传承文化、地方文化、国学文化、老年人的生活经济文化和新时代、新技术文化等内容融入老年教育教学,特别是与社区学习共同体的学习内容相互融合,尤其显得重要,因此老年教育要坚持融合发展的思路。

(一)非遗项目与学共体的融合

非遗项目是我国的传统文化,也是中华民族的文化宝库。国家非常重视保护和传承非遗文化,现在很多地方在普查筛选的基础上,查出了许多非遗项目,根据当地的非遗文化,采取了很多的保护措施,评选出非遗文化传承人,建立非遗文化市民体验中心(馆)。把非遗项目与学共体进行深度融合,一方面以非遗文化传承人工作室为龙头,组建不同的社区学习共同体,通过学习并体验非遗文化,进入村社和学校宣讲非遗文化,使更多的人参与非遗文化的传承;另一方面,丰富扩展老年教育内容,为老年第二课堂、第三课堂提供了很好的学习活动场所和社会实践机会。而这种融合,还间接推动了老年教育新模式的探索——游学体验学习模式。

余杭区非遗文化丰富,共有国家级名录项目 5 个、省级 22 个、市级 48 个、区级 112 个;非遗传承人国家级 2 名、省级 18 名、市级 34 名、区级 104 名;省级保护、传承和教学基地 11 个,把这些非遗项目与学共体深度融合,为老年教育游学体验学习提供了丰富的学习内容,满足了老年人的特定需求。

【案例】

法根糕点非遗体验馆与社区学习共同体的融合发展。李法根茶食体验馆于 2012 年由杭州塘栖李法根食品有限公司创办,塘栖成校培育扶持的集展示培训、体验、参观学习、生产于一体的茶食体验馆,是塘栖镇 30 分钟学习圈体验点,也是杭州市市民示范体验馆。该馆 500 多平方米,分为传统食品宣传展示区、现场体验区、生产区和教育培训区,馆内将塘栖文化、糕点文化与法根的企业文化结合到一起,进行上墙展示与故事诉说。年接待人员达 5000 多人次。

该馆的一大特色是茶食文化体验，这是目前为止余杭区茶食文化唯一一个制作体验场所，每年都有很多人前来体验自己动手做糕点，从幼儿园小朋友到快退休的老年人，从当地社区组织到外国留学生，每一批前来体验的人都对这一项活动赞不绝口，也对法根的糕点赞不绝口。在体验馆里有一群热爱茶食的老年人，他们自发组成学习团队，而法根食品通过这些带有岁月痕迹的工具，一遍一遍地传递给大家传统文化的魅力，在机械化遍地开花的时代，纯手工已然变成了稀罕之物，木质的糕模是很多人从未见过的器具，上百块形态各异的糕模陈列在玻璃柜中，让很多前来体验的人员惊叹不已。

法根食品结合塘栖古镇的地方文化、民俗文化，加以文化创意，开设法根糕点课堂，让更多的亲子游、学校第二课堂、老年第二课堂和第三课堂与手工体验学习相结合，通过寓教于乐的方式，传播工匠精神，赢得文化认同，形成鲜明的塘栖旅游标志。

该馆现场体验分为两个模块：传统糕点知识小课堂和手工体验课堂。今后继续把集展示培训、体验、参观学习、生产等各项功能于一体的制作体验场所做得更加完善，延伸到学校，作为职业学校传统茶食非遗体验课堂、小学生非遗第二课堂、亲子互动制饼课堂、老年教育的体验课堂，开展形式多样的体验活动，如市民体验茶食课堂、消费者开放体验日、留学生中国文化课——中式糕点体验课、社区活动、匠心展示活动、公益课堂、非遗文化展中各国使者品尝中国糕点活动、非遗技能展示活动等，任何人、任何时间都可以预约进行无偿体验。

（二）地方文化与学共体的融合

中国是文明古国、礼仪之邦，重德行、贵礼仪，在世界上素来享有盛誉。中华民族传统美德的形成和发展已经有几千年的历史，从口头传承到文字记载，内容博大精深。在民间有很多老人对中华民族优秀的传统文化表现出极高的热情与学习欲望，于是他们就组建了以学习传承地方文化为主要内容的社区学习共同体。在中国五千年的文明历史进程中，我们的祖先创造了辉煌灿烂、丰富多彩的传统文化。优秀的民族文化既是民族振兴的精神动力，又是建设先进文化的重要基础。在经济全球化和发展社会主义市场经济的背景下，我们要弘扬优秀的民族文化，并结合时代特点加以创新。

古老的京杭大运河，由北向南逶迤而来，像一条绚丽多彩的缎带，维系着南北大地，塘栖古镇就坐落在运河旁，因运河而产生了浓厚的地方文化，不仅有江南古镇文化，而且还有运河文化、水乡文化、枇杷文化。在这一条文化底蕴丰厚的运河边,有一批老年人把学习与传承各种地方文化作为自己的兴趣爱好,常年活跃在广大社区居民当中。可以说,只有把这些地方文化与学共体深度融合,才能挖掘地方文化的深度内涵,才能继承和发扬地方文化,同时,也为老年教育提供丰富的学习内容,满足老年人对地方文化深厚的情感需求。

【案例】

塘栖书场与老年社区学习共同体。塘栖人历来有听书的爱好和习惯,在江浙沪一带是出了名的,而且听众懂书。塘栖书场由爱好评弹艺术的塘栖人谢金元于2010年开办。在谢金元的眼里,茶馆和书场一脉相承,茶馆给人以生活的灵气,而书场则将这种灵气升华到一种艺术境界。书场设有表演小台,拥有100多个听众座位,主要传承评话、弹词等优秀非物质文化遗产。书场采取活态传承,原汁原味地传承评弹艺术,所请的演员基本来自苏州评弹团及一些杭州评话的老艺人。而在塘栖书场也活跃着一批老年人,他们热爱书场,更热爱生活。

近几年来,塘栖书场活动丰富,形式多样,既有评弹,又有讲故事;既有塘栖古话讲解,又有传统文化红色宣讲。每周都有活动计划,无论本地的塘栖人和杭城周边的人,还是外地来塘栖旅游的客人,都要来塘栖书场看看,听一场说书,书场的演出,既为塘栖热衷于评弹艺术的老听客提供了场所,又为塘栖这个江南古镇丰富了内涵。尤其是社区学习共同体的核心成员之一江南故事大王丰国需把讲故事带进了塘栖书场,更是活跃了书场的人气。丰国需说:"塘栖自古就有讲故事的传统,我也是听着故事长大的,所以对故事有着独特的情结。讲故事是群众文化活动的一支轻骑兵,仅凭一个人、一张嘴,不受场地限制、没有舞台要求,却能打动人、感染人,用最经济、最直接的方式向人们传递正能量。塘栖故事会走进塘栖书场是优势互补,资源共享,真正达到双赢。"书场贴近群众,服务喜欢评弹艺术的老听客,向前来古镇旅游的游客展示传统文化,受到听客的欢迎。书场恢复以来,取得了良好的社会效益,年观众量突破了6000人次。

塘栖书场除了开展正常的评弹艺术演出之外,还积极承办一些社会活动,为丰富塘栖的文化生活,为传承塘栖的民间文化作出了应有的贡献。2014年,随着全民饮茶日活动的开展,在书场举办了"饮径山,听茶故事"活动。2014年11月,为庆祝运河申遗成功,杭州举办大型运河庙会,塘栖书场成为其中一个分会场,承办了一些相关活动。2017年11月余杭区暨塘栖镇全民终身学习活动周期间,塘栖书场邀请了江苏评弹艺人张立梦女士走进现场进行了展示活动,为90多位老年朋友送上一场文化大餐。为贯彻落实党的十九大精神,进一步挖掘、弘扬传统文化、乡土文化、革命文化，更好地传播社会主义核心价值观，营造书香塘栖的深厚氛围，创新宣传方式，从2017年开始，塘栖镇先是聘请本土文学、艺术、史学工作者组成宣讲队伍，在塘栖书场不定期开展宣讲活动，让市民和游客在轻松愉悦的氛围中接受文化熏陶。后来，这些宣传队伍的成员都慢慢转变成为自主活跃在书场的社区学习共同体成员，他们的学习内容越来越丰富，内容有党的十九大精神、塘栖老古话、红色故事、社科普及基层理论宣讲等。

塘栖书场开办的短短几年时间，给书迷们带去了艺术享受，受到听客们的高度评价。塘栖书场热心传承民族文化，取得了良好的社会效益，多家媒体竞相报道，余杭电视台、浙江电视台、江苏电视台、中央电视台等媒体都对塘栖书场感兴趣，纷纷进行拍摄。对于谢金元热心于社会文化的事迹，《中国文化报》头版还作了报道，塘栖书场于2018年被评为杭州市终身学习品牌项目。

(三)国学与学共体的融合

国学是我们民族文化的精髓，承载着道德伦理观、人生价值观，构成了中华传统文化的核心价值体系，是中华文化最深厚的根基，是数千年来先人留给我们的最宝贵的历史文化遗产，是国家教育不可缺少的内容。目前掀起了一股"国学热"，"孔子学院"已在世界120个国家开设了440所，中央电视台开设国学经典诵读、诗词竞赛并谱曲唱歌等节目。

国学在老年人群有广泛的基础，老年人对国学有着浓厚的文化情感。一方面老年人从小就受到国学教育，尤其是长辈们的身传言教，对我国的传统文化有着深厚的理解；另一方面，他们希望自己的后代能继续学好国学，传承好国学的文化宝库。国学最大的益处是塑造人格，给人以正能量，因此，国学是老年教育的一个重要内容，这就需要把许多爱好国学的老年人组成不同兴趣爱好小组——如诗词学共体、读书会学共体等与国学的内容深度融合，才能不断丰富老年教育的内容，继承和发扬我国的优秀传统文化，满足老年人的教育需求。

中国是礼仪之邦，上下五千年，西周视礼为"国之大柄"，春秋时期荀子的"国无礼而不宁"，孔子的"克己复礼"，直到后来提倡的"仁义礼智信"等。礼仪一直是传统文化的核心之一，是规范社会人的重要依据，也是中华民族文化精髓的重要部分。在开展老年教育的实际教学中，我们深深地感受到要把国学与学共体融合，充分发挥社会资源的最优化、最大化，最好做好六个结合，即与文化礼堂(家园)活动相结合、与重阳节活动相合、与当地重大节庆活动相结合、与成人礼仪式相结合、与文明礼仪相结合、与假日活动相结合。

【案例】

塘栖镇四季礼堂活动与社区学习共同体。为进一步传承优秀文化、弘扬文明乡风、培育和践行社会主义核心价值观、提升广大群众的综合素质,加快推动物质富裕、精神富有的现代化,塘栖镇开展四季礼堂活动:(1)春季耕读礼,清明前后在超丁村文化礼堂开展耕读礼仪活动,对于弘扬优秀传统文化、重视"三农"、留住"乡愁",教育后人都能起到积极的作用;(2)夏季赐福礼,端午前后在河西埭村文化礼堂开展端午赐福礼仪、端午诗会及包粽子比赛等传统活动,了解端午背后的文化及意义;(3)秋季成人礼,中秋或国庆前后在丁河村文化礼堂进行水乡特色成人礼暨新船礼,用水乡特色风情展现特色成人礼仪;(4)冬季拜师礼,冬至前后在塘北村文化礼堂开展蚕桑丝织技艺清水丝绵、缫土丝的拜师礼仪。

每到春天,在塘栖镇超丁村文化礼堂内,举行一场场别开生面的"耕读礼"活动,数十位孩童头戴"聪明柳"齐诵《春枝谣》,以一场文化与传统相结合的礼仪活动,喜迎春耕时节的到来。而作为长辈,数十位老年人常年学习与传播着这些礼节,让更多的子孙后代了解并喜欢这些文化礼仪。

活动结合中国农耕文化"耕读传家""耕读结合"的特点,通过"开启春门"迎春耕、为孩童"授戴柳帽"、"吟诵春诗"庆春来等方式,让下一代体验和学习优秀的农耕文化,并以此来展现对"三农"工作的重视。礼仪活动上,村里的老年社会学习共同体还依次为学童赠送《弟子规》和村规民约,还给学童们发了用红绸带装饰的锄头和扁担,锄头、扁担是传统农耕的传家宝,科技不断进步,精神世代永存。

孩子们第一次参加这样的活动,感觉特别新奇,在场的家长、村民们也激动地拿出手机记录精彩瞬间。礼成后,孩子们还现场参与了青团制作,体验传统民俗。

(四) 信息技术与学共体的融合

信息技术的快速发展不仅深刻影响和改变着人们的生产生活方式,也为构建服务全民终身学习的教育体系提供了新引擎。新时代,我们要充分利用信息技术,加快发展面向每个人、适合每个人、更加开放灵活的教育体系,建设学习型社会。

老年教育也要适应时代的发展,在教学中广泛应用信息技术,把以"教师为中心"的传统教学模式转变为既充分发挥教师的主导作用,又能突出老年学员主体地位的"主导—主体相结合"的教学模式。《说苑·建本》:"少而好学,如日出之阳;壮而好学,如日中之光;老而好学,如炳烛之明。"要办好老年教育,关键是使老年人保持浓厚的学习兴趣、良好的学习态度,在学习上持之以恒、久久为功。要想提高老年人的学习兴趣,满足老年人的需求,就要把信息技术与老年学共体深度融合,运用现代化的技术手段,实现以"自主、合作、探究、体验、游学"为特征的新型教学方法。

信息技术与老年社区学习共同体的整合,主要体现在:一方面,学校可以运用信息技术,根据学习者的职业、爱好、生活习惯等,分析个体的学习兴趣,根据其不同特点和需求进行个性化设计,使教育个性化真正成为现实。而且,依靠信息技术形成的多样化、多媒体教学方式,也有利于激发学习者的学习兴趣,不仅彰显了信息技术的魅力,丰富了学共体合作学习的内涵,提高了效率,也培养了老年学员的信息技术素养。另一方面,利用信息技术满足学习需求。首先,信息技术有利于突破学习上的时空局限。依靠信息技术发展起来的在线教育,可以突破学习上的时空局限,让学习者根据自身的实际情况随时随地进行个性化的在线学习。其次,信息技术有利于获取优质教育资源。从实际情况看,优质教育资源相对紧缺且配置不够均衡,一些学习者的学习需求很难得到充分满足。最后,信息技术有利于提高学习者的学习能力。

在新冠疫情防控期间,老年教育停学不停教,运用在线教育资源在网上及电视上进行教学,充分利用并整合学习资源,一方面运用浙江省开放大学的在线教育资源,另一方面学校制作 PPT 课件、微课等教育资源,很好地满足了老年教育的教学需要。在线交流时,老年学员积极发言,有的讲自己的学习感想、收获,有的讲自己学习时的困惑,有的讲自己小组的学习成果,有的分享自己的作品,有的感谢学校关心老年学员,为老年学员提供了丰富的学习资源,有的对教学管理提出很好的建议。当摄影小组把家乡的古镇文化和美丽乡村建设用及各小组学习时的各种情境,用照片的形式,做成系列视频,展示在学员面前时,学员立即热闹起来,指向视频说:"这是我们小组练习的视频,你看她的练习手势一招一招,有板有眼,进步很大,你要加油!""这是塘超小径,照片真好看,我怎么就没有选好这个角度,来体现塘超小径的美景。"摄影学共体是最早将信息技术融合在一起学习的学共体之一,该学共体创立了"提高、演练、展示"六字团队建设指导方针,指导学员们学习摄影知识和技巧。提高是指以举办听讲座等学习方式,提高摄影技巧。演练是指经过学习培训获得相关摄影知识后,开展多种采风拍摄活动,演练相机使用水平的一种实践形式。展示是指把在演练过程中获得的成果,用举办摄影展和参加摄影比赛的形式展示演练成果。几年来,摄影学共体在六字方针的指引下,带领学员走进社区、街道、学校、企业,以贴近生活的方式,用镜头记录文明瞬间,传递正能量。其作品多次在各级比赛中获奖。2013年为了让学员多一个交流平台,更好地宣传塘栖,摄影学共体与学校一起创办了"塘栖摄影"期刊。把学员的活动情况用期刊的形式与宣传塘栖结合起来,弘扬正气、传递正能量,这也是摄影学共体的重要特色。

第三节　实验与示范

老年教育是一个系统工程,涉及方方面面,既要看当前,又要看长远,需要深入贯彻落实"党政领导、政府主导、社会参与、全民行动"发展理念。从教育本身来讲,老年教育要满足老年多样化需求,就必须整合各行各业的社会资源,深度融合教学内容,利用现代技术不断提高教学方式。特别要以老年社区学习共同体为抓手,以实验项目推进和专项课题带动老年教育的不断发展,创新老年教育的运行机制,以示范引领扩大老年教育的覆盖面,以点带面规范老年教育制度,做优做强老年教育,使更多的人从事或关注老年教育,使更多的老年人能接受老年教育,发挥老年人的参与积极性,形成浓厚的学习型社会、学习型社区氛围,构建终身学习体系,促进学习型社会的建设。

一、实验项目推进和专项课题带动

以学共体为抓手,以实验项目推进为主线,以专项课题带动为纽带,发挥成人学校对学共体培育的主导作用,健全完善社区学共体成长发展网络体系,使老年教育向纵深发展,满足老年人对现代技术应用的要求。

（一）如何健全支持帮扶社区学共体成长发展网络体系

学共体是创建学习型社区的有效载体,它具有层次不一、参与率高、分布广、高度自主、自我评价、自我享受的特点,是以实现自身生命价值为根本目的、以享受共同体学习过程为出发点的学习群体。要使学共体活动深入社区每一个居民的生活,让居民在共同爱好中享受生活、享受快乐,就必须健全完善"社区教育中心—社区—社区达人工作室—学共体成员"四级社区学共体成长发展网络体系。

社区教育中心充分发挥教育培训的特长,制订学共体培育制度,选派优秀教师进行指导,总结学共体培育经验,探索培育方法,在总结培育的基础上,推荐学习效果比较好、具有明显特色的学共体参加上级部门组织的评优活动,对评选、展示活动项目的学共体进行奖励,奖励经费从社区教育经费中支出,做到以点带面,以示范带学共体的发展,做到年年有示范、年年有特色。社区具有上传下达的重要作用,一方面与上级部门沟通,获得上级部门的支持,支持并加强与社区教育中心的相互合作,使教育资源最大化、最优化,相互促进各自的工作;另一方面,社区在充分调研的基础上,把社区内的各种资源进行整合,无论是学习活动场所还是学习教育资源,无论是展示学习成果还是对外交流,尽量满足老年人对教育学习的不同需求。社区里有很多的学习达人,尤其是退休人员,经过几十年工作,具有一技之长,其作为社区学习共同体的准核心成员,为更好地发挥他们的特长为社区居民服务,建立学习达人工作室,可以吸引越来越多有着共同兴趣、爱好的老年人一起学习,进而推动学共体建设。如故事大王工作室、法根茶食非遗工作室、西小河夏寿星党员志愿服务队等,在社区居民中具有很大的影响力,在弘扬社会主义正能量、构建和谐社会、形成学习型社区方面起到了很好的示范作用。社区学共体成员都居住在邻近社区,有相同爱好的社区居民可以就近到各社区的达人工作室或其他活动场所进行培训活动,学习交流,取长补短,共同进步,体验成功的快乐。

(二)成人学校的培训与学共体发展之间如何相互促进

成人学校是学共体培育的重要阵地,对学共体的发展起着重要作用,而学共体的发展又促使成人学校不断地改进对学共体培育的方法,针对不同的学共体提出不同的培育方法。作为杭州市学共体研究基地的塘栖成校,几年来,通过对学共体的培育,共有1项省级课题、2项市级课题、8个学共体被评为杭州市示范学共体,逐步建立了塘栖学共体"政府主导、部门联动、依托成校、全民参与"的工作运行机制。通过草根化探索创新,走出了一条"3412"式的学共体培育实践之路。其中,"三个四"是四方力量、四项制度、四种类型,"一个二"则指两种具体培育方式。

1.合四方力量:构建学习共同体的组织体系

(1)政府主导力,是构建学共体的组织前提。由镇党委牵头,成立了工作领导小组,全面协调学共体培育工作,形成了主要领导全面抓、分管领导亲自抓、有关部门领导重点抓、工作人员具体抓的组织体系。

（2）部门联动力,是构建学共体的基础保障。塘栖镇有大大小小近百个学共体,分布在全镇各社区(村),要抓好学共体的示范作用,就必须经常保持与各有关部门的联动,得到各部门的支持,不定期地召开各有关部门的联系会,明确相关部门的责任,及时通报各自的情况,形成协调配合机制,统筹协调学共体培育工作,形成合力,确保学共体培育上下贯通,工作运行机制正常化、规范化。

（3）成校推动力,使学共体有依托。成校为了做好学共体培育工作,创造性地做了许多工作,一是深入各社区摸底调查,了解情况,做到心中有数;二是在摸底调查的基础上,进行分类排序,找出重点培育的学共体;三是进行资源整合;四是搭建平台,提供展示自我的机会;五是组织一些活动,互相交流,共同学习;六是对获得区级及以上优秀学共体进行相应的配套资金奖励;七是充分发挥学共体的"种子"作用,组织他们到外地学习取经,组织好各自的学共体。

（4）全民参与力,让学共体得到发展。学共体分布在塘栖镇各个社区(村),为充分调动各社区(村)培育学共体的积极性,我们采取了资源共享、成果共享、人员共享、互惠互利的原则,在人力、师资、内容、场地、设施、财力等方面给予支持,带动和丰富社区活动。特别是学共体自身,也充分发挥能动作用,发挥"成员即资源"的独特优势,实现自我成长与发展。只有得到各社区的支持,为各学共体的学习和活动提供必要的支持,才能使更多的人加入自己喜爱的学共体,使各个学共体得到更好的发展。

2.建四项制度:完善学习共同体的制度保障

（1）建立二级领导小组制度。主要是在政策方面支持学共体的培育,同时,协调各职能部门做好培育工作,与各社区沟通,相互配合,相互合作,达到最佳效果。

（2）制订学共体培育规划制度。制订区级、市级示范创建措施,以制度规范学共体,以创建推动学共体,以示范带动学共体,营造"时时学习、处处学习、人人学习"的良好氛围,树立、引导和培育学共体成员"终身学习""全民学习"的理念,最终形成学习型社区、学习型社会。

（3）制订学共体奖励制度。学校制订了学共体奖励方案,以奖代补,为优秀学共体提供部分资金支持,帮助他们解决部分活动费用。

（4）建立社区达人工作室制度。为工作室提供房间和资金上的支持,使学共体的"种子"生长发芽,茁壮成长。

3.分四种类型:实现学习共同体的分类指导

学共体数量众多、涉及面广,不同的学共体有不同的培育方法,因此,要对学共体进行类型划分,划分时把握的一个原则就是学共体类型的划分要符合当地民俗文化特色,这样有利于居民文化素养的提升、有利于当地文化传承、有利于居民追求梦想,因此,学共体培育的划分要做到与塘栖镇小城市培育试点相结合、与塘栖古镇文化相结合、与浙江省运河(塘栖段)申遗相结合。

按照学共体的整体性、层次性和系统性,把学同体的培育类型划分为文化与艺术类、生活与科技类、休闲与娱乐类、公益与服务类四大类。根据不同类型,对其进行有针对性的培育、扶持,建立不同类型的老年社区学习共同体联盟,使其能够进一步拓展发展思路,推动可持续发展。

4. 学习共同体培育的两种培育方法

一种培育方法是项目凝聚法,各个学共体之间不是孤立的,而是相互联系相互影响的,在对学共体进行培育调研的基础上,可将不同的学共体放到一个项目中去培育,起到整体性效果,如十万市民学礼仪项目,就吸引了书画、太极、旗袍等不同类型的社区学习共同体,这些老年学习共同体之间相互切磋交流,教学相长,共同成长。另外一种培育方法是典型引导法,即对区域内一个发展相对成熟或具有重大培育意义价值的老年学习共同体进行重点培育,如塘栖夕阳红艺术团学共体就是一个典型,在其示范引领下,周边又生长出更多的深受广大老年人喜爱的社区学习共同体。

(三)社区(村)在学共体培育中的作用

伴随终身教育思想、学习型社会理念的传播普及,被视为未来社会发展的三大基本动力之一的社区教育得到了各国的普遍重视和探索实践。社区教育的发展与推动,需要载体落实与完成。近些年来,因立足于社区居民终身学习的社区学习共同体得到了众人的关注,赢得了赞赏,社区学习共同体"使得终身学习成为每一个人的现实"。一般而言,"社区学习共同体"是指在社区范围内的居民基于共同的兴趣、爱好及学习需求,在平等、互助的原则下,通过心灵契约的形式,共同构成的非正式学习团体。社区学习共同体是以实现人的自身生命价值为根本目的,以享受共同学习过程为出发点而自愿结成的相对稳定的学习群体。"形成全民学习、终身学习的学习型社会,促进人的全面发展"是党提出的宏伟目标,学习共同体是终身学习的有效载体,是满足社区居民终身发展需求、建设学习型社会的重要组织形式。

据统计,余杭区塘栖镇共有大大小小的学习共同体近百个,以老年为主的学共体有 44 个,其中,文化艺术类 16 个、生活休闲类 7 个、健康娱乐类 15 个、公民公益类 4 个、国学类 2 个。社区居民按照各自共同兴趣爱好、共同幸福快乐、共同学习成长,自愿组织在一起学习活动,要在这么多的学习共同体中,找出若干个有示范作用的学共体,分批分层地进行重点培育,社区(村)的重要作用就显得十分明显。一是社区(村)为学共体提供学习活动场所,把文化礼堂(家园)、村(市)民学校和文化广场结合起来,统一管理,统一安排,方便居住在社区里的居民学习活动。二是社区(村)整合社区(村)教育资源,挖掘村社的特色传统文化、非遗文化,不断丰富老年学共体学习内容,提高老年人的文化素养。三是社区(村)组织老年志愿者服务队,参加社区(村)社会治理工作,如五水共治、问题调解、法律服务、垃圾分类、美丽乡村建设等等,发挥老年人在社会治理方面的积极作用,实现老年人的社会价值。四是社区(村)为老年学共体搭建学习成果展示舞台。一方面结合社区(村)重大节日活动安排,举办大型文艺演出活动,同时,走进敬老院进行慰问演出活动;另一方面,组织老年学共体参加上级部门组织的各种活动,如文化走亲活动、周末夜市活动、四大传统节庆活动、老少同乐活动等。五是社区(村)为老年学共体解决部分学习活动所需的设备问题。

【案例】

基于文化礼堂打造老年社区学习共同体的精神家园。塘栖村大力开展文化礼堂综合体建设,为老年社区学习共同体提供更优质的软硬件支持服务。塘栖村文化礼堂综合体于 2014 年建成并投入使用,"一墙一廊一礼堂"组成塘栖村文化综合体。塘栖村文化广场位于村委南侧,占地面积 6000 余平方米,廉政文化墙、文化长廊和落地面积约 400 平方米的文化礼堂坐落其中,共同构筑成塘栖村村民的精神文化家园。礼堂分两层,一楼为演绎乡村风情的大舞台,二楼分设农耕非物质文化遗产场馆,将农耕、米塑等非物质文化遗产文化场馆、特色手工体验馆、道德讲堂、农家书屋、塘栖枇杷文化有机结合。

塘栖村从本村实际出发,以"文化礼堂,精神家园"为定位,传承传统文化、弘扬主流价值观、丰富文体活动,从而提升辖区居民的思想道德水平和科学文化素质,培养共同价值观、促进村民和谐。文化礼堂以有场所、有展示、有活动、有队伍、有机制等"五有"为基本要求,投资 60 余万元,对 500 平方米老厂房设计改造,设有农家书屋、排舞厅、健身房、道德讲堂、棋牌室、非物质文化遗产陈列室等独立场地,并在室外场地建有文化宣传长廊、体育活动场等功能区块。

塘栖村文化礼堂充分挖掘了本村文化,非物质文化遗产陈列室展示该村枇杷文化、农耕文化和米塑文化,收藏特色古器物 50 多件,省级非遗传承人黄芳珠的米塑作品,神态生动,充满浓郁的乡土气息,表达了对美好生活的向往,实现乡土文化的传承。文化长廊主要包括励志格言、村史、民俗文化等内容,设立了道德榜、励志榜,营造一种学习、崇尚、争当先进的浓厚氛围,为弘扬、传递正能量发挥积极的作用。紧扣社会主义核心价值观,组织开展家风家训学习、米塑体验、全民运动会、文化走亲等丰富多彩的文体活动。全体村民相约新年,共享"千家宴""千福宴",唱村歌,看"村晚",其乐融融。特别是社区学习共同体在文化礼堂中发挥了建、用、育三位一体的功能与作用,营造了文明、欢乐、祥和的新农村氛围,促进村风民风进一步好转,增进了村民之间的和谐交流,沟通了干部群众之间的感情,成就名副其实的"塘栖村精神家园"。村文化礼堂每年举办各类型文化活动 30 多场。

(四)老年学共体如何促进老年人智能技术应用

国务院办公厅印发《关于切实解决老年人运用智能技术困难的实施方案》(国办发〔2020〕45 号)提出,要在政策引导和全社会共同努力下,有效解决老年人在运用智能技术方面遇到的困难,让广大老年人更好地适应并融入智慧社会。适应统筹推进新冠疫情防控和经济社会发展工作要求,聚焦老年人日常生活涉及的高频事项,坚持传统服务与智能创新相结合、普遍适用与分类推进相结合、线上服务与线下渠道相结合、解决突出问题与形成长效机制相结合,做实做细为老年人服务的各项工作,让老年人在信息化发展中有更多获得感、幸福感、安全感。

目前,老年人在日常生活涉及的出行、就医、消费、文娱、办事等事项中,因不会智能手机应用,产生很大的社会影响,做好突发事件应急响应状态下对老年人的服务保障,提高老年人智能技术应用水平,老年学共体的建设就显得特别重要。作为老年教育学校,切实解决老年人在智能技术日常应用方面遇到的困难,为老年人提供更周全、更贴心、更直接的便利化服务,精心打造暖心工程,助力老年人跨越"数字鸿沟"是当前一项重点工作。

如塘栖老年电大依托社区学习体更高效、精准地普及老年智能技术应用。一是制定了老年人智能应用技术培训计划;二是制作了老年人智能应用技术培训幻灯片;三是深入调查研究,并召开了老年人智能应用技术培训专题会议,全镇 28 个村社负责老年教育专管人员参加会议,要求各村社统计出今年参加老年人智能应用技术培训人员,按时按质完成培训任务;四是充分利用文化礼堂(家园)等场所,开展老年人智能技术日常应用普及性培训工作,做到"应培尽培"，按照 5 个学时的教学计划，切实有效地改变当前老年人在智能应用上的滞后现象，通过体验学习、尝试应用、经验交流、互助帮扶等，引导老年人了解新事物、体验新科技，积极融入智慧社会；五是组成老年智能手机学共体，分组学习，重点指导，亲自体验，互帮互学，有的点到人指导学习，不断模拟场景实践，提高智能手机应用能力。到 2021 年底，针对老年人出行、就医、消费、社交、办事等高频事项，进行本地覆盖式的培训，发布线上自制培训视频两个，已编教材一册，自制 PPT 教学软件两套，课堂实录分析两次。

二、示范引领

老年教育最基本的目的就是促进老年人的全面发展，使他们成为既有健康身体和心态又有多种才能和志趣的新时代的老人。老年教育持续均衡发展的方向是办好老年大学的同时，要加大老年社区学习共同体的培育力度，大力发展多种形式的社区老年教育，处理好普及与提高的关系，既要扩大老年教育网络的覆盖面，提高参与率，又要通过不断提高示范性老年大学的办学质量，提高老年教育的整体水平。老年教育需要得到全社会的关心与支持，营造氛围，扩大影响，同时，也要把激励与示范相结合，促使人人关心老年人、人人关心老年教育。

（一）激励有度

激励就是最大限度地调动人的积极性和创造性，使每个老年人在社区学习共同体中都能够实现"人有所用、力有所展、劳有所得、功有所赏"，自觉努力学习，为共同体发展做出自己的贡献。老年学共体是老年教育的有效载体，也是老年大学重点打造培育的学习小组形式，在学习中充分发挥老年学员具有一技之长的"种子"作用，调动老年学员的积极性，把具有相同兴趣、爱好的学员组织在一起，使老年人既是学员，又是教员，在学习中相互帮助、相互促进，逐步树立教育养老的理念，即把教育当作养老的方式、生活的方式和生命的方式，有效地解决老年人个性化和多样化需求。学校对老年学共体进行常规管理、日常监管，并协调师资，给予业务指导，根据各学共体学习情况进行考核，给予一定奖励政策，支持老年学共体的发展，为开展得比较好的老年学共体提供展示学习成果的舞台，积极参加上级部门组织的示范学共体的评比，并总结提炼创建终身学习的活动品牌。

例如，塘栖镇社区教育中心制订社区学习共同体培育扶持制度。为进一步贯彻中央关于"构建学习型社会"精神,弘扬社会主义核心价值观,推动全民终身学习和和谐幸福新塘栖建设,根据教育部等七部门《关于推进学习型城市建设的意见》(教职成〔2014〕10号),特别制定了《塘栖镇社区教育项目培育扶持经费实施方案》。在方案中指出,社区教育项目培育扶持的内容有:余杭区社区学院开展的社区教育项目、培育创建评比项目,示范社区学习共同体、终身学习活动品牌、百姓学习之星等;获得杭州市级的社区教育项目;获得浙江省级的社区教育项目;获得国家级的社区教育项目。社区教育项目培育扶持经费的方法是:评优,如获得余杭区级以上的示范性学习型学共体(学共体)、终身学习活动品牌等,获得集体先进的奖励培育费用与上面的奖励培育费用配套;各种展示比赛活动费用;对各种活动按项目进行扶持。所有社区教育项目培育扶持经费从社区教育经费中支出。

(二)示范有方

示范引领是老年教育的助力器,而老年学共体为老年教育创新发展打开了全新思路,对全面整合社会资源、融合教育内容、提高老年人的参与率起着重要的作用。从学校层面来说,要以制度规范学共体,以创建推动学共体,以示范带动学共体,精心打造"有激情想干事、有思路会干事、有爱心干好事、有能力干成事"管理人员队伍;从教师层面来说,要做到"精业、爱老、乐教、善导"的良好师德师风;从学员层面来说,要形成"快乐学、合作学、做中学、终身学"的良好风尚,奏响"最美"旋律,唱响"幸福"之歌。因此,老年学共体的示范带动作用,主要体现在以下几个方面:一是搭建展示平台。为优秀老年学共体搭建展示自己的舞台,向广大群众宣传老年学共体学习成果,吸引更多的老年人参与。二是记录学习过程。用智能手机记录下老年学共体学习活动的瞬间,回忆美好的学习过程,扩大老年教育的影响力。三是参与社会服务。积极组织老年学共体走进文化礼堂、敬老院进行慰问演出,积极参与当地政府组织的大型活动,弘扬社会主义主旋律,向社会传递正能量,展示出老年教育的精神风貌。四是支持争创先进。积极组织老年学共体参加上级部门组织的争先创优活动,争创市级、区级示范学共体,以点带面,以示范带动学共体发展,创建终身学习活动品牌,营造"时时学习、处处学习、人人学习"的良好氛围。五是组建团队联盟。不同的学共体相互联系组成一个项目,可以起到很好的示范效果,丰富老年教育内容,满足老年人多样化需求,体现老年人的社会价值和人生价值,不断促进老年教育事业的发展。

【案例】

十万市民学礼仪项目学共体示范。本项目 2014 年获得杭州市终身学习活动品牌,此项目包含有文化类的摄影、征文,休闲类的文艺演出,服务类的文明礼仪、志愿者服务等学共体,各个学同体贯穿于整个项目的始终,具有很好的示范代表意义。具体做法如下:

制定项目实施方案——该方案的指导思想是以普及礼仪文化、弘扬中华民族礼仪传统为核心内容,以开展礼仪教育"六个一"为载体,以提高市民文明素质、推动精神文明建设和塑造塘栖小城市新形象为目的。三年计划,集中精力,面向社会全员开展文明礼仪教育。为乡镇向城的历史性跨越打下坚实的人文基础。

制定项目三年行动计划——第一年为"十万市民学礼仪"培训项目启动年,编写《市民礼仪读本》,制作礼仪培训课件;第二年为礼仪知识普及年,礼仪培训进村庄、进楼宇(家庭)、进社区,举办最美身边人评选活动,组织有关礼仪题材的摄影比赛和征文比赛;第三年为礼仪文化提升年,开展寻找"最美身边人"和"幸福塘栖人"系列活动、礼仪情景剧广场表演和礼仪知识竞答活动。

实行"六个一"——该项目以"六个一"为载体,即一册读本(《市民礼仪读本》)、一个课件、一支队伍(礼仪培训师资队伍)、一篇文章(征文比赛)、一张照片(摄影比赛)、一场表演(文艺演出),开展礼仪培训,营造礼仪氛围,倡导礼仪风尚。

开展"六个进"活动——礼仪培训进社区、进学校、进村庄、进企业、进机关、进楼宇等"六个进"形式,以点带面,全面推进,全员参与。

项目成果展示——将获奖的征文文章和摄影照片、礼仪培训项目年度总结和典型事例汇编成册,作为开展十万市民学礼仪活动的成果展示,打造活动品牌,增加活动的实效性和示范性。

通过几年来的实践研究,以学共体为抓手,必须注重"三个一"才能更有利于学共体培育发展。一是护好"一颗种子"。虽然学共体成员既是教员又是学员,相互平等,但是,学共体内部的核心成员、领军人物的"种子"作用非同小可,要充分发挥学共体"种子"的积极性,充分利用"种子"的各方资源,凝聚成员参与共同学习,促进学共体健康发展。二是形成"一种理念"。树立"生活学习化,学习生活化"理念,学共体成员在学习中提升生活品质,在日常生活中享受学习的快乐,使学共体成为社区居民思想教育的阵地、更新知识的殿堂、健身强体的场所、安度晚年和终身学习的乐园。三是把握"一种趋势"。学共体要由城镇向农村推进,随着经济社会的发展、农村城镇化的推进,农村居民在享受富裕物质生活的同时,渴望精神生活丰富,为学共体的形成、发育、壮大带来生机。充分发挥村级道德讲堂和文化礼堂的作用,形成农村学共体的活动场所,带动农村居民在学习中幸福生活。同时,以创建为载体,以示范为推动,不断扩大学共体的影响力,吸引更多的老年人参与共同学习,使老年教育实现政府自上而下办学校与民间自下而上社区学习共同体自主成长相结合的可持续发展。

第 七 章

建立"四社"联动新机制

基于社区学习共同体的老年教育区域推进策略,以问题和需求为导向,需要在资源的整合与利用、学习内容及学习方式的变革上下功夫,而逐步建立、完善"社区、社区学院(学校)、社会组织和社区学习共同体"四维联动机制,是实现资源的有效整合、助推学习内容及学习方式有机变革的基本条件。

第一节 "四社"联动的迫切性

近年来,余杭区(本章所述的指杭州市调整行政区划前的余杭区)作为大众创业万众创新的示范基地,地方经济发展很快,但区域人口老龄化状况日趋严重。截至2019年底,余杭区户籍人口总数为116.18万人。其中,60周岁及以上老年人口总数为23.34万,占全区人口总数的20.09%;80周岁及以上人口总数为3.28万人,占老年人口总数的14.08%。可见,区域老龄化程度已达到较高水平,且存在逐年上升趋势。当下,老年人精神文化层面的学习需求增长较快,老年教育的重要性不言而喻,本区域老年人的学习仍面临诸多挑战。

一、老年人学习需求与学习资源短缺的矛盾突出

(一)老年人学习需求与学习资源短缺的矛盾

老年人学习需求渐呈多元化、品质化发展趋势,但老年教育资源供给无法实现同步增长,综合资源保障率相对低下。新冠疫情防控期间,线下老年教育机构的学习服务被迫暂停或延期,导致许多老年人的学习无奈中断。线上教育内容过于零散,信息资料真假难辨、良莠不齐,给老年人学习带来现实困难。老年学习共同体成员在非疫情防控期间习惯于面对面的现场交流学习,疫情发生后,学习共同体群体性现场共学被迫叫停,许多老年人对此很不适应。新冠疫情防控期间,老年人学习需求与学习资源短缺的矛盾尤为突出。

(二)老年人焦虑感强而学习力弱的矛盾

新冠疫情发生后,各地感染最多的是体质偏弱的老年人。余杭区是杭州市新冠疫情较为严重的地区,老年人对自身及家人的生命健康焦虑感更强。目前,区域内信息技术普及率仍较低,很多老人没真正接触过计算机,能熟练使用智能手机的比例也不高。这些老人作为教师,大多无法组织开展线上教育活动;作为学员,更难有效参与线上学习活动。新冠疫情防控期间,正是由于绝大部分老年人信息化教与学能力偏弱的实际情况,老年教育工作开展受到直接制约。

（三）老年教育的关注度高与区域支持服务不到位的矛盾

老年人学习服务主要依靠所在社区、社区学院（或成校）、老年大学和其他社会组织提供，且主要采取单线学习的方式。新冠疫情防控期间，原有单线学习形式的弊端暴露无遗。学员、导师与相应机构间的联系一旦中断，老年教育或老年学习往往无法开展。虽后续启动云教育学习服务活动等，但因缺乏有针对性的指导，学习活动开展的普及率、受众面、有效性等不容乐观。目前，余杭区仅有 1 所老年大学，显然远远无法满足更多老年人的学习需求。

二、老年教育资源开发利用及学共体自身建设的问题

（一）隐性资源未开发

社区教育资源可分两大类：一是显性教育资源，这是社区教育活动的主阵地，即社区内各级各类学校、师资设备、培训机构、教育场所等；二是隐性教育资源，即社区内公共场所、文化站、图书馆、医疗站、宣传窗、人文历史和老年人自身等。积极贯彻"资源共享、优势互补、互惠互利、共同发展"的原则，盘活、整合社区教育资源，才能更好地满足社区教育多元化、高质量发展的需求。在实践中，需要落实资金保障，切实改善环境，增添学习资料，对活动进行定期记录存档，以课堂教学、短期培训、知识讲座、社区论坛、文化沙龙等多种形式深入开展老年教育，形成覆盖广、功能强、效率高的老年教育网络，最大限度满足老年人的学习需求。需要根据老年个体特点差异，多角度整合社区生命课程资源，搭建学校、家庭、企业、社会全方位的优质学习平台，促进中心学习场、次中心学习场、信息学习场和智能展示场的生成。

（二）资源分散不联通

目前，余杭区内涉及老年教育的相关单位有很多，但在教育资源总量与投入上呈现出分散、重置及不均衡等情况。从层次上看，区级和街镇级活动丰富，而各村（社）的教育活动偏少；从城乡二维角度看，城区老年教育活动多姿多彩，农村老年教育活动相地匮乏；从教育内容上看，文体休闲类课程及师资力量相对充足，而文学艺术、文化知识、职业技能类课程较少。此外，部门间各自为政的窘状，导致了老年教育资源的分散或配置不均衡且综合利用率低下等系列问题。因此，全区老年教育的健康持续发展，亟待相应教育资源的整合与优化。

（三）缺乏资源活化机制

当前教育资源主要集中于中小学教育和高等教育，老年教育能够享有的资源数量十分有限。在人口老龄化的背景下，老年教育资源严重不足的问题日益凸显。国务院在《老年教育发展规划（2016—2020 年）》与《"十三五"国家老龄事业发展和养老体系建设规划》等文件中提出了扩大老年教育资源供给、到 2020 年使老年教育参与率达到 20% 的规定。发挥政府和社会其他力量协同合作的优势，合理供给老年教育资源，支持所有有助于社会和个人成长的知识传播，以非正规教育或正规教育的方式发展老年群体的能力、态度和价值观，保障和满足老年群体学习权益与学习需求，大力培育和发展社区学习共同体，将人口老龄化带来的社会赡养负担转化为人力资源。然而，传统意义上的资源布局通常关注扁平化的人口数量与投入总量之间的适配关系以及供给内容与需求状态之间的契合关系，以老年人口结构的空间差异进行资源布局的科学设计尚未得到充分重视。

在对余杭区老年教育资源供给现状水平的分析中发现，当前余杭区老年教育资源空间可及性较为理想。但是在整个区域范畴内，仍存在一定的空间差异。老年教育资源布局呈现了均衡性由中心城区向郊区逐次递减的状态。若要达到相对平等的资源供给状态，需要在空间资源供给弱势地区进一步增设老年教育机构，在老年教育优质师资配备、老年教育活化机制等方面做好文章。

第二节 "四社"联动的内涵与预期效应

"四社"即"社区学院—社区—社会组织—社区老年学习共同体"的联动联通机制，包括建立社区围墙内外教育资源共享机制和建立线下与线上联通机制，机制的建立与运作，能使社区围墙内外教育资源充分整合与活化、线上与线下两路资源并重畅通。基于社区学习共同体的老年教育，需要建立"四社"联动联通机制，这一机制的内涵及预期效应有其特殊性。

一、建立社区围墙内外教育资源共享机制

近几年系统开展的老年教育，是为适应社会老龄化、建设终身学习的学习型社会及和谐社会而发展起来的时代产物。建立"四社"联动新机制，不断探

索,认真总结,有利于提高对老年教育规律性的认识。为此,本书探索实施老年教育"四社联动"运行机制,如图7-1。

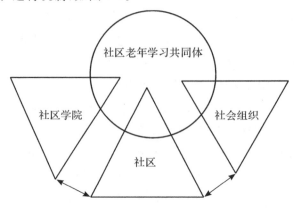

图 7-1 老年教育"四社联动"运行机制示意图

(一)社区学院的引擎作用:明晰定位,发挥引领—协调—研究—示范服务的功能

社区学院是发展社区老年教育的载体和龙头,更是学习型城区建设中的重要力量。余杭区社区学院在区委区政府和教育局的领导和支持下,积极探索和实践以创建学习型城区为核心内容的社区教育工作,并以此为抓手,积极发挥社区老年教育的龙头作用,在推进社区老年教育中努力开拓创新。

自20世纪90年代以来,北京、上海等地开始出现多种类型的社区学院,适应了社会发展的需要,也满足了社区居民终身学习的需要,老龄化背景下,服务老年人的教育需求,已成为社区学院的主要职责之一。为了更好地推进老年教育,社区学院需要进一步明晰自己的定位,同时把握好在老年教育中的工作准则,以更好地发挥引领、协调、研究与示范作用。

1.注重本土、面向社区

本土性是指社区学院的教学内容设计能反映社区不同阶层的成人居民终身学习的需求,并且根植社区的背景与特色,提供具有本土性与显现社区文化的独特的终身学习课程。社区学院必须在本质上具有本土性,才能消除社区民众之间的疏离感,让社区学院的教育、学习与生活紧密结合。本土化的社区学院教育同时也有助于开展与传承社区文化,塑造不同社区的特色与风格。

2.强化特色、分类发展

社区学院发展要坚持分类定位的原则,包括两层含义:一是从终身教育角度,即社区学院发展要以追求终身教育体系的协调发展为目的,不同类型、不同层次的高等教育有不同的社会分工,从事不同的人才培养任务,必须根据自身条件有选择地进行科学定位,最大化、最优化地发挥功能。二是从社区学院角度,即社区学院的办学定位要根据区域差异、现实需求进行分类发展,特色发展,不能眉毛胡子一把抓,要根据自己的区域特征、办学资源和专业优势等方面形成办学特色,有所为有所不为。不盲目求高求全,而要相对集中学院的人力、物力、财力等有限资源,围绕区域经济发展需要和社区居民素质提升需求,形成独特的办学思路,打造社区学院建设品牌,实现可持续发展。

3. **整体优化、协调发展**

系统论认为系统内整体不等于各要素之和,有可能大于也有可能小于各要素之和。要想让整体实现最大化功能,必须将各要素按照逻辑统一性在整体上进行优化。如各要素本身并不优秀,通过整合优化,系统整体可以达到最好的效果;反之,即使各要素功能完备,但整体设计的比例和排列不科学,反而导致整体效果不佳的情况。因此,社区学院的定位不能追求大而全,不可能同时发挥多种多样的教育功能。因此,社区学院一定要进行全局的系统考虑,与区域经济和社会发展相互协调,根据各自的实际情况科学定位,实现整体优化。

4. **整合资源,灵活合作**

社区学院要整合社区内各种资源,灵活运用合作的方式,彼此资源共享,为社区居民提供终身学习的机会。社区学院的教育实施不是靠社区学院独立完成的,而是要协同政府部门、各类相关职业院校、民间团体、行业企业以及社区服务中心等组织机构的功能与资源,灵活借资借力,才能有效促进社区学院的繁荣发展。

5. **长远规划、持续发展**

办学定位要坚持可持续发展原则,发展战略定位要考虑中长期发展目标,既要重视当前需求,又要符合未来发展需求。近期目标考虑当前社区学院专业设置、招生规模、师资队伍、培养目标及培养方式等满足当前需求;中长期目标要对社区学院未来发展进行科学预测并做出规划,使当前发展为未来发展奠定良好基础,实现长远性的可持续发展。

(二)社区的主导作用:空间资源和社会资源的服务

随着城市化进程的快速推进,余杭区社区建设不断发展、社区功能不断完善。因此,依托社区资源开展老年教育,具有多重便利和优势。首先,在社区办学可为老年人提供在"家门口"学习的机会,可照顾一大批因为年龄、身体等原因不方便到老年大学或其他场所学习的老人;其次,利用日益完善的社区场所和设施开展老年教育,既能物尽其用造福老人,又能丰富社区文化、提升社区内涵;最后,由社区出面参与组织和管理,有利于促进老年教育工作规范性、可持续发展。

社区是社会治理的"最后一千米"。新冠疫情发生后,社区成为抗击新冠疫情最重要的前沿阵地。提升包括老年人在内的社区居民综合素质,在众志成城扎实开展的新冠疫情防控工作中显得尤为重要。社区(村)是老年人生活的场所,是居民服务需求最旺盛、居民接触最频繁且直接的地方,也应是老年教育的主阵地、根据地。新时期的新形势、新任务和新需求都对社区老年教育工作提出了新要求、赋予了新使命,具体如下:

1. 更新教育理念,合理定位社区老年教育

社区老年教育要打破传统老年教育的窠臼,顺应时势,更新教育理念,科学定位并合理确定发展思路。顺应积极老龄化的形势,结合新时期老年人的实际需求呈现出的个性化、深层次的发展趋势,社区老年教育要以满足老年人教育需求、服务积极老龄化为目标,前瞻性地围绕以老年人的"健康、参与、保障"为核心的理念,加强顶层设计,向高层次、多元化的方向发展。要从"被动关怀"走向"主动作为",由"休闲娱乐"延展至"赋权增能",由"丰富生活"延展至"价值实现",从"充实晚年生活"走向"提高生命质量",办"颐养康乐"和"进取有为"相结合、"老有所乐"和"老有所为"相映衬的社区老年教育。通过社区老年教育,满足老年人兴趣爱好,充实老年人生活,促进老年人身心健康,同时提升老年人的精神面貌,发挥老年人的才智,挖掘老年人的潜力,提高老年人融入社会、参与社会、服务社会的技能和信息素养,使之具备适应知识经济和信息时代要求的能力;使老年人紧跟时代步伐,促进其继续社会化;助力老年人树立正确的生命观,帮助老年人自我完善的同时实现自身价值。特别是基于社区学习共同体的老年教育,更应该成为社区居民委员会的基本职能,为社区老年学习共同体的发展提供及时的优质服务。

2. 拓展社区老年教育内容

要明确和细化老年教育的社会需求内容,并针对社区老年人开展专业的学习需求调研,准确把握社会发展和老年人对社区老年教育的需求方向。在开展社区老年教育时,要加强教学内容方面的探索与实验,结合实际需要"按需设课",并对教学内容进行系统规划,设计长期的教学体系,使老年人在不同阶段

的学习内容有效衔接。

社区老年教育要基于"丰富生活"和"社会参与"两类老年教育理论体系取向,其教育内容安排应从以下两方面进行革新:一是拓展教育内容。结合新时期社会发展和老年人的实际教育需要,改变目前教育内容侧重保健和娱乐的现状,增加社会参与和生命教育的内容。在课程设置上,要"坚持康乐性与进取性相结合,既要满足老年人的兴趣爱好,又要满足老年人日常生活和参与社会的需要";既要有旨在提升老年人生活质量的课程,也要有关注老年人生命质量的课程;既要有书法绘画、声乐舞蹈、摄影剪纸等文娱类课程,又要有信息技术、卫生保健、心理健康、法律维权、投资理财等实用性课程;既要有安全知识、营养健康、新的育儿理念与方法等生活知识类课程,也要有电子产品使用、求职技巧与专业技能等技能提升方面的课程。二是设计与研发教学内容。深入研究老年教育教学,紧密结合老年人的身心特点和学习诉求以及本社区老年人的实际,按需设课;精心设计和开发教学内容,使教学内容与老年人关注的"热点"需求相结合,开发能够满足本区域各层次老年人普适性需求的主体课程;对老年教育的需求进行细化,根据本社区老年人身体条件、兴趣爱好、文化层次、经济收入等的差异开发一批适合本社区老年人的、具有本社区特色的个性化课程。

3. 丰富社区老年教育形式,提高针对性

根据老年人对于教育时间灵活和形式多样的需求,创新学习形式,丰富活动载体,选用适合老年人的教育形式,开展有针对性的改善和调整,提高社区老年教育的有效性。具体措施包括:一是运用读书、看报、听广播、看电影或电视、看文艺表演、座谈、讨论等形象直观的适合老年人的形式,借助现代化的技术手段,如利用微信群、QQ 群、学习 APP 等开发多元化的老年人社区教育载体,让老年人利用闲暇时间多看多学,在轻松、自由的学习氛围中沉淀知识,强化学习。例如湛江,让老年人在家做饭时都能使用手机 APP 学习。二是在教学中,可以利用专题讲座、案例分析、实践体验、经验分享、文化活动、公益服务等教学方法来提高老年人的参与度,提高教育教学质量。还可以充分发挥老年人的经验优势,采用征询式、探究式等教学手段,使师生教学相长。三是要针对老年人搭建社区教育平台,运用现代信息化技术,利用电脑、手机等设备,采用在线学习、移动学习等现代化教育手段,进行网络学习,以消除时空障碍,引领老年人群走进数字化学习。为老年人提供灵活多样的学习渠道,使社区老年教育不受或少受时间和空间的限制,满足那些有灵活性时间要求的老年人的学习需求。四是大力倡导团队自主学习、互助共同学习,让更多人知晓社区学习共同体的意义与价值,让更多的人参与老年学习共同体学习,以社区为平台展示学习共同体的学习成果,逐步形成以参与学习共同体为时尚的良好氛围。

(三)社会组织关键作用:难点上服务

1.社会组织在老年教育中可发挥的重要作用

社会组织作为政府之外的社会力量,近年来在老年教育领域逐步得到发展。社会组织有着巨大的社会资本潜力,其信任资本、规范资本和网络资本具有"润滑剂""防腐剂""结构网"的重要作用。

(1)社会组织的信任资本充当"润滑剂"。

社会组织自身拥有的信任作为一种社会资本能够通过与其他社会主体的合作来提高参与老年教育的服务效率。社会组织也是社会中的公众参与组成,立场不会偏袒政府和企业,意在提供高质量的老年教育服务和产品,利用技巧与情感,达到工具性与人文性的统一,能够赢得各方信任,而这份信任在其中充当"润滑剂"的作用,通过释放自身的善意与信任,降低提供老年教育服务的协调和沟通成本,调动和激发老年群体的活力,促使其积极参与。

(2)社会组织的规范资本充当"防腐剂"。

制度规范能够防范社会组织投机取巧、违法违规的行为,仅依靠信任等主观意志来约束社会组织的行为,难免会出现机会主义行为,也不能有效遏制想要借助老年教育这个领域来巧夺私利的违法违规行为。因此,社会组织外在的双重管理制度与监督制度,使得社会组织在老年教育领域中始终沿着正确方向发展,政府与社会的监督能够限制并保障社会组织规范地提供老年教育的服务与产品。

(3)社会组织的网络资本充当"结构网"。

社会组织自身的网络资本,能够连接社会组织与老年群体之间、社会组织与社区之间、社会组织与政府及企业之间的关系。社会组织是社会中微小的个体,要想深层次地挖掘和利用老年教育资源,就要基于老年群体、社区、政府与社会组织的更大的结构网,通过不断地互动、不断地联系、不断地沟通协调来建立多维、立体的网络结构。而社会组织就要从这个复杂的结构网中获取老年教育资源,提供更高质量的老年教育服务与产品。

2.社会组织参与老年教育时的改进措施

老年教育全面展开的时间不长,参与老年教育的社会组织不多,其专业水平需要在实际参与老年教育工作中不断得以提升。

(1)党建引领,加强组织信任。通过发挥党组织在老年教育中的社会资本积累与培育的作用,引导老年群体转变传统养老意识,提高对社会组织的信任度。社区党组织与老年大学的党组织通过党员的模范作用引导老年群体加强学习,积极参与社会组织提供的老年教育活动与服务,增加老年群体与社会组织之间的合作与信任,保证社会组织、党组织与老年群体之间同心同力,共同推动老年教育健康发展。

(2)能力建设,增强组织规范。推动社会组织参与老年教育,加强其自身组织能力建设、规范组织活动运作是提供老年教育服务、赢得老年群体信任的重要基础。要在三个方面提高社会组织自身能力:第一,加强专业老年教育人才队伍建设,对于组织内的社工人员要注重教育培训。第二,多渠道引入资金。政府应通过加大财政政策的支持力度与税费减免、购买老年教育公共服务向社会组织倾斜等方式来鼓励社会组织的积极参与。第三,完善社会组织内部管理。做出具有科学化与制度化的项目流程与项目决策,建立科学、规范的内部管理机制,是社会组织参与老年教育项目活动的有效保障。第四,建立社会组织信息披露机制。完善社会组织信息披露机制,评价与监督各类社会组织是促进社会组织规范运作的重要方式。

(3)多元合作,构建组织网络。在合作网络体系中,多个参与主体平等合作,各主体之间进行资源共享、互惠互利,"形成党政主导、多方协同、社会参与、和谐有序、共同推进的老年教育治理体系"。倡导主动推进多元主体之间的合作方式,老年教育领域的治理以政府为主导、以企业为主体、社会组织与社会力量共同参与,三种主体力量协同共治,从而实现老年教育的多样化与丰富化。各主体间互信互惠、平等合作、携手共治,有益于老年教育的健康发展。

(四)社区老年学习共同体的主体作用:人人为师,自主发展

老年人的学习需要营造和培养温馨、舒适的集体氛围和共学共享的归属感。自2011年开始,余杭区一直积极开展学社区学习共同体评选活动。目前,学习共同体培育与发展已颇有成效,学习共同体成员一半以上都是老年人,社区学习共同体已成为实施老年教育的良好载体。

目前,余杭区内以老年人为主的学习共同体已超过600个,参加学习共同体活动的老年人约为3万人,占全区老年人口总数的15%。老年人自发组织的学习型学习共同体主要包括文化艺术、生活休闲、健康娱乐、公民公益、科学技术五大类。其中,健康娱乐类学习共同体占比达44.91%,包括太极拳队、门球

队、排舞队等;公民公益类学习共同体占22.68％,主要指老年服务队、党员服务站、和事佬协会等;文化艺术类学习共同体占20.37％,包括戏迷票友、书画学习共同体、合唱团等;生活休闲类学习共同体占11.11％,包括象棋队、摄影学习共同体、手工编织学习共同体等;科学技术类学习共同体所占比例最小,仅为0.93％,主要面向少数以务农谋生的老年人,学习内容主要是瓜果、竹笋、稻米、甲鱼、虾类等种植、养殖技术。

在各类老年学习共同体中,目前有近一半已发展成为较为成熟的社区学习共同体。社区学习共同体以其"自主与平等、互助与共享、开放与灵活、草根与普及"的特点,充分尊重与激发老年学习者的主体性,创新了基层社区老年教育形式。以社区学院为代表的社区教育机构,不断健全老年学习共同体的培育激励机制,以争创区、市级示范性学习共同体为目标,多举措、多维度助推区域"共学养老"进程。

二、建立线下与线上联通机制,线上与线下两路并重畅通

(一)线下与线上联通机制一:学习载体与学习内容维度

1. 线上:网站开发、健全微网、制作微课、录制视频

网站层面:开发使用学院全民终身学习板块和终身学习在线两个网站,除了及时报道全区社区教育动态和老年教育新闻,网站上还包含丰富的学习资源。学院提供账号,老年人可免费上网学习。

微信层面:委托专业的技术公司设计运营了专用微信公众号,内含社区教育专题栏目,老年教育相关动态、学习资源也可一并推送,十分便捷。

微课层面,连续多年组织开展全区社区教育微课制作大赛,各社区教育专兼职教师踊跃参与,不少优秀的作品都适合老年人学习,通过网站、微信上传这些优秀的微课,广大老年朋友可随时随地在线学习。

视频层面:为了更好地记录、宣传和推广老年教育,组织开展社区教育课堂实录活动,将相关优秀教师的课堂过程完整记录,以视频的方式充实远程网络教学资源,方便老年朋友自主学习、反复学习。

2. 线下:设计课表、编制教材、提供师资、搭建基地

课表层面:结合老年人的学习需求,设计包含养生保健、生活知识、时政动态、文化娱乐四大类的老年教育专题课表,由街镇社区教育机构点课,通过"市民素质大讲堂""农村文化礼堂"等平台将课程送到老年人身边。

教材层面：根据老年人的学习特点和本地乡土学习资源，学院编制了《旅游文化》《电脑实用技术》《民间传统技艺》等特色教材，既满足老年人日常学习需求，又传承了地方文化。

师资层面：学院整合了市科协、区科协、区社区教育专兼职教师、区社区教育志愿者等力量，成立老年人师资库，为老年教育提供支持。

基地层面：根据所在地区丰厚的非物质文化遗产资源，创建区、市级非物质文化遗产传承教学基地。例如，与铁艺画传承人厉柏海老人合作，在学院内成立"铁艺画工作室"，以老带少、以老助老，使学习和传承非物质文化遗产落地生根。

（二）线下与线上联通机制二：学习课程与学习群体维度

1.推进普及信息技术和自媒体运用的课程建设

新冠疫情防控期间，有机调整培训班教学内容，体现按需施教原则。

2.发展网上老年学习群，建设"空中课堂"

逐步实现线上交流与线下活动无缝对接，让学习活动不再受时空的限制。

3.编制老年学习地图，一步匹配共学坐标和同伴

速搜场所、场馆、培训机构、社区老年学习共同体，一应俱全的学习地图让教育资源一目了然。

4.建立和发展学习共同体联盟，加强交流与合作

已经建立非物质文化遗产类学习共同体联盟、公益公民类学习共同体联盟，后续将建立艺术类等不同大类的学习共同体联盟，增进交流，共学共享。

三、探索社区老年人"养教联动"方式

（一）转变办学理念

老年教育发展至今已有近40年的历史，老年教育虽发展迅猛，但也存在受教育人群有限、发展不平衡、办学条件不完善、老年人受教育意识薄弱等问题，导致老年教育事业开展困难重重，缺乏创新性。"养教联动"项目有"养"与"教"两个重点，教育部门、政府机构应及时转变原有老年大学的办学理念，充分响应党中央的号召，让老年人的生活丰富多彩，有价值、有意义。同时，社区还应通过多渠道增强老年人参与"养教联动"的积极性，让更多老年人参与其中。

(二)加强基础设施建设

"养教联动"是一项系统性的工程,需要多部门共同协作,首先要做的便是加强硬件基础设施建设。如在社区联合老年人颐养公寓构建"养教联动"活动基地,利用共享区域配备基础设施和教学条件,采用了无障碍养老设计,确保老年人方便、安全活动,同时配齐配足娱乐功能室,推出老年人比较喜爱的书画、棋牌、声乐、高尔夫虚拟练习场、影视厅等,以满足老年人对于娱乐、学习、生活的基本需求。

(三)加强师资力量建设

"养教联动"目的在于让老年人安享晚年的同时提升其生活质量,让老年人的幸福指数得到提升,因此"养教联动"必须配备雄厚的师资力量,但受一些因素的影响,不少民间力量筹办的老年大学师资团队良莠不齐,给老年教育事业的发展带来了一定的困扰。鉴于此,在"养教联动"开展过程中应当注重师资团队的建设。首先,可整合教师资源,合理利用现有师资力量,整合村民市民学校、街道社区教育中心、街道老年大学、区级老年大学等力量。同时社区应充分利用这些现有教育资源,结合社区实际情况,开展丰富多彩的各类培训项目,如书法、茶艺、花卉等传统项目深受老年的喜爱,同时还可开展一些新兴项目,如当下比较火热的直播、智能手机培训等等,让老年人的生活更加丰富多彩。其次,完善规章制度的建设。"养教联动"项目的开展需要完善的规章制度作为支撑。完善规章制度的目的就在于让师资分配更加科学化、合理化,实现教育资源的充分利用。完善的规章制度是促进教学质量提升的关键,有奖有罚才会让教师有动力去研究、探索更加适合老年人的教育方式,老年教育事业才会更加稳定、长久地发展。

(四)完善创新实施路径

在老年教育方面,社区可采用"菜单式"定制学习课程,以老年人需求为导向,积极开展各类教育活动,同时采取"线上＋线下"的学习模式,打破常规教学模式,让老年人能够随心学习,这也是为突破老年人学习时空限制而采取的便民措施。社区需要配备专门的主讲人介绍各类课程,上课形式也可分线上、线下两类。另外,社区工作人员还应吸收社会人士参与其中,让其发挥个人专业优势,增添新的课程项目。除了学习生活,社区还应组织多项比赛,如书法比赛、歌唱比赛,让老年人的生活多姿多彩,让老年人体会到个人价值所在。

第三节　"四社"联动机制建设的实践路径

一、社区建设层面:三个典型社区(村),三种发展式样

（一）方家山社区:老年教育"空间上的一站式服务"

方家山社区位于余杭区闲林街道,地处杭州城乡接合部。该社区建立于2004年1月,社区面积2平方千米,现有居民6150户,总人口14150人。方家山社区十分重视学习型社区和市民学习圈的建设。2015年获评全国农村优秀学习型组织、2019年获评浙江省村居老年教育示范点。从空间上看,方家山社区开展老年教育有独特优势,该社区与闲林成校、老年电大分校等同在一栋楼办公,为老年人学习提供了一站式服务,是当地老年朋友家门口的学习圈。

方家山社区"一站式"老年教育工作扎实有力:一有设施齐全的学习场地,学习氛围浓郁;二有严密、周详的学习计划,各类学习活动内容丰富;三是居民归属感、向心力强,为优质、适宜的老年人学习、生活场所。

（二）星火社区:老年教育"多元融合式发展"

星火社区面积约0.25平方千米,辖区内共有居民2150户、5037人。星火社区近年来在学习和文化上的特色型服务受到了广大居民的普遍认可,社区老年教育涵盖面广、整合度高,呈现多元融合式发展的良好态势。2018年获评全国学习型社区,2019年获评杭州市共学养老社区建设实验基地,2020年获评余杭区先进基层党组织。星火社区多元融合式老年教育工作,呈现"两共三加"的基本特点:

1. 两共

(1)共建学习圈——通过校居共建、商业共建等方式引导多方合作,整合各类学习、教育资源,组建各类学习型组织。目前,星火社区已与20多家单位达成共建协议,打造各类学习圈共27个(文娱健身类10个、时政类4个、技能类6个、服务类7个)。

(2)共享学习成果——通过各类学习活动的有效开展,提高"全民学习、终

身学习"的意识,营造"人人学习、时时学习"的良好氛围,使社区、居民、社会三方共享学习型社区建设成果。

2.三加

(1)"党建＋学习",创党员学习服务品牌——充分发挥党员先锋模范作用和党支部堡垒作用,涌现出以"银娥党员服务站"为龙头的一批党员学习服务品牌,举办"爱心午餐"项目、"星梦艺术团"爱心义演等。

(2)"社会组织＋学习",创群众学习服务品牌——依托社区社会组织和群众团体力量,以贴近百姓、贴近生活为追求打造群众服务品牌。如为辖区商家店铺新余杭人提供学习教育服务的"七心管家"、为居民提供安全知识教育的"平安故事会"等。

(3)"互联网＋学习",创在线学习教育品牌——依托信息时代互联网手段,组建各类学习圈微信群,开展线上交流与学习。

(三)塘栖村:老年教育"城乡间的协调式推进"

塘栖村位于余杭区塘栖镇中东部,是余杭区美丽乡村建设的示范村。塘栖村总面积 4 平方千米,有 13 个自然村,30 个村民小组,总户数 1019 户,人口 4103 人,外来人口 800 余人。塘栖村曾经是个贫困村,20 年风雨变迁,以"产业兴旺、生态宜居、乡风文明、治理有效、生活富裕"为乡村振兴战略目标,塘栖村已成为一个极具特色的现代化新农村,成长为"美丽乡村"建设的"领头羊"、乡村振兴的"排头兵"。随着村民生活水平的不断改善,包括塘栖村广大老年人在内的村民对精神文化和终身学习的需求日益提升。塘栖村文化礼堂建设随后配套跟进,于 2014 年建成并投入使用,"一墙一廊一礼堂"成为塘栖村文化综合体的最大亮点。

塘栖村老年教育依托文化礼堂,为老年村民提供了"文化养老"的精神家园。塘栖村文化礼堂分两层,一楼为演绎乡村风情的大舞台,二楼分设农耕非遗物质文化场馆,将米塑等非物质文化遗产场馆、特色手工体验馆、道德讲堂、农家书屋有机结合。在完善硬件设施的基础上,塘栖村组建舞蹈队、太极拳队、米塑队、篮球队、象棋队等多支文体队伍,共 100 余人。紧扣社会主义核心价值观,以家风家训学习、米塑体验、全民运动会、文化走亲等丰富多彩的文体活动为载体,协调式推进村一级老年教育工作。

二、区级层面:协调三级社区教育网络,整合三类教育资源

(一)协调三级社区教育网络

1.纵向与横向结合

纵向上,搭建三级网络,满足广大老年人的教育需求。目前,余杭区共有两所区级老年大学,一所为由余杭区老龄委主办的浙江老年电大余杭分校,另一所为 2016 年挂牌成立的浙江老年开放大学余杭学院,两所区级老年学校职能既有交叉又有合作。为更好地向广大老年人传播科学文化知识,余杭区各街镇因地制宜,充分利用各种教育资源开展老年教学工作。目前,余杭区已有 21 个街镇老年学校教学点,老年学员近 6 万人,约占老年人口的四分之一。村社一级,超过一半的市民(村民)学校里不同程度、不同形式地开设了老年学习班。通过采取"街镇设点、村社开班、自学到户"的教学模式,余杭区正不断拓宽老年教育领域,扩大老年教育覆盖人群,满足老年教育需求。

横向上,推进职成融通,构建内容丰富的老年教育。作为一所综合性办学单位,社区学院的办学职能十分多样,除了老年开放大学,还设有广播电视大学、职业高级中学、远程教育基地等,社区学院有全日制学生近 2000 人。与之相配套,社区学院有着优质的软硬件教育设施和数量众多、结构多元的师资力量,这些都能为老年人的教育提供大力支持。例如,在职业教育领域,社区学院有着各类设施先进的现代化实训场所,茶艺室、画室、舞蹈房、钢琴房等都是老年人潜在的学习场所。在成人教育领域,作为浙江广播电视大学分校,社区学院有强大的网络教育资源和丰富的学历教育经验,这些为老年人的继续教育提供了便利。职教、成教、社教三类教育资源的融通,利于社区学院从横向角度构建内容丰富的老年教育。

2.社教与礼堂结合

近年来,按照省市教育部门文件精神,为充分整合资源、营造基层群众精神文化家园,社区教育进文化礼堂活动不断火热开展。余杭区内包含大量农村社区,几乎村村都建立了文化礼堂。作为村民的精神家园,文化礼堂已成为我区广大村民休闲、健身、培训、娱乐、学习的好地方,其中便聚集了大量农村老年人口。余杭区目前有近 150 个达标的农村文化礼堂,平均每个村社文化礼堂的室内活动面积约 536 平方米,室外活动面积约 1525 平方米,已有相当一部分农村老人把文化礼堂当作养老和休闲活动的好去处。为此,从 2017 年开始,社区学

院牵头举办了以文化礼堂为抓手,探讨农村"文化养老"专题研讨活动,鼓励余杭区内多所社区学校积极参与相应研究,文章被选入《杭州蓝皮书2018年发展报告(社会卷)》。由社区学院牵头发起的"文化养老"倡议得到了区内街镇、村社两级老年教育机构的积极响应,结合已有条件,充分利用文化礼堂,有重点、分层次地推进老年人教育活动,使老有所学、老有所为、老有所乐成为可能,余杭区"文化养老"新风尚逐步养成并不断发展。

3.机构与协会结合

机构层面:与余杭区内相关部门合作,搭建各类平台,开展主题教育。作为浙江老年开放大学分校,社区学院与区内浙江老年电大分校密切合作。10年来,社区学院每学期都派师资到对方学校开设相关老年教育公益课程,如老年人智能生活学习、计算机操作技能培训、健身操培训等,受到广大老年学员的欢迎和认可。2006年4月,社区学院与余杭区科协、余杭区图书馆联合推出了面向全区市民的公益教育项目"市民素质大讲堂",旨在将优质的学习资源送到百姓家门口,迄今已举办600多场,惠及12万人次以上,其中有不少受惠市民为社区老年朋友。2017年开始,社区学院与区老龄办、相关街道共同合作,推出了余杭区老年文化艺术"能人堂"民间艺术展演活动,首届展演便在学院体艺馆举行,活动吸引了余杭区内广大身怀一技之长的老年朋友参与,各类非遗手工品、传统书画、特色表演等都得到良好展示,取得较大社会影响。

协会层面:与余杭区内相关协会合作,开展志愿服务,使广大老年人受惠。社区学院充分发挥场地、师资等优势,与相关协会合作开展了各类特色教育活动。如与余杭区广场舞协会合作,在社区学院组织开展各街镇中老年广场舞核心成员集体培训,以调动全区中老年人广场舞学习热情,提升自身技艺水平。如与余杭区老年人协会合作,开展各街镇老年人协会会长及老年人工作者培训,内容包括老年福利政策学习、老年人法律知识培训等,以提升其管理水平和服务意识,推动全区老龄事业健康发展。此外,社区学院还充分发挥校内学生志愿服务的品牌效应,开展"志愿西进""敬老爱老"等活动,组织学生到余杭区内各敬老院、西部山区等,为广大老年人提供各类公益教育活动。

(二)整合三类教育资源

1.主动整合学校资源

区级层面,2016年浙江老年开放大学余杭学院在社区学院成立。街镇一级,余杭区内许多成校已成为老年大学分校所在地,新冠疫情防控期间各校相继推出了各类在线学习活动。村社区一级,不少市民学校(村民)学校里先后开办了老年大学班。自 2011 年开始,余杭区一直积极开展示范社区学习共同体评比,经社区(村)、街镇的大力支持、悉心培育,老年学习共同体队伍不断壮大。

2. 推动整合社会资源

新冠疫情防控期间,官方层面,继续加强与区内老龄委等部门的合作,相继开展各类老年教育主题培训和展演活动。民间层面,与广大老年社会组织、老年学习共同体、民间社区组织多方协作,协调开展如余杭区基层老年协会会长、老年学习共同体核心成员系列培训等。线上线下,提升整合度、辐射力、受众面。

3. 能动整合教学资源

数字化学习层面,利用余杭终身学习在线网站,载入各类老年教育视频课程、相关学习动态等。社区学院于近期设计开发了"余杭市民微学堂",帮助老年朋友利用手机实现指尖学习,街镇、社区教育机构也相应推出各类在线学习资源。教材层面,丰富各类贴近老年人学习需求和特点的教材,如《老年人学电脑》《老年人健康心理》《夕阳无限好》等。课表层面,设计了包含养生保健、生活知识、时政动态、文化娱乐四大类的老年教育专题课表。师资层面,能动整合市区科协、社区教育专兼职教师及社区志愿者等相关资源,逐步建立、发展老年教育师资库。

第四节　"四社"联动研究与实践背后的思考

一、老年教育观念更新面临的挑战

(一)新理念:从"老年教育"到"老年学习"

老年教育教学实施过程中,应充分发挥老年群体的自主性,自由支配学习,变被动接受教育的"老年教育"理念为主动学习的"老年学习"理念。老年教育应体现"人是主体"的老年学习的思想。具体而言,一方面,确立老年人在教育活动中的主体地位,发挥老年学习者的积极性、能动性和创造性,鼓励老年人坚持自主性原则,在教育活动中自觉、主动地开展学习活动,实现自愿学习、自主选择、自我组织、自我管理。另一方面,应尊重老年人教育的主体需求,强化老年人主体的学习动机,激发老年学习的主动性。老年人参与学习的动机越强,便能够更加积极地投入学习活动,自身的主观幸福感越高,最终满足自我教育的需要,从而更好地推动老年教育事业蓬勃发展。

(二)新模式:从"班级授课"到"互助学习"

班级授课制是老年教育中主要的教育组织形式,在普及老年教育和提高老年教育教学效率等方面发挥了重要的作用,但也阻碍了老年教育质量的提升和老年教育广度和深度发展。相较于中青年而言,老年人有相同的背景、利益、心理倾向和共同语言,联系较为密切,采用互助学习模式,彼此互帮互惠,可以更好地促进老年群体健康发展。老年人既是学习的参与者、合作者,也是共同促进者,合作共进、互惠互助、实现双赢。

(三)新方法:从"老师讲授"到"协作学习"

讲授法作为传统教学模式,教师发挥了主导作用,学习者的主体性和独立性受到一定程度的限制,既难以保证学员完全理解所接收的信息,又不利于培养学员的创新思维和实际解决问题的能力。老年教育中,应充分凸显老年人的主体性。老年学员因年龄层次、学习水平、生活背景、经济条件等方面存在差异,为了共同的学习目标产生协同学习行为变得至关重要。通过协作会话方式,老年学员尊重彼此差异,共享知识与技能,齐心协力,互帮互助、共同进步,这就是学习的目的。

二、迫切需要提高联动联通的广度、深度和温度

(一)扩大老年教育空间,提升学习的广度

对新冠疫情的反思,正是公共空间共建的契机。线下活动空间不足几乎是所有学习活动开展面临的共同困境,共建空间资源可以提高空间利用率,使越来越多的老年人的学习摆脱围墙的限制。

1.合理利用养老机构资源

在对养老机构进行空间定位时发现,余杭区养老机构的分布相对密集,多数居民区周边均布设有养老机构,随着老年教育的不断发展,不少养老机构已实现了"养教结合"提供老年教育的模式,为居住在养老机构的老年人提供讲座、兴趣班等学习资源,形成了养老与教育一体化的模式,帮助老年人探索健康

的生活方式、培育积极的心态。因此,可以通过政府采购的方式,继续增设养教结合点,为养老机构提供一定的教育经费支持,为养老院住养的老年人提供更多的教育资源,同时在未来老年人口快速持续增长的背景之下,可以通过面向社会开放,分担地区老年教育资源供给的压力。

2.鼓励市场力量介入

社会组织以其灵活性和多样性补充了公办教育资源的供给,由于老年教育诞生初期的福利性与公益性,市场力量在最初老年教育资源供给中的参与度相对较低。近年来,随着经济水平的提高,诸多老年人拥有为教育付费的意愿和能力,市场活力逐步得到激发。政府也通过向社会培训机构购买资源、提供帮扶的方式建立公私协作的供给模式。市场力量的存在可以很好地补充公办教育资源的空间分布局限性。因此,在现有总量规模状态下,可继续采取鼓励市场力量在资源供给弱势地区介入的方式,补充当前老年教育资源供给总量与空间布局,以更好地适应老年群体多样化的学习需求。

3.引导全社会参与提供老年学习服务

多数老年人的学习是通过非正式和非正规的方式进行,主要发生在图书馆、博物馆等场馆,而场馆建立之初,教育就是其必备的服务功能之一。1851年随着"万国博览会"的成功举办,场馆教育运动开始转化为教育政策,成为提供教育资源的公共教育机构。随着老年人口的不断增多,博物馆、图书馆、体育馆等公共场馆在老年教育中开始扮演着重要的角色。目前在世界各国,随着老年教育的普及,图书馆、科技馆等场馆大多采取了向老年人免费开放以及提供讲座类课程的方式参与老年资源的供给,增加了老年群体教育资源选择的灵活性与便捷性。非营利组织也开始在老年教育资源供给中扮演重要角色,也可积极引入非营利组织为老年教育服务。

(二)完善老年教育课程,提升学习的深度

对现有课程资源进行优化,提高课程的资源利用率。社区学院和17所成校建立3个老年教育联盟——环运河老年教育联盟、余杭片老年教育联盟和西部老年教育联盟,从"单兵作战"走向"协同战队"。社区学院与社会组织共建老年教育课程资源。新冠疫情提示我们,要进一步重视老年心理健康教育课程的建设,具体可从以下几方面着手:

首先,科学制定的老年教育课程标准。《老年教育发展规划(2016—2020年)》对我国老年教育教学内容建设方向做出了指导,提出"积极开展老年人思想道德、科学文化、养生保健、心理健康、职业技能、法律法规、家庭理财、闲暇生活、代际沟通、生命尊严等方面的教育"，为各老年教育培训机构的课程内容建设提供了参考依据。但该规划提出的课程内容较为笼统和概括，只是作为课程建设方向上的把握和指导，并没有对教学目标、教学计划和教学效果等作出进一步的规定，各老年教育培训机构依此进行课程建设只能在课程内容上接近国家的要求，但课程建设的规范性和科学性无法把握。虽然我国目前已进入老龄化社会，解决老年人精神文化和学习需求的任务紧迫，但保障老年教育健康、科学地发展，避免不规范课程建设造成的人力、财力和物力的浪费也是需要重点关注的问题。因此，建议国家相关教育部门把老年教育作为一门学科进行规范管理，制定相关的课程建设标准，从顶层设计上对老年教育课程建设进行整体规划，实现顶层设计和微观落实相结合。

其次，构建符合老年人需求的课程。随着年龄的增长，老年人的生理、心理与社会角色都发生了很大的变化，其视力、听力、记忆力等不断下降，认知能力和感知能力也在下降，社会角色和社会交往的变化对老年人的心理也产生微妙的影响，这些都成为设置和建设老年教育课程的重要影响因素和参考依据。老年教育机构应在充分遵循老年人身心发展规律和尊重老年人学习需求的前提下，从教学内容设置、课程表现形式和课程传播渠道等方面构建老年教育课程。老年人的学习需求、学习偏好和学习方式的选择与年龄、文化层次和性别有着密切的关系。有研究表明，"55 岁（即临界退休年龄）以上调查对象对于安全方面学习需求高于 45—49 岁调查对象"，"55—64 岁中高龄者对于健康的学习需求高于 45—49 年龄段调查对象"。学历较高者对于学习各方面的偏好程度均高于学历较低者，学历较高者对于安全、健康及参与三方面主题的学习需求也高于学历较低者。"在选课倾向上还存在明显的性别差异：女性老年学员偏向于文学、语言和心理学，而男性老年学员更爱好社会与经济方面的课题。"[①]依此，老年教育课程应按照老年人年龄段、文化层次和性别的不同，建设层次化、差异化和多样化的课程内容，才能真正满足老年人的不同学习需求。

再次，积极探索老年教育特色课程。老年教育特色课程的建设可以从三个方面着手：一是根据老年人的身心特点而建设的课程；二是以地域特色为基础建设的课程；三是根据自身优势而建设的课程。老年教育受老年人身心发展规律的制约，因此，老年教育课程的建设应充分考虑老年人的身心特征，建设符合

---

① 许竞，李雅慧．我国中高龄人群学习需求及偏好调查研究——基于部分省市抽样数据[J]．开放教育研究，2017，23(1)．

老年人学习的特色课程,如在远程教学课程建设中,应充分考虑老年人的视、听力,建设画面清晰、字体较大、声音较大的课程。老年教育特色课程的建设还可以结合当地传统文化进行,建设具有地域特色的老年教育课程,既满足老年人的学习需求,又可在老年人中进一步推广优秀地域文化。同时,老年教育特色课程的建设还可以根据老年教育机构自身的优势或老年教育团队成员的特长进行,建设符合老年人学习需求、具有品牌影响力的特色课程。

最后,共同推进课程资源共建共享。为避免老年教育课程的重复建设,确保老年教育课程资源的利用最大化,应树立合作、共享、共建的老年教育课程建设理念,共同推进课程资源建设。

一是建立多元参与建设的途径。教育行政主管部门可充分调动各方力量,共同推进老年教育课程建设,集全社会力量参与老年教育资源建设,扩大老年教育课程资源的供给。加强推进艺术类、医药卫生类和师范类普通高校参与老年教育课程建设,调动开发有养生保健、社会工作、园艺花卉和传统工艺等特色课程和专业的职业院校的力量参与老年教育课程建设。可通过开发老年教育课程,为老年教育提供课程资源,也可利用已有的专家资源,通过专家授课的形式为老年教育提供教学支持服务。

二是推进老年教育课程资源的共建共享或合作共享。重点加强区域性老年教育资源的合作开发和资源共享,建立"由点及面、逐步扩展"的资源共建共享的路径。通过合作共享,实现优势互补,优化老年教育资源的利用和整合。

（三）加强共培共育意识,提升学习的温度

基于社区的老年教育,师资短缺始终是"通病"。人人皆为师,社区即资源,大量优秀的师资隐于社区中,共培共育的潜力巨大。为此,我们需要立足阶段实际,稳中求进,努力构建符合新时代老年教育要求的师资队伍。

要健全老年教育管理体制,遵循教育基本规律,实现归口统筹管理。老年大学未实现归口管理是目前存在的主要问题之一。从现状来看,老年大学的管理体制相对杂乱,国家层面尚未统一规划、设计、管理。目前的老年大学管理类型主要包括四种:一是党政主导、财政供给;二是军队主办、自主管理;三是部门主办、经费自筹;四是社会办学、自主管理。机构性质的多元化使得老年大学的行为规范界定不清,容易造成职能混乱,管理呈现无序状态。老年教育虽有不同属性,但本质属性还是教育,更是终身教育体系中的一个重要组成部分。因此,加强老年大学师资队伍建设,首先要理顺老年大学管理体制,可统一由教育部门代表政府,按照教育规律管理,逐步纳入国民教育序列。

要整合现有教师资源,建立一支较为稳定的老年大学师资队伍。目前从国家到省市县的开放大学(广播电视大学)体系基本建立了老年大学(部门),充分发挥现有各级开放大学体系优势,夯实和扩大专职老年师资队伍迎来了契机。教育部于2020年印发《国家开放大学综合改革方案》(教职成〔2020〕6号),推进广播电视大学整体转型,按照新的"两级统筹、四级办学"体制运行,即按国家、省(区、市)、市(地、州、盟)、县(区、市、旗)分级办学。如地方开放大学作为地方政府所属高等学校,接受本级人民政府的领导和教育主管部门的管理,主要承担服务本区域全民终身学习,推进本区域开放教育体系建设,探索高等教育、职业教育与继续教育融合发展的职责。改制后的国家开放大学体系更加立体,遍布全国,可以发挥总部优势,充分调动体系内的老年教育师资力量,加大宣传力度,建立并完善体系间的合作机制,组织各种活动或者大赛等。同时,逐步建立老年教育师资库,鼓励优秀老师加入老年教育师资库,扩大并稳定师资队伍,实现优秀教师共享。

1.拓宽师资来源渠道,充实老年教育师资队伍

老年教育的特点决定了老年教育的师资建设的思路有别于基础教育和高等教育。

2.调动体系外的师资力量

吸引体系外师资加盟,鼓励优秀教师加入老年教育师资库,如邀请普通高校专家、教师等参与老年教育。同时,加强与行业领域合作伙伴的深度合作,充分挖掘他们的师资潜力,扩充老年教育的师资力量,最终达到互利共赢。此外,可充分利用和调动学员力量,通过新媒体平台发布招募令,鼓励学员发挥所长,根据自己所学专业或者所从事行业,报名参与老年教育教学或者相关活动等,吸收优秀学员加入老年教育师资库。

3.充分调动志愿者力量

实现"老有所教、老有所学、老有所为、老有所乐"还需全社会的共同参与,因此,要努力探索志愿者服务机制,吸引更多志愿者参与老年教育,调动"有学者、有才者、有力者、有闲者"的积极性,充实兼职教师队伍,探索与社区、养老院等涉老服务机构等的合作模式,如可以为此类机构提供免费、优质的学习资源等,鼓励其为老年大学推荐优秀志愿者,从而既可以增加招募路径,又可以成为探索打通志愿者这条路的较好手段。此外,还可探索与国内相关志愿者机构的合作方式,为志愿者创造更多可获得认可的有利条件,从而吸引更多志愿者参

与老年教育工作。社区学习共同体的核心成员,不仅成为本学习共同体的师资,还能作为志愿者成为其他学习共同体和多种类型的老年教育培育课程的师资。

三、利用好老年教育数字化学习资源

在数字化深度融入现代社会日常生活,将老年教育与互联网技术手段、思维相结合,开发形态多样、全面丰富的数字化学习资源,扩大老年群体受教育的机会,提升资源利用率,满足老年人群日益增长的对更高质量、更有效、更个性的学习服务需求,是老年教育事业今后的重要探索方向。基于此,可从以下几方面推进:

(一)优化老年教育数字化资源内容

1. 优化课程资源体系,凸显老年教育价值属性

让老年人成为全面发展的人,成为中华传统文化薪火相传的中介,是老年教育的根本意义所在,老年教育的课程资源要为老年教育的根本任务和终极价值服务,需要凸显其教育性。

落实积极老龄化国家战略,在数字资源建设中以老年学习者学习需求为导向,明确老年教育的教育属性,重构老年教育数字资源建设课程体系,在内容上,知识技能、休闲保健和人文素养并重,兼顾信息素养、经济、康养、护理等资源,消弭老年教育为"休闲娱乐"活动属性的认知误区,有效推进与"老有所为"需求相匹配的资源建设,提高老年教育的实践性和实用性,实现其服务社会经济发展、全面提升个人生活品质、积极应对人口老龄化的价值定位。

将网络信息安全内容纳入课程体系,提升老年群体对网络信息安全的认识,加强其对"互联网＋风险"的防范意识。多数老年群体跳过了 PC 时代直接进入移动互联网时代,网络防范能力普遍较弱,因此,如何引导老年群体正确安全上网,规避网络风险,是迫切需要解决的社会问题和家庭问题。加强网络信息安全意识宣传,普及网络安全知识,提供基本防护策略,对老年群体更好地融入信息社会至关重要。

2. 融合信息技术手段,增强课程学习体验

结合老年学习者个性明显、接收信息反应较慢、遗忘率偏高等特点进行课程设计,在呈现形式上应注重多样化和特色化,在视觉、听觉、界面阅读习惯、操作手法上应文字与图片并重、易学易懂易操作,重视对数字信息弱势老人的数

字包容。比如开发与视频资源适配、智能化、能互动的电子教材产品;微视频录制时减慢语速、字幕字号加大,使得学习者更易明白;通过虚拟现实技术完成历史三维场景的再现,增强学习的体验感等。课程设置上与学习需求、社会需求相衔接,分层设计,将在线课程的内容打碎成一个个知识点,各知识点可作为相对独立的模块,通过微课直观地对知识点内容进行阐述;同时又能围绕特定任务逻辑思路组合成系统化整体,学习者可根据自身实际情况分阶段进行内容的学习和整合。

3. 加强数字学习引导,缩小老年"数字鸿沟"

对老年群体而言,信息技术的普及相对滞后,数字鸿沟问题一直存在,严重制约着老年智能教育的发展。在进行老年教育数字化资源开发的过程中,要加强信息技术、互联网操作等方面的课程建设和学习引导,加大应用智能手机的普及教育,增强老年群体数字生存能力教育;同时要重点关注农村和偏远地区老年学习者的教育问题,促使其学会多种形式的远程学习手段;围绕社会生活场景进行项目化资源建设,提高老年学习者的信息素养,提升社会生活融入度。比如,杭州市临平区城南、城北、城西三大社区教育中心编辑印发的《老年人智能手机使用教程》,就是从老年人日常生活实际出发,建设的"教材+配套数字化资源"。

(二)研发智能化"陪护型"老年教育模式

智能化背景与老年教育资源融合,更要重视智能型教育优势的有效发挥,通过智能化"陪护型"实现其老年教育价值意蕴的进一步丰富。在信息化老年教育平台上有着大量的资源和数据,对老年人学习过程的优化、教育模式的创新具有十分重要的意义。智能化"陪护型"模式具体是指利用视觉、语言、语音等方面的技术,对教育平台上的资源和数据进行分析和分类,以便根据老年人的特点与现有教学资源,制订个性化教学方案。首先,这是一种可以满足老年人学习需求的教育方式,要求教师在整体把握学情与现有教育资源的基础上,对相关教育资源加以整理,帮助老年人快速获取有用的信息。其次,教师要关心老年人、耐心了解老年人的学习需求,以老年人为主体创建一个和谐、平等的交流空间,从而通过老年教育给予老年人更多关怀,使其充分享受"陪护型智能养老"带来的良好体验。比如,针对空巢老人的情感需求、社交需求以及学习需求,融入远程陪伴 VR 技术,打造集人文关怀、教育于一体的"陪护型"教育模式;通过智能教育为老年人提供个性化教育内容定制服务,促进老年人学习、生活质量的进一步提升。

（三）以智能化技术破解教学手段单一化问题

教学手段是师生之间互动的媒介或设备，具有鲜明的时代性。伴随着智能时代的到来，基于智能化、现代化的教学手段的使用理应成为提高老年教育质量、满足老年人发展需求的重要一环。智能化技术应用于老年教育教学，为老年教育的健康、持续发展带来了新的机遇。其一，依托人工智能技术优势搭建智能教室或课堂，将大数据、互联网、智能穿戴设备、全息成像等技术有机融入课堂教学，贯通智能课堂教学的各个子系统，突破传统教学时空限制，为行动不便的老年人的弹性学习和空间流动提供强大支撑，实现老年教育向普惠化、智能化、现代化的转变。其二，利用虚拟技术为老年人营造智能的、仿真的、动态的、多维的立体化教学情境，更直观、更全面地呈现知识，增强课堂的趣味性，淡化知识的枯燥性，强化老年人学习的代入感。换言之，利用"AI＋线下"双结合的智能手段，可满足老年人多样化的发展需求。通过智能化、情景化、生动化等现代化教学手段的综合应用，可有效提升老年教学质量，进而更好地调动老年人的学习热情。

187

第 八 章

变化发展与质量效益

变革老年教育发展方式,按"新资源观"认识和整合老年教育资源,老年教育的组织、课程、师资、场地、经费等资源得以活化与增殖。目前临平区和余杭区老年学习共同体与老年学校教育相得益彰,形成了老年教育一体两翼的发展格局。

　　社区共学养老在提高老年人学习活动的参与率与满意度、学习力与幸福力以及社区归属感与人生幸福感方面具有独特的重要作用。实践表明,社区共学养老有力促进了老年教育质量的明显提升,也昭示着未来社区必将是共学养老的社区。

第一节　老年教育资源得到活化与增殖

"活化"又称激发,是指粒子如原子或离子,从外界获得足够能量后,其电子由较低的基态能级跃迁到较高能级的过程。活化也常指某一物质从无活性状态转变为具有活性状态的过程。例如金属催化剂的活化,即为从其氧化物状态转变为金属状态的过程,其中也包括生物细胞在休眠后进入重新生长状态,生物孢子在适宜的生长环境中再次繁殖等。

如果活化不成,其原因是什么?可能是能量值没有达到临界值,或者是没有满足活化的所有条件。这时需要怎么解决呢?就是添加催化剂,或者直接达到应有条件要求等。"老年教育"有类似的情况,发展老年教育的部分基础条件欠缺,也没有得到足够的重视,未能达到发展的临界值,如管理部门的缺位与人员职责不清等,或没有满足其他活化的条件,如资金、场地等。现在我们要做的就是让这些资源得以活化,并发挥其作用。

老年教育通过30多年的发展,参与老年学习从最初是机关干部的"专利"向现在社区、农村的老年人想参加就有机会参加的转变,这跟老年教育资源在盘活的基础上得以充分地整合是分不开的。我们可以从老年教育的组织主体、老年教育的课程资源及老年教育的师资、场地、经费等几个方面进行分析。

一、老年教育的组织得以活化与增殖

老年教育的组织管理过去问题较多,既没有专门的教育协调机构,各管理部门职责也不明晰。几年来,老年教育的组织从最初的仅由老干部局管理退休干部的老年教育,到由教育系统(部门)牵头、其他部门各司其职的转变,从事老年教育的组织部门在不断扩大,主要体现在"三个延伸"。

(一)从市老干部局主办向县市区老龄系统参与延伸

我国的老年教育从20世纪80年代起步,最初只是机关干部的"专项福利"。杭州市的老年教育发展与其他地区大致也相似,1985年杭州市老年大学应运而生,成为当时浙江省的第一所老年大学,并且以线下班级教学为主。2000年初,各地县市区级老龄委及乡镇、街道老龄办从丰富老年人的晚年生活角度参与老年教育的组织,老年教育除了线下教学以外,还有了老年广播电视

大学。2003年前后乡镇成人文化技术学校参与老年教育,从开始为乡镇老龄办的老年广播电视大学提供场地,逐步发展到为农村、社区的老年人开办线下班,使兴趣相投的老年人走到一起,以教学、沙龙、活动等多种形式使老年教育得到快速发展。

(二)从县市区级为主向三级网络延伸

老年教育刚开始是以区、市级的老干部局主办的老年大学为主,随着需求的扩大,后来延伸到各乡镇(街道)的成人文化技术学校,并逐步向各村的村民学校、社区的市民学校拓展。形成了"区(县、市)—乡镇(街道)—村(社区)"三级老年教育网络,实现了老年教育由城市向农村的发展,使农村老年人也得到了精神需求的满足。

(三)从传统的老年教育向社区老年教育延伸

传统的老年教育指的是老年大学、退休干部大学、社区大学及分布在城市各区、县社区学院、各街道(乡镇)的社区教育指导中心、社会团体、企事业单位主办的老年大学等各社会机构办学。

社区老年教育,继承发扬了传统的老年学校教育优势,摒弃了传统的老年学校教育的劣势,在我国人口老龄化急剧发展的过程中,以社区(村)为依托,推进社区老年教育,探索在社区内支持和激励自发组织的老年教育,办好家门口的老年教育,成为提高老年教育参与率、满意率的基本策略和发展走向。近年来,临平区和余杭区重点开展社区老年教育的研究,探索和推进社区共学养老。

培育发展各类民间自主学习团队,推广社区学习团队"抱团"学习形式——社区老年学习共同体,深受老年人的喜爱,它是老年人喜闻乐见、行之有效的现代自发组织的老年教育的一种组织形式。和老年学校教育相比,它更多地体现了自上而下的设计型的老年教育[1],向老年人自主自发的团队学习位移,有利于发挥老年人自主学习的主体性、自觉性、能动性,更能体现社区老年教育的本质特点和学习优势。

"未来社区"是新时代的重大命题,旨在改善当下陌生疏离的人居环境,建立守望相助的邻里关系,最终建成幸福社区。"社区共学养老,是生活在社区的老年人,为了生命成长和生活质量的提高,自觉、自愿在社区学习共同体中互爱

---

① 汪国新,项秉健. 社区教育的根本性变革:从设计型到生长型的转变[J]. 教育发展研究,2019(9).

互信、相助相伴、共学共乐,更加健康积极、优雅、有尊严地享受生命过程。其实质在于老年人的自主发展与生命成长,更好实现人的生命性价值。"[1]从老年教育层面剖析"幸福社区",那么,未来社区必将是共学养老社区。[2] 临平区和余杭区老年学习共同体的自主学习与老年学校班级授课式学习相得益彰,形成了老年教育一体两翼的发展格局。

二、老年教育的课程得以活化与增殖

当下的老年教育课程内容丰富:从政治经济、社会文化到日常生活、健康养生,从花草虫鱼到文房四宝,上至天文,下至地理,从瑜伽到武术,从音乐、美术到品茶论道,每一样均可成为老年教育的优质课程,受到老年人的欢迎。

传统的学校老年教育课程原先以政治理论学习、健身休闲、文化娱乐为主,办学 40 年多来,特别是近几年,在开设书法、国画、国学等传统课程之外,还开设了老年学员喜闻乐见、时尚简约的专业课程,同样引起了当代老年人的浓厚兴趣,也使他们在学习的过程中,深感与时代同步、紧跟时尚节奏的快慰。如余杭区面向老年人开展老年人智能技术日常应用普及教育培训,帮助老年人攻克"数字鸿沟","数字鸿沟"的突破是老年教育的最大变革,卓有成效。

（一）现代社区老年教育课程的特征与优势

社区老年教育课程丰富多元、形式灵活多样、人员异质互补,极大地满足了老年人的多样化、个性化、品质化的学习需求。只要老年人有需求,教学课程就可以短时间内在老年课堂上呈现,并充分满足老年人的需要。

可以说,目前任何一种类型的教育都没有像社区老年教育这样,教育的课程呈现如此的丰富性和多样性特点;任何一种类型的教育都没有像社区老年教育的课程这样,以健身休闲文化娱乐的内容为主,呈现纯粹的非功利性特点。其教育课程的安排,完全根据老年人的需求与需要设置,并充分满足老年人的各种需要。

（二）老年教育的课程的活化与增殖

临平区和余杭区在整合课程资源的基础上,建立老年教育课程资源库。专

---

①　汪国新,郭晓珍.社区共学养老的实践创新[J].高等继续教育学报,2018,31(5).

②　王淑淇.社区共学养老的新探索与新发展——第三届全国社区共学养老专题研讨会综述[J].高等继续教育学报,2020,33(6).

门设计《老年人学习需求调查表》，对临平周边的几个街道以调查问卷形式了解老年人学习需求，根据实际需求订单式制定教育课程。开设的主要课程有时政教育类、体育艺术类、健康养生类、日常生活类、助力共富类、沙龙活动类、文化特色类等7类课程，既有课堂教育也有社交活动，既有线下交流也有线上分享，既有固定长期班也有综合短期班，并分别设立入门班、提升班，让老年人有更多选择。

在举办各类型短期班或长期班的同时，为了更好地满足老年人的学习需要，重视营造温馨舒适的共同学习氛围，让老年人在共学共享中提升归属感。自2011年开始，余杭区一直积极开展社区学习共同体评选活动。目前，学习共同体培育与发展已颇有成效，而学习共同体成员一半以上都是老年人。社区学习共同体已成为实施老年教育的良好载体。

目前，余杭区内以老年人为主的学习共同体有600个，参加学习共同体活动的老年人数约为3万，占全区老年人口总数的15%。老年人自发组织的学习共同体主要包括文化艺术、生活休闲、健康娱乐、公民公益、科学技术五大类。其中，健康娱乐类学习共同体占比达44.91%，包括太极拳队、门球队、排舞队等；公民公益类学习共同体占22.68%，主要指老年服务队、党员服务站、和事佬协会等；文化艺术类学习共同体占20.37%，包括戏迷票友、书画学习共同体、合唱团等；生活休闲类学习共同体占11.11%，包括象棋队、摄影学习共同体、手工编织学习共同体等；科学技术类学习共同体所占比例最小，仅为0.93%，主要面向少数仍在务农谋生的老年人，学习内容主要是瓜果、竹笋、稻米、甲鱼、虾类等种养殖技术。

在各类老年学习共同体中，目前有近一半已发展成为较为成熟的社区学习共同体。社区学习共同体以其"自主与平等、互助与共享、开放与灵活、草根与普及"的特点，充分尊重与激发老年学习者的主体性，创新了基层社区老年教育形式。以社区学院为代表的社区教育机构，建立和健全老年学习共同体的培育激励机制，以争创区、市级示范性学习共同体为目标，多举措、多维度助推区域"共学养老"进程。文化艺术、生活休闲、健康娱乐、公民公益、科学技术五大类学习共同体的鲜活生动的各种活动构成了老年教育新的课程类型，从消耗资源型的课程过渡到自带资源型的课程，实现了老年教育课程的重大变革，老年教育课程在老年学习共同体活动的过程中得到活化与增殖。

三、老年教育师资和场地资源得以活化与增殖

资源整合是指对不同来源、不同层次、不同结构、不同内容的资源进行识别

与选择、汲取与配置、激活与有机融合,以获得资源整体效用的最大化。"整"为整理、整顿,"合"为合成、组合,整合的资源包括政策、信息、人力、物力、财力等。老年教育作为一种社会教育,不是一个部门能够做好的,需要多部门通力合作才能做好。

老年教育资源在配置与供给方面仍然存有明显短板,教育资源的总体稀缺与散乱是面临的两大难题。在很多地区,老年教育中心场地小、资源少,一些地区因经费紧张甚至出现老年教育被迫终止等现象。

而社区老年教育是基于社区的养老,基础在社区,资源就在身边。这一养老方式,基于社区实际和老年人现实生活,学习与生活融为一体,学习的过程就是目的。政府及相关机构,要看到老年人是学习者,也是学习资源的主要提供者,所作的主要工作是在资源方与需求方之间,建立起沟通的桥梁。同时,要为共同学习提供必要的空间与设施。与机构养老比,仅从物质层面看,这也是最实惠的养老①。

余杭区近几年对社区老年教育资源的整合进行了积极探索,初步实现了"两整合一机制"。

(一)老年教育师资整合利用

社区老年教育相对于传统的老年教育的师资的含义更显宽泛,其外延更宽更广,从"一学师""一技师"到某领域的专家学者,从行业能人巧匠到劳模乡贤,从民间奇人到名不见经传的匠人,都有可能成为当代老年教育的教育者。学员之间互为教师,这也印证了孔子的名言:"三人行,必有我师焉;择其善者而从之,其不善者而改之。"

1.合建师资库,整合区域老年教育资源

老年教育师资建设水平是开展老年教育的一个非常关键的因素,没有数量充足、专业多样的师资资源很难适应多元的老年教育需求。为此,余杭区为了解决兼职教师与外聘教师选聘问题,兼职教师以本区或本镇的人员为主,如镇、街道层面以镇街社会事务办、镇街政府有关领导、镇卫生院及有关部门人员为主,形势教育、生活常识教育及日常保健知识可通过他们进行。区级层面由区社区学院或区老年大学出面,吸引全区各机关、部门及医疗机构有一定特长的人员作为老年教育的兼职教师,为本区域的老年教育随时提供师资支持。目前

---

① 汪国新.社区共学养老:特征、意义与实施策略[J].中国成人教育,2018(17).

余杭区兼职教师队伍为推动老年教育发展提供了智力支持。社区学院牵头建立了相应的师资队伍,将区域内有关高校、区级有关医院的专家医师及有关部门的老年教育专家志愿者组织起来,根据各人的特长落实专题、内容,列出菜单,各老年教育的办学点可根据他们的需求在菜单中点单,并可根据师资库的信息,及时聘请有关教师。

整合教师资源,建立老年教育师资库。不仅将教育系统社区教育师资、卫健系统老年健康讲师团等进行优化整合,同时通过区、镇街两级向各单位、各部门征集有能力、有意愿的专家学者、技术能手、能人贤士以及社会组织、各类学习共同体中有特长的教师等建立老年教育人才师资库,并将以上教师信息按照授课内容进行专项分类,然后上传至"云上老年大学"平台,供全区各级老年教育学校按需选择,统一调配,实现师资共享。

2. 发挥专长,吸引有特长的老年人作为教师

对本区域内有一技之长的传统民俗文化传承人、贤达人士等,或是人生阅历比较丰富、处理某些工作能力比较强、家教比较成功的老人,都发挥其特长,现身说法开展教育工作,每个人的人生经历都是一本珍贵的乡土教材。所以这些年区内各成校都会充分挖掘学校周边的本土老年教育资源,为促进老年教育的发展、提升老年教育的适应性做了大量工作,就临平街道而言,吸收的有特长的老年人就有民间铁艺画艺人历柏海、余杭滚灯艺人汪妙林、健身气功教练沈发兴、书法教师洪顺龙、曹伟田等特殊人才,为满足当地老年人的学习需求、促进民俗文化的传承与发展发挥了积极作用。

3. 成员即资源,互为教师和学员

老年人是老年教育的最丰富的资源。退出职场的老年人回到社区,他们的"老有所学"和"老有所为"常常是一体的,他们在分享个人经验智慧的同时,实现了自身的价值。对他们来说,分享就是"学",也是"为"。

成员间互教互学,互为师生,成员本身的经验素养就是资源,成员之间的共同学习不断生成新的资源。"成员即资源"的资源观,化解了社区老年教育和社会养老的资源困境。[①]另一方面,有的老年学员拥有一定的社会威望、丰富的社会资源,也是老年教育最得力的资源。

4. 老年教育工作者队伍质量得到提高

随着我国老龄化的快速增长,各级政府对老年教育越来越重视,为了改变

---

① 汪国新,郭晓珍.社区共学养老的实践创新[J].高等继续教育学报,2018,31(5).

老年人的休闲方式、提高老年人的晚年生活质量,各成校与社区学院、社区教育指导中心也都把老年教育作为学校的重要服务对象,不仅服务内容、形式越来越丰富,每所学校基本上都配备了专门负责老年教育的管理人员,省区市各级行政部门及业务部门也加快了老年教育师资管理班的培训,使区内各校老年教育师资队伍从兼职走向了专职。目前余杭区和临平区有专职老年教育师资约有 30 人。

现在各成校和职业院校,专职老年教育服务人员在增加,同时还重视老年服务行业人员的教育,以提高服务老年人的技能与能力。老年教育的服务队伍不仅限于成校、社区学院,各职业院校也都参与了进来。老年教育不仅各类学校在进行,现在从事老年教育的人员也越来越多。如医护人员教育老年人如何防病、治病;健康营养师教育老年人如何科学饮食;健身师引导老年如何健体强身等。

社区老年教育是社区教育和老年教育的结合体,既是老年教育也是社区教育不可分割、不可替代的组成部分,是构建终身教育体系、建设学习型社会的重要支撑和基础。如果忽视或漠视社区老年教育,要使老年教育成为一项广覆盖、普惠性的教育事业,就是一句空话,一座空中楼阁。

（二）老年教育场地资源得以整合

场地是基于社区的老年教育最重要的外部条件和资源。通过多种渠道和途径,发现、挖掘和利用现有场地资源,建设新的学习空间,余杭区的老年教育的活动场所、设施有了较大改善。主要呈现了"四个走向"。

1. 场地资源从单一走向多元

我国老年教育起步阶段场地以老干部办的老年大学为主,资源比较单一,经过多年的发展,已形成多元态势。一是由政府提供的。政府提供的除老年大学外,教育系统各成校、社区学院都成为老年教育的主要场所,而且不少成校现在的"主业"都是老年教育了。二是由社会组织提供的。如有些老年人比较集中的养老机构,除了照顾老年人的生活起居之外,为丰富老年人生活、方便老年人学习,专门建立老年人学习室、活动室,并借助各方力量,将老年教育的专家或有特长的人员请进机构,引导老年人学习。三是由个人提供的。如因志趣相投共同形成的学习共同体,在人数不多情况下,出于方便就会选择在其中某一家庭或某个茶室中进行。

2. 场地资源从中心走向基层

老年教育空间资源仅仅依托老年大学或市级社区大学和区级社区学院是远远不能满足老年人学习需求的。现在城市的社区尽力为老年人学习提供空间,相比于城市,在农村由乡镇街道党群服务中心、社区教育指导中心、农村文化礼堂等提供的学习空间和活动场所,是更为充裕的。这些场所同时配备较为完善的教学设施,如多媒体教室、实训室、体验室以及与教育活动相匹配的教育设施,如烘焙箱、烤箱、茶道用的茶具,花木剪枝用的剪刀,中式烹饪、中西点心课程用的灶具炊具等,这都为老年教育的顺利开展提供了基本的设施。

3. 场地资源从城镇走向社区

让老年人来镇街道的老年学校来学习,既不方便也不安全,所以各老年学校都纷纷送教进村、进社区,把老年教育点向各村、社区农村文化礼堂(文化家园)及有关共同体学习之家延伸,为余杭区的老年人在乐学过程中的"离开家门是校门、出了校门进家门"奠定了基础。

村、社区中的学习点包括公共活动中心、公共活动场地、家庭学习点等。现在余杭区有很多村、社区规模都比较大,尤其是村,是由3—5个过去的小行政村合并而成,常住人口上万或几万,老年人也是成百上千。老年人可以借助于各社区、村的农村文化礼堂或各自然村的老年活动中心,以方便他们就近参与,利于扩大参与面,提高服务实效。对于有些娱乐性、保健性的活动,如老年操、晨舞等就可以利用各个运动场、公园等较为开阔的空旷场地进行。参与人员可以自由组合、就近组合,时间上也可以自行安排,可以是早晨,也可以是傍晚。这使比较宽松自由,没有压力。而对于有些参与面比较小、志趣相投型的活动,就可以以学习共同体的形式,把点位设置在家庭式的学习点,从而更好地满足不同老年人的学习活动需求。

4. 场地资源从课堂走向学堂

老年教育是以老年人为对象的教育。实施老年教育必须努力适应老年人学习的特点。传统的老年学校教育指的是老年大学、退休干部大学、社区大学及分布在城市各区、县(市)社区学院等政府主办的机构所开展的老年教育。老年教育发展不平衡、不充分,资源分配差异大,老年人社会参与力不足,"入学难""一座难求"成了老年大学的普遍现象,未能解决老年人口快速增长所带来的社会老龄化的问题。

由于老年人参与学习很大程度上是自发的,由兴趣驱动,喜欢循序渐进地学习,对学习速度和进度的要求不高,更多地为了享受学习过程。为此组织形式也从过去常规的课堂讲授转向了课堂讲授与参观、实习、体验等多种学习方式相结合。既提高了老年人的学习积极性，又适应了老年人的需求，便于他们自主学习。

余杭区老年教育则以文化礼堂为抓手，发展农村老年教育，从课堂走向了学堂，推动"文化养老"。余杭区内包含大量农村社区，几乎村村都建立了文化礼堂。作为村民的精神家园，文化礼堂已成为广大村民休闲、健身、培训、娱乐、学习的好地方，其中便聚集了大量农村老年人口。余杭区目前有近 150 个达标的农村文化礼堂，平均每个村社文化礼堂的室内活动面积约 536 平方米，室外活动面积约 1525 平方米。拥有 2.3 个配套活动室，建有图书室（平均面积为 105 平方米，藏书 2942 册），每个文化礼堂平均配有 2.1 个专兼职管理人员。值得一提的是：全区文化礼堂已开展诸多丰富多彩的老年文体、保健养生讲座及娱乐休闲等活动，针对老年人口的活动频次已达 437 人次/月，可见已有相当一部分农村老人把文化礼堂当作养老和休闲活动的好去处。

在整合文化礼堂、文化家园、老年活动中心、居家养老照料中心、老年食堂等场所的基础上建立老年学堂。村社老年学堂负责本村社老年人群的各类教育活动，是老年教育的主阵地。如临平街道梅堰社区、东湖街道海珀社区整合邻里中心为老年学堂；运河街道费庄村整合文化礼堂为老年学堂；星桥街道香榭社区整合老年活动中心为老年学堂等。全区已建成村社老年学堂 48 所，覆盖率达 26％，到 2023 年底，临平区实现村社老年学堂全覆盖。

（三）建立老年教育经费多元投入机制

重视老年教育工作的经费保障，加大经费投入力度，合理安排老年教育专项经费，支持推进老年人学习场所的文化建设和教师队伍建设，提升其教学场所和设施的现代化和规范化水平。

1.政府有投入

《杭州市教育改革发展"十四五"规划》（杭教〔2021〕2 号），对老年教育发展与投入有一定要求。要求各级机关、社会团体、企事业单位、公民个人都应当关心、支持老年教育事业。明确市、区有关部门如老龄委、教育局及乡镇、街道，应当是老年教育发展投入的主体。老年教育服务工作应当纳入本行政区社会和教育发展计划。

余杭区街镇老年教育领导小组落实老年教育活动经费，通过街镇出台相关文件，把街镇老龄委、街镇党群服务中心（文体中心）、街镇教卫办、街镇农业公共服务中心、街镇科协、街镇社区教育指导中心等各部门的有关经费统一调配使用,提高了资金的利用率。各乡镇(街道)把老年教育活动经费列入街镇年度预算,保障老年教育活动经费的正常开支。

2. 企业、社会组织有支持

社会上爱心企业、爱心人士还是不少的,每年的各种传统节日、老年节都有爱心企业为敬老院、高龄老人送去温暖,这充分说明这些爱心人士对老年人的关爱。单位应当充分利用广播、电视、报纸、互联网等积极开展多种形式的老年人教育服务宣传,鼓励非政府组织和个人举办各类老年学校或者其他形式的老年教育服务活动,使老年教育服务真正得到社会各界的关注与关爱。同时利用宣传,鼓励各企业、社会团体等非政府组织和个人积极为老年教育服务献计献策、出钱出力,从而使老年教育事业能进一步发展,有一个稳定的支持系统。

3. 重点项目有弥补

部分热门专业、提升老年人生活品质类的有关项目,其专业开设成本比较高,同时老年人参与比较积极,可以根据老年教育有关规定及各地老年人的经济条件收取适当的教育成本或资料成本等费用,以解决部分老年教育服务经费不足的问题。

重视示范学习共同体奖励经费的落实。余杭区对老年学习共同体奖励经费高度重视,凡是被评为市级或区级的示范学习共同体都给予一定的物质和精神奖励。如五常街道成人文化技术学校,对示范学习共同体奖励 6000 元,对其他学习共同体奖励 3000 元,用于这些学习共同体聘请专业教师开展学习活动的劳务费。

第二节　老年教育质量和效益初步显现

一个区域老年教育质量如何,可以通过老年人主动参与学习的热情和持续参与学习的兴趣得到体现。老年人学习活动的参与率与满意度、学习力与幸福力的提高以及社区归属感与人生幸福感、社会效能与社区治理等方面的增强,可以突显老年教育质量的明显提升。

一、参与率与满意度显著提高

陈旧的老年教育思维和做法,无法解决老年人的教育和学习的问题,满足老年教育的基本条件和提供充足的学习资源,供需矛盾巨大。在老龄化快速到来的今天,在全面建成小康社会的背景下,老年人学习的需求旺盛,余杭区老年学习共同体与老年学校教育培训相得益彰,形成了老年教育一体两翼的发展格局,从而提高了老年人学习的参与率与满意度。

余杭区 2019 年确定了本区老年教育的重要载体是基于社区学习共同体的老年教育,即社区共学养老。杭州市人民政府出台的《关于加快发展老年教育的实施意见》(杭政办函〔2022〕1 号)"以老年人幸福指数提升为宗旨","助推未来学养社区建设"。明确提出要突出社区学养重点,实施"共学养老建设工程"。为促进我区老年教育高质量发展,为了更全面地了解本区老年群体的共学养老学习需求,精准把握老年人社区共学养老的价值取向与需求差异,为"十四五"期间更好地开展老年教育提供科学的决策依据和参考。项目组编制调查问卷,通过本院和成人文化技术学校发放电子调查问卷,经审核,项目组最终获得有效样本量 1800 个。对学习需求等核心数据进行分析,在分析的基础上得出本次调查的基本结论。

(一)学习需求和满意度调查结果及分析

1.学习形式需求及分析

关于学习形式的偏好。对于学习形式的偏好,课题组从年龄、文化程度、收入情况和身体状况等四个维度提出问题。从调查的结果看,团队学习、共同学习是老年人普遍喜欢的学习形式。临平区老年人自认为最适合自己的学习形式是参加社区学习共同体学习,其次是传统课堂式、网络电视式、休闲参观式。不喜欢个别辅导式是普遍现象,不同年龄段的老年人,几乎有相同的感受,这可能也是读者感到意外的。

年龄。从年龄上看,50—59 岁年龄段的老年人,和其他年龄段的人一样,最倾向于学习共同体形式的学习,最不喜欢个别辅导式的学习,在不太喜欢传统课堂形式学习方面,比其他年龄段更突出一些。见图 8-1。

文化程度。从文化程度的层面看,老年人学历与学习热情呈正相关,学历越高,各种学习形式的学习活动热情都越高。(见表 8-1)

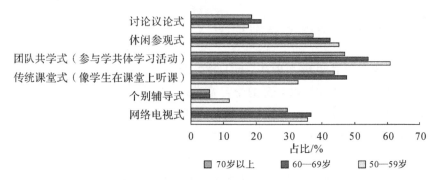

图 8-1 不同年龄段老年人的学习形式需求

注:本题为多选题,各项统计之和可能超过100%。

表 8-1　不同学历老年人的学习形式需求占比

学历	网络电视式	个别辅导式	传统课堂式	团队共学式	休闲参观式	讨论议论式
小学及以下	37.14%	3.81%	30.48%	42.86%	43.81%	9.52%
中学	30.99%	8.35%	40.00%	54.07%	41.32%	16.70%
大学及以上	45.19%	9.62%	51.46%	67.36%	45.61%	30.13%

注:本题为多选题,各项统计之和可能超过100%。

(3)收入情况。从收入情况看,老年人收入与学习热情呈正相关,收入越高,无论是学习形式还是学习活动人数比例都是越高。其中月薪在5000元以上的人群对社区学习共同体这一形式的喜好达到71.95%,其次是传统课堂,而对其他学习形式喜爱度较低。见图8-2。

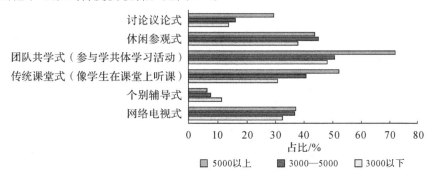

图 8-2　不同收入老年人的学习形式需求

注:本题为多选题,各项统计之和可能超过100%。

(4)身体状况。从受访老人的身体状况看,身体状况良好与否不影响老人学习兴趣,在身体允许的情况下,即便是身体状况欠佳的老年人也首选在社区居委学习点参加学习活动。

2.学习目的与知识需求结果与分析

关于学习目的。临平区老年人的学习目的主要集中在满足兴趣爱好、追求健康长寿两个方面。

(1)从性别上看,女性较男性对健康保健知识需求强烈,而男性较女性在为了提高人文素养而学习文学、哲学的人数比例更高。见表8-2。

表8-2　不同性别老年人的学习目的

性别	学习形式				
	学习文化艺术,满足兴趣爱好	学习健康知识,追求健康长寿	学习生活技能,满足日常需要	学习文学哲学,提高人文修养	发展经验特长,为社会作贡献
男性	78.30%	61.32%	47.64%	40.09%	33.49%
女性	77.17%	71.38%	50.60%	32.71%	32.20%

注:本题为多选题,各项统计之和可能超过100%。

从年龄上看,50—59岁年龄段的老年人有半数以上对学习生活技能有需要。而其他年龄段,年龄增加与对学习生活技能有需要的人数成反比。

从学历和身体状况看。学历和身体状况与老年人对各类不同的学习需求呈正相关。

关于生活爱好。

(1)从性别角度看,男性老年人的前三大爱好依次是读书看报、旅游度假、聊天交友;女性老年人的前三大依次是旅游度假、音乐舞蹈、体育保健。

(2)从年龄段看,最喜欢聊天交友的是60—69岁年龄段老年人,最不喜欢读书看报的是50—59岁年龄段老年人,最喜欢体育保健的是50—59岁年龄段老年人。50—59岁年龄段,60—69岁年龄段老年人相较其他年龄段更喜欢旅游度假。

(3)从身体状况上看,对旅游度假知识感兴趣的是身体状况不好的老年人,这部分人群占比达到64.71%,而对健康保健最不感兴趣的也是身体状况不好的这些老年人,对健康保健感兴趣的占比仅为29.41%,身体状况好的老年人对健康保健感兴趣的占51.55%。

(4)从收入状况上看,收入高低与聊天交友、读书看报、旅游度假、体育保健、书画艺术、投资理财的兴趣度呈正相关,而与棋牌娱乐和逛街购物的兴趣度呈负相关。

关于知识需求。临平区老年人对保健锻炼知识需求最高,其次是实用生活技能和文化旅游,需求度最低的是外语。对时事政治知识的需求,男性比女性高很多。

(1)从性别上看,男性老年人比女性老人更关注时事政治知识,女性老年人则比男性老年人更关注生活常识和保健锻炼知识。

(2)从年龄上看,随着年龄的增长,老年人对各学习知识的关注度都降低了,唯独对时事政治知识的需求增加了。

(3)学历和收入与老年人对各学习知识的关注度呈明显的正相关。

关于学习环境需求。

(1)环境期望。临平区老年人认为最理想的学习环境是有朋友聚在一起交流生活经验,其次是能组织外出参观,体验社会发展和静心阅读修身养性,最不喜欢的是年轻时代的传统课堂教育。其中文化水平在小学及以下的老年人对网络电子设备学习和读本的学习最为排斥,其接受度仅为25.71%,而中学文化水平的老人接受度达32.53%,大学及以上文化水平的老人接受度达50.63%。

(2)地点需求。临平区老年人最喜欢的学习地点是在自己家里,其次是社区文化中心。由此可见,就近、便捷的学习场所是最受老年人欢迎的。从性别的角度看,男性更喜欢在家里学习,或去各类文化设施、老年学校学习,女性则更喜欢社区文化中心或者去学校、各类文化场所学习。

关于学习时段需求。临平区老年人的学习时间比较自由,其中晚饭后的时间在各类群体中是最受欢迎的时间。

(1)从性别上看,男性学习时间更自由,周末也较女性学习时间多,而女性在工作日的各个时间段比男性学习时间多。

(2)从年龄上看,60—69岁年龄段组的学习时间最自由,60.61%随时可以学习。70岁以上年龄段的老年人有58.33%随时可以学习,50—59岁年龄段的老年人有46.31%随时可以学习。60—69岁年龄段的老年人更倾向在工作日上午或下午学习。

(3)从不同学历看,学历越高,学习时间越不自由,但是愿意投入学习的时间段更多。

3.网络学习需求分析

关于网络学习条件。从采集数据来看,在技能上,临平区对电子设备的使用基本无障碍,基本会用的人数达84.75%,达到使用精通的人数达14.25%。

完全不懂的只有 3.88%。说明通过网络开展学习的能力已经基本具备。其中对电子设备的熟练程度与老人的学历、收入呈正相关。文化水平在小学及以下的老年人对网络电子设备学习最为排斥。

关于网络平台了解程度。总体看,只有不到 20% 的老年人了解网上政府学习平台。男性使用网上政府学习平台比女性多。从平台类别上看,临平区老年人目前使用网络平台最多的是医疗服务(40.5%)和综合购物(51.25%),其次是旅游类网站(21.8%),对政府学习网站使用不多。

关于网络学习接受程度。在问及居民"若您行动受限,希望足不出户在家学习,您期望的做法是?",有 51.38% 的老人选择了"自学,独自想学什么就学什么,看书、读报、看电视,不希望有人打扰",从性别上,男性比女性的学习独立性更强,年龄、身体状况、收入与学习独立性呈正相关。

4.满意度

总体上,临平区老年人对老年人教育满意度较高,52.88% 的老人对老年人教育表示满意,44.38% 表示很满意,不满意的只有 2.74%。

在不满意的人群中,从性别、年龄、学历和收入上看,女性、80 岁以上高龄老人、高学历、高收入的人群占比偏高,分别是女性占 5.11%,80 岁以上高龄老人占 16.00%,大学及以上学历老年人占 8.37%,月收入 5000 元以上人占 8.54%。这说明目前的老年教育对这部分人群的照顾不够。

在主观题意见征求中,共收到建议 656 条,临平区老年人对老年教育需求和期望都很高,对学习内容、学习方式、教学手段、学习环境等方面提出了不少意见。老年教育是一项系统工作,如何为老年人提供更好的教育和更好的生活品质,不仅需要统筹规划,更需要具体落实。

(二)基本结论

通过问卷调查,结合个别典型案例访谈,分析得出如下主要结论:

1.社区共学养老是老年教育发展的重要载体

在六种学习形式中,老年人选择团队共学式(参与学习共同体学习活动)的比例高,不同年龄段的老年人,分别是 50—59 岁年龄段 60.74%,60—69 岁年龄段 54.21%,70 岁以上年龄段 53.63%。学习环境期望一题,与学习形式一题相印证,从总体上看,临平区老年人认为最理想的学习环境是有朋友聚在一起交流生活经验;其次是能组织外出参观,体验社会发展和静心阅读修身养性;最不喜欢的是年轻时代的传统课堂教育。月收入在 5000 元以上的人群,有高达

71.95%的人愿意参与社区共同学习,因为这些人相对来说有更多的自由支配的时间。这一结论可能与本次样本来源有一定关系,许多数据来自社区学习团队的成员,但仍然能说明问题。至少说明参与社区学习的老年人认可社区学习共同体的学习形式,他们对共学养老有共识、有需求、有期待。

2.年龄和性别对社区共学养老需求有较大影响

50—59岁年龄段的老年人对社区学习共同体的喜欢程度最高,而对传统的课堂教学形式认可度低。随着年龄的增大,老年人更愿意就近学习。基于社区学习共同体的学习,一般发生本社区或本小区,受到老年人的喜爱。

从性别上看,参与学习的人数,女性远高于男性。在学习地点偏好上,女性老年人较男性老年人更喜欢参与家庭之外的学习。在学习方式上,男性更喜欢讨论议论式的学习方式,女性则更喜欢休闲参观式的学习方式。在知识需求上,除了生活技能类知识生活常识,男性更喜欢时事政治知识,女性偏好音乐、舞蹈知识;在身体行动受限的情况下,老年男性最希望能够陪伴学习,而老年女性则更喜欢自学。

本区的老年教育群众满意度较高,但在"不满意"的人群中,女性、80岁以上高龄老人、学历较高、收入较高的人群占比偏高,说明这些老年人的学习愿望更强烈,学习需求更多样,今后的老年教育工作,需要更多地关注这一群体的需要。发展社区共学养老,这些人既是学习者,也是奉献智慧和学识的"师者"和志愿者。

3.网络学习成为老年人的新选择

网络已经成为不少老年人获取信息、开展学习的重要手段。新冠疫情使得许多面对面的交流学习变得困难,网络学习作为一种补充,部分满足了老年人的学习需求。网络学习的接受程度与老年人年龄成反比,低龄老人往往更能适应网络学习,文化水平在小学及以下的老年人对网络电子设备学习最为排斥,随着信息技术的快速发展,老年人跨越数字鸿沟的难度更大。

余杭区位于运河以东部分,是典型的江南水乡、鱼米之乡,是文学大师丰子恺笔下的"江南佳丽地"。老年人在生活基本保障得到满足的情况下,向往更丰富的精神生活。因此满足老年群体的多样化学习需求、提升老年人的生活品质,是促进社会和谐的必然要求,也是临平社区老年教育面临的重大课题。

(二)老年人对学习活动的满意度较高

社区老年教育是基于社区的成人教育,也是一种新的养老方式,其基础是社区,资源就在老年人的身边。这一养老方式,基于社区实际和老年人现实生活,学习与生活融为一体,学习的过程就是目的。学习发生在社区中,学习资源在社区。

1. 成员即资源,激发了老年人学习的兴趣

成员间互教互学,互为师生,成员本身的经验素养就是资源,成员可以调动自己的社会资源为学习共同体带来资源,成员之间的共同学习不断生成新的资源。另一方面,有的老年学员拥有一定的社会威望、丰富的社会资源,也是老年教育最得力的资源。

老年人是老年教育的最丰富的资源。学员之间互为教师。他们在分享个人经验智慧的同时,实现了自身的价值,从而激发了老年人学习的兴趣。

2. 教育课程的设置与使用,增加了老年人学习的兴趣

余杭区目前各老年大学所开设的课程都是经过调研,并根据老年人的实际需求而开设,其目标是让老年人觉得"学有所用、学有所乐、学有所为",所以能达到吸引他们的目的。

"学有所用",即所设置的学习内容是老年学员们想学的,符合老年人的生理、心理特点的,且学了以后在日常生活中是实实在在有用的,对他们的生活、健康是有帮助的。"学有所乐",即所开设的课程是符合老年人的身心健康要求的,是从丰富他们的生活、增加他们的乐趣角度进行设置的;因需施教、寓乐于教的教学原则,使他们学了以后觉得有所乐、有所趣。"学有所为",即所开设的课程是从改善他们的生活环境、提高他们的生活质量角度设计的;坚持颐养康乐与进取有为相结合的教学原则,让他们觉得学了以后能充实自己的生活,提高自己的素质修养。

3. 场地资源的优化与整合,提升了老年人学习的参与度

从当前临平区的老年教育活动的场地来看,较之早年有了更好的场所及更先进的设施,老年教育的活动场所、设施有了基本保证。

临平区场地资源从单一走向多元,从中心走向基层,从城镇走向社区,从课堂走向学堂。余杭区临平片的老年教育在整合文化礼堂、文化家园、老年活动中心、居家养老照料中心、老年食堂等场所的基础上建立老年学堂。场地资源的优化与整合,提升了老年人学习的参与度。

4. 老年人学习活动的满意度逐步提高

发放问卷 800 份,对临平区老年人日常学习活动问卷调查结果进行分析,

分析结果显示,老年人学习活动的满意度在逐步提高。

社区老年教育是基于社区的养老,学习发生在社区中,学习资源在社区。参与学习的老年人数逐年增加,师资、场地和课程资源的整合与优化激发了老年人学习的兴趣、乐趣,从而促进了老年人学习的参与度,提高了老年人学习的满意度。

二、学习力、幸福力明显提升

老年教育是培养老年人学习能力、生活能力的一个重要途径。现在的老年人即使原有文化程度较高,也不会故步自封,他们需要与时俱进。尤其是网络社会、新媒体时代,必须努力跟上信息化发展的步伐,需要不断学习和汲取新知识,才能更好地适应社会,满足自身需求。

(一)提高幸福指数倒逼老年人学习多种知识

传统的学校老年教育的学习内容以政治理论学习、健身休闲文化娱乐为主。近几年在开设书法、国画、国学等传统课程之外,还开设了老年学员喜闻乐见、时尚简约、文化娱乐相结合的专业课程。

社区共学养老的学习内容则更加丰富,主要涉及文化与艺术、生活与休闲、健康与娱乐、公民与公益、科学与技术五种类型,可以说,目前任何一种类型的教育都没有像社区老年教育这样,学习内容呈现如此的丰富性和多样性特点;任何一种类型的教育都没有像社区老年教育这样,以健身休闲、文化娱乐的内容为主,呈现纯粹的非功利性特点。其学习内容的安排,完全根据老年人的需求与需要设置,并充分满足老年人的各种需求与需要。社区共学养老的学习内容丰富多元、形式灵活多样、人员异质互补,极大地满足了老年人的多样化、个性化、品质化的学习需求。只要老年人有需求,学习内容就可以在很短时间内在老年课堂上呈现并充分满足老年人的需求。

社区共学养老有利于个体生命性价值的彰显和生活幸福力的提升终将成为时代共识。在未来,社区共学养老成为主流的社会养老模式,公共影响力和社会认可程度将会有显著的提升。"基于本质意志自主参加共同学习来实现生命成长、生活幸福的积极养老",逐渐成为老年人居家养老、颐养天年的首选,社会弱势群体有机会享受本真的学习带来的幸福快乐[①]。

---

① 汪国新,郭晓珍.社区共学养老的实践创新[J].高等继续教育学报,2018,31(5).

（二）科技发展倒逼老年人提升学习力

早前，"老年人冒雨缴纳社保被拒"，"95岁老人被银行举起进行人脸识别"等新闻频出，老年人如何更好地适应信息技术高速发展的社会这一问题被推到了风口浪尖。

国务院办公厅印发的《关于切实解决老年人运用智能技术困难实施方案》提出，开展老年人智能技术教育。将加强老年人运用智能技术的能力列为老年教育的重点内容，通过体验学习、尝试应用、经验交流、互助帮扶等，引导老年人了解新事物、体验新科技，积极融入智慧社会。

近几年余杭区科协高度重视，在余杭区推动老年人智能手机学习；各乡镇、学校在社区教育过程中为了满足老年人的学习兴趣，提升老年人的学习能力，一方面针对不同老年人群的不同需求，研发各类老年教育课程体系，利用老年教育三级网络，采取线上线下相结合的方式，帮助老年人提高运用智能技术的能力和水平。

比如余杭街道举办的打造智慧学堂，消除"数字鸿沟"智慧助老的典型教育培训项目，深受余杭街道老年人的喜爱。为了高质量实施该培训项目，余杭街道中心学校从方案设计入手，立足实际精心打造老年"智慧学堂"。在教学实施过程中，结合老年人的实际需求开展智慧助老培训，并与成教联盟携手合作，编印"智慧助老"适用教材。在项目管理环节，发挥志愿者作用，确保培训质量。

从实施效果来看，智慧学堂开办以来，学校共开展线下培训10余次，培训老年居民500余人次，还有更多的老年人从线上培训中受益。智慧学堂作为老年学堂建设的一部分，越来越受到老年学习者的喜爱，在智能技术运用方面，老年人遇到的任何疑问，都能在"智慧学堂"中得到解决。

学员何叶根："智能手机是我儿子给买的，拿到手里就会打个电话，其他好多功能不会用，参加了你们的培训，老师讲的大都学会了，没听懂的有你们志愿者或其他学员手把地教，操作几遍也学会了，感觉这个培训很好，每次我都要参加的，谢谢你们了！"

学员李伟萍："参加了智能手机培训，学会了微信面对面建群，能和要好的姐妹们发图片，还可以视频聊天呢。现在还能用手机网上预约挂号，比以前到医院才能挂号方便多了，大大节省了到医院看病的时间，这个培训太好了。"

学员的心里话，是对学校智慧助老工作的肯定，也让学校深深地体会到，办好"智慧学堂"，对于填补老年人的"数字鸿沟"非常有意义，这正是学校社区教育的价值体现。

(三)老年社区学习共同体提升老人幸福感

社区共学养老是基于每一位老年人的本质意志和共同的兴趣爱好,在分享交流和平等协商中共同学习,互相帮助、互为师生、彼此成就、于守望相助中感受生命的成长和自我的价值。学习不仅促进自身的成长,且以"老有所学"促成"老有所为",将所学奉献给社区和他人,获得感、幸福感、价值感油然而生①。

【案例】

79岁沈云华:因共同学习而宛若青春

临平片星桥街道香榭社区沈云华,今年79岁了,但她耳聪目明,腰板笔挺,容光焕发。她14岁进东风汽车公司下属的杭州轻型汽车厂,一直干到53岁退休。退休后的生活一下子从忙碌变得非常清闲,人胖了,血压高了,变得老态龙钟。于是沈阿姨开始了锻炼,登山、气排球、太极,每样都尝试。渐渐地她发现,太极拳更适合老年人。

2006年,沈阿姨家搬到了天都城。美丽的天都公园,成了沈阿姨每天早上报到的地方。沈阿姨的太极拳,一招一式,娴熟有范儿,吸引了很多人驻足围观,不少人上前搭讪,希望能跟着沈阿姨练习。沈阿姨满口答应:"只要你爱好,能坚持,我们就一起来锻炼。"于是,水到渠成,2007年沈阿姨组建了太极队,随后的几年队伍从起初的四五人发展到了60多人。一批批队员随子女搬迁退出队伍,又会有新的成员不断加入。一直到今天,沈阿姨每天早上坚持带大家晨练。除了本社区的,还有附近社区的居民,也纷纷慕名而来,加入沈阿姨的队伍。从2014年开始,沈阿姨带领的太极拳队多次参加省区市的比赛,共获得金牌59枚、银牌4枚、铜牌2枚。2014年,获国际体育局发给沈阿姨一级社会体育指导员证书;2016年沈阿姨取得中国武术6段;2017年沈阿姨被评为杭州市特级教练员;2020年沈阿姨被省武术协会任命为省二级陈式、杨式太极拳教练员。

你以为沈阿姨退休后就带了个太极拳队吗?远远不止呢!沈阿姨看到别人吹葫芦丝很有意思,学起来也还算简单,就想自学。人家说,电脑里有很多的教材教程,不会用电脑怎么办?这个根本难不倒好学又不怕吃苦的沈阿姨,没多久,沈阿姨就能熟练上网啦!沈阿姨在网络上下载教材,观看视频,开始自学

---

① 余锦霞.社区共学养老:推动老年教育高质量发展的新动能——第四届全国社区共学养老专题研讨会综述[J].高等继续教育学报,2022,35(4).

葫芦丝。没多久,就着手组建香榭社区葫芦丝队。没有专业的老师,就靠着百度搜索,沈阿姨居然能够拉起一支队伍,并且保持每周一次的集中活动。

2018年年底,沈阿姨又开始了新的学习共同体——合唱班的召集,每周二都能听到合唱班优美动听的声音。2021年,沈阿姨带领的柔力球学习共同体开始了!

79岁,宛若青春。最美星桥人沈阿姨,老当益壮,老有所学,老有所为,用自己的无私奉献为他人带去了快乐、健康。要是你们去星桥街道的香榭社区,就能看到以沈阿姨名字命名的"沈云华党员服务站",开展各种以群众体育为主要内容的服务活动,方便周边的居民群众交流学习。忙碌和充实照亮着沈阿姨退休的每一天,也照亮着她所带的四个学习共同体中的每一个人。

三、归属感、幸福感得到提高

老年教育质量如何,与老年人自主学习、关心社会、关注社区、积极参与社区各类活动有着诸多联系,主要表现在学习自主性的增加、文明素质的提升和社区归属感的增强。

(一)学习自主性的增加

"老年学习共同体",不仅是一个学习组织,更是基于这种学习组织的一种新的学习方式。它的培育是一个自下而上的过程,通过引导和培育,使原有的松散的社团发展为相对稳定、自主学习的以老年人为主体的学习共同体,并以草根的方式扎根于广袤的社区,其草根式的学习方式,激活了老年人学习、交流、互动的内在需求,找到一个学习和养老的最佳契合点,并常常以主人翁的姿态积极参与学习、活动,分享学习和活动给他们带来的乐趣,从而提高了老年人的学习兴趣与效果。

老年人主动的终身学习比供养更重要。亚里士多德认为:"幸福是终极的和自足的,它是行为的目的。"老年人自主的共学养老更能契合其内心的需求,激发内在情感的积极投入,这比供养更高效,也更能真正给老年人带来快乐。[①]

每个老年人都有自己个性化的学习需求,需要的是能将满足老年人自身个体学习需求作为终极目标的学习;同时,老年人有着区别于其他年龄段的"身心发展特点",需要的是能够适应这一独特发展阶段和身心特点的学习方式。而

---

① 汪国新,郭晓珍.社区共学养老的实践创新[J].高等继续教育学报,2018,31(5).

社区共学养老的学习真正将满足每个个体当下的学习需求作为发展宗旨和终极目标;同时,社区共学养老中独特的"共学"和"分享"是适应和符合人的天性的学习,是老年人体验学习快乐的源泉,这也是社区学习共同体的凝聚力所在①。

(二)文明素养的提升

社区共学养老,既激发了老年人的学习热情,又增强了老年人对学习行为的认同;同时通过学习,老年人对新时期社会经济发展的新要求也会更认同;促使他们将自身视为社会的重要成员,关心当地社会发展,不仅自身对遵守道德规范与社会文明建设提出了更高的要求,还积极参与文明城市的创建。

近几年余杭区在全国文明城市的创建过程中,参与五水共治、引导文明交通、垃圾分类等的志愿者大多数都是老年人。社区共学养老让这些老年人的幸福感有了显著提升,让他们更加乐观、开朗,其世界观、人生观、价值观更为积极向上。

(三)社区归属感的增强

社区共学养老是基于社区的养老,学习发生在社区中,学习资源在社区,学习者就是最重要的资源。② 这一养老方式,基于社区实际和老年人的现实生活,学习与生活融为一体,学习的过程就是生活的过程。社区性强调社区共学养老实践的地域性特征。资源就在身边、就在社区,因而成本更低,在实践中具有较大的操作性与可行性。

此外,社区共学养老是治愈"城市病"的良方之一。人的社会性决定了人的群体性,共同学习是人的本质需求。老年人共学互助,通过彼此之间面对面的交往沟通,排遣老年人的孤独感,重建呼吸与共的邻里乡愁,社区的归属感得到了增强。

【案例】

共学养老社区建设梅堰进行时

"老吾老,以及人之老",让社区老年人老有所养、老有所依、老有所乐、老有所为一直是梅堰社区追求的目标。梅堰社区有 3138 户,户籍老年人 1184 人,

---

① 余锦霞.社区共学养老:推动老年教育高质量发展的新动能——第四届全国社区共学养老专题研讨会综述[J].高等继续教育学报,2022,35(4).

② 汪国新,郭晓珍.社区共学养老的实践创新[J].高等继续教育学报,2018,31(5).

占人口 22.3%,其中百岁老人 3 人,80 周岁及以上老年人 131 人,人口偏老龄化,是较为典型的老旧社区。

近年来,在临平街道的关心指导下,以民生需求为导向,以省级未来社区创建为依托,聚焦"医、食、护、学、乐、为",积极推动老旧小区功能完善、空间挖潜和服务提升,打造共富示范、幸福共享、共学养老基地,不断完善多方位、全周期的养老服务体系,探索"物质+精神"共富的浙里康养模式,全力打造"幸福临街"养老服务品牌,让老年人的获得感、幸福感、满意度持续提升,为未来社区幸福颐养提供了生动的实践样板。

"五有"共学养老基地的建设与运作:

老有所学:全新打造的"市民客厅",建成家门口的老年学堂,成为社区共学养老的服务综合体。

结合梅堰老旧小区提升改造,同步筹划空间配套问题,升级软件硬件设施,配套了 2800 平方的梅堰邻里中心、社区卫生服务站和老年食堂,全天候开放,成为家门口"医食护学乐"一站式的社区服务综合体。

一是建立"1+X"老年教育联盟。整合资源打造老年教育联盟,1 个幸福学堂,X 个教育单位,引入社区学院、共建单位、社会组织等教学资源,开设时政教育、健康讲座、文化艺术等各类课程,形成党建引领、政府统筹、部门协作、社会参与、普惠共享的老年教育格局。

二是培育老年学习共同体。激发老年人的学习活力,社区骨干党员、退休老师(干部)建立了"临梅红"金秋驿站,组建多元化老年学习共同体,形成自我管理、自我服务的内生动力,培养了太极拳、二胡、瑜伽、声乐等 15 个老年兴趣达人小组,常年参与学习的人数多,学习热情高,成为社区老年人互助学习的核心载体,开启老年人共学养老的生活新模式。

三是办好银龄老年学堂。以"幸福临街"银龄系列品牌,打造多元特色梅堰未来银龄老年学堂。依托全区首批社区"家门口老年大学",开设了书画长期和综合课短期班;通过引入认知障碍友好使者团队,建立友谊角、开展分享会。链接社区双报到党组织和党员资源,推出涵盖党史学习教育、老年保健、反诈宣传等方面的点单式送课服务。聚焦"上塘宋韵"文化推广,与民间文艺家协会合作,引入故事大王及其团队,开讲历史文化、民间故事等,打造"宋韵学堂"。跨越"数字鸿沟",开辟了"梅好时光"抖音直播,以体验参与直播方式,搭建老年人交流展示的平台,吸引更多的老年人参与老年学堂的学习。

老有"快乐共餐":"智守护"助力老人快乐"共餐"。

以梅堰未来数字平台的基点,创新开发智慧助餐系统,以集中配送餐中心＋社区助餐点的模式,社区老年人可通过人脸识别、预约点餐等方式在线下单、"刷脸"吃饭,真正实现街道一卡通用、就近用餐,切实解决了吃饭难问题。截至目前共办理就餐卡3600余张,辐射了5个社区,日均就餐达500余人,其中梅堰社区已办理980人,占社区老年人的82.7%,解决了老年人吃饭的后顾之忧。

老有所医:依托医共体建设,创造就医便利条件。

以社区卫生服务站＋卫生服务中心＋区级综合医院的方式,实现服务融通、资源共享,构建"小病在中心,大病到总院,康复回社区"的医疗服务模式,配备全科医生、自动血压仪、远程就诊系统等,让老年人在家门口享受医疗服务,家庭责任医生健康签约,建立健康管理档案等等。

老有所护:形成"10分钟养老服务圈"。

对孤寡、独居、空巢老人进行全面摸排,形成独居老人清单,同步开展老年人自理能力筛查,对社区辖区内老年人逐一筛查,产生自理能力评估等级,形成关爱守护底册。整合街道社会工作站的资源,有效协同社工、社会组织、志愿服务、慈善救助等资源力量,明确关爱联系人,建立日常探访联系、异常情况预警、定期走访等机制,多渠道持续关注老人生活情况,全方位守护老年人安全。

探索"居家＋机构＋智慧养老"的新型养老模式,以邻里中心、集中配送餐中心、居家日间照料中心、社区卫生服务站为载体,开展医疗、助餐、精神文化、小事便民服务等日间照料服务。依托街道嵌入式小微机构养老模式,以预约方式进行日托或长期托。以智慧养老为补充,实施电子津贴高龄普惠,为老年人提供政府购买的居家养老上门服务,切实满足老年人个性化的服务需求。

探索了智能"云守护"模式。创新社区智慧养老服务综合平台,由三乐养老日常运营,建立辖区老年人数据库,为老人提供智能化、个性化服务,开设安心蔬菜(净菜)点、红烧菜预约订制,增设助农共富产品展示、社区便民超市,为老年人提供便捷的购物体验和物美价廉的商品,让老年人在家中通过平板电脑、手机小程序、拨打服务热线等方式,实现代买代购、远程守护、虎哥回收、小事维修等服务,探索常态化运营的新路径。

探索了居家养老"家守护"模式。开展家庭养老床位区级试点工作,通过"老年人家中安装智能平板电脑＋智慧养老平台线上监管＋医护人员定期上门服务"的方式,提供医养结合服务。依托平板电脑智能辅助设备,通过紧急情况老人"一键呼叫"模式,时时守护老年人安全。目前已有45位老年人享受家床照护服务,累计提供服务2850余次,形成"每日上门探访1次＋每2周医护人员探访服务1次＋每月服务30小时"的居家养老新模式。

老有所为：建立老有所为平台，助力社区治理。

鼓励具有专业知识、服务能力、热心公益的老年群体，投身于社区服务和基层治理工作。在老旧小区改造工程推进过程中，先后组织有威望的退休党员、乡贤等老年人加入"居民共建团""党员解忧室""加梯帮帮团"，全过程参与项目实施建设，集民意、化纠纷、督工程、促实效。协调化解电梯加装、停车位优化等民生实事难题，成功推进老旧小区百台电梯加装，开启了居民"一键直达"的幸福之路。建设群众身边的红十字"博爱家园"，打造精神共富，以身边人说身边事，以身边事感动周边人，博爱奉献红十字志愿精神在社区蔚然成风。

梅堰社区共学养老取得的成效：

一是老年人居家养老更幸福更有底气，实现了从无到有的转变。结合老旧小区提升改造为老人配套公共设施，打造共学养老基地，功能完善设施齐全，实现了为老服务阵地的零的突破。家门口老年食堂、老年学堂、卫生服务站等启用以来，实现了老年人从有需求没处去到有服务找居民的转变，全年开展活动550场，服务老年人12600人次。"医食护学乐"综合为老服务体，不仅破解了老年人居家养老的难题，还让社区老年人幸福感倍增。

二是老年人社区意识越来越强，实现从被动到主动的转变。从原先要求社区开展活动，组织活动形式单一，参与积极性不高，到现在邻里中心"家门口老年学堂"，成立以需求为导向的日常兴趣小组、节假日开展丰富多彩的传统活动、在家门口就能参与学习活动，极大地丰富了老年人的晚年生活。从陌生到熟识，老年人参与的积极性被激发，实现了社区银龄自助、互助的成效，传递了梅堰社区老年人的精神风貌，在社区平安护航、无忧上学路守护、新冠疫情防控等志愿服务活动中，他们活跃的身影成为社区亮丽的风景线。

三是社区资源共建共享，实现从业余到专业的转变。整合了辖区内各类党组织、公益团队、居民兴趣小组等资源，结合未来社区打造数字平台，建立和完善邻里学习积分机制，让居民从要我学到我要学；从随便玩玩到系统化学习，内生动力不断增强。从需求对接到参与课程积分，从自娱自乐的自发学习到党建资源介入，学堂的专业化和团队化不断升级，共同破解社区老年教育难题，社区凝聚力进一步提高，老年人获得感大幅提升。

共学养老社区建设进行时，梅堰社区将持续奋斗、步履不停，共画老有所养同心圆，共谱老有所为新篇章，共绘幸福晚年新图景。

四、社会环境得以优化

老年人参加学习,在自身丰富知识、提升道德观念的同时,也对家庭和谐、社区治理乃至整个社会环境发挥正能量的作用。

(一)建设了和谐家庭

老年人不是家庭的负担,更不应成为保姆。要引导全民加强养老、孝老、敬老的国情教育,这不仅是构建和谐社会的需要,也是建设和谐家庭的需要。

老年群体在社会和谐稳定方面发挥着重要作用,每一位老年学员都与其家庭、与其所属社会群体有紧密联系,他们的生活状态、精神面貌和日常的所作所为都会对家庭、社会产生直接和间接的影响。社区共学养老让老年人的精神面貌有了很大的变化,比如有的老年人参加了"如何处理婆媳关系"培训后,能主动调整人际关系,使家庭更加和睦。

社区共学养老促使养老、尊老、敬老的社会风气得以发扬,同时吸引老年人不断参与学习,营造家庭学习氛围,促进了家庭的和谐。

(二)促进了平安社区的建设

社区共学养老让老年人主动地参与学习活动,不仅提升了晚年生活质量、提高了幸福指数,同时也提升了他们对家国情怀的认知,让他们充分感受到现在老年人这种安详、有保障的快乐生活跟国富民强、社会稳定是分不开的。为了自己生活的环境能更加平安、和谐,许多老年人都纷纷加入平安社区的建设。如有的主动参与平安巡防宣传、有的参与文明交通引导等,都在为当地文明城市的创建积极地发挥着余热,平时在街头巷尾随处可见的就是这些老年人的背影。目前,余杭区各个街道几乎每个社区都有老年平安巡防(宣传)队、老年人交通安全宣传队,参与老年人约有 8000 人,为平安社会的建设发挥了老年人的积极作用。

垃圾分类收集是实现垃圾减量化、资源化、无害化的一个重要步骤,是科学处理城市生活垃圾的首要条件,是保护环境、造福社会的大事。开展垃圾分类投放不仅需要人力,更需要时间,为此许多的老年人都认识到了这一点,主动加入这一行列。他们将在社区共学养老中学到的垃圾分类知识应用到实践中,他们利用早、中、晚的时间努力发挥自己的余热。如有的开展垃圾分类上街宣传或发放宣传资料;有的在人们集中投放垃圾的时段站在垃圾桶边进行"桶边督导",手把手地指导居民群众进行分类,早、中、晚中老年人的桶边督导可以说是现在城市、乡村的一道亮丽风景。目前余杭区参与垃圾分类宣传、引导的老年人大部分来自老年学习共同体,正因为有了这批老年朋友的热心参与,余杭区的垃圾分类才能取得显著成效。

(三)促进了志愿服务

志愿服务是社会文明进步的重要标志。社区共学养老培养了一大批老年志愿者,他们在空余时间利用学习所获得的经验和知识,积极活跃在各个需要帮助的志愿服务岗位上,尤其是在抗击新冠疫情、文明城市创建、文明交通疏导、垃圾分类引导、医院导医服务及新冠肺炎疫苗接种志愿服务等活动场所,到处都可以看到老年志愿者的身影。他们走进社区、走进乡村,践行着"奉献、友爱、互助、进步"的志愿服务精神,为促进社会文明、提升人们的综合素养发光发热。

第 九 章

谱写社区共学养老的时代新篇章

深化研究和区域推进社区共学养老,对于贯彻落实党的二十大报告提出的"建设全民终身学习的学习型社会、学习型大国"精神和实施积极应对人口老龄化国家战略具有重要的现实意义。社区共学养老是应对老年教育困境的新思维和新举措,它能实现"老有所学、老有所为、老有所乐"。2022 年起,杭州市的社区共学养老实现了从科研部门探索到政府文件推动,具有里程碑意义,社区共学养老进入新的发展阶段,社区共学养老实践探索的经验向全国推广的时机基本成熟。

第一节　社区共学养老:开启老年教育新天地

老龄化社会快速到来,中国的老年教育迎来了前所未有的挑战,当社区学习共同体理论应用到老年教育之中,老年教育出现新思维和新样态,即学养结合、共学养老。汪国新于2017年首次提出"社区共学养老"理念与运作策略,在杭州市临平区和余杭区的实践探索中,我们开启了本地区老年教育的新路径、新平台,为突破老年教育的资源困境、呼应积极老龄化国家战略,初步建立了本地区老年教育特色品牌。

一、老年教育与未来社区建设新路径

从2019年起,余杭区把老年教育的重点放在社区共学养老的研究与探索上,几年来,我们的实践研究比较扎实地推进,得出初步结论:社区共学养老是适合本地区实际的老年教育新路径,也是建设未来社区的有效载体。

（一）社区共学养老,赋予老年教育历史难题新希望

基于"社区学习共同体"的老年教育,不同于传统学校式的老年教育,是生长型老年教育,[①]这种老年教育形态必将成为未来老年教育的基本样态,在终身学习体系中具有重要的无法替代的作用。因为,这样的老年教育具有如下四大特征。

一是价值取向的生命性。基于社区学习共同体的老年教育,以人的全面自由的发展为出发点,不局限于知识和技能的增长,更多地关注精神生活的丰富和生命状态的改变,它较好地协调了教育的工具理性与价值理性,促进人的生命性价值与工具性价值的共同实现。[②]

二是学习动力的内生性。接受老年教育的动力不是外在的物质激励而是人的内在天性的呼唤。人的未完成性决定人是学习的动物。对于人的天性实现而言,学习是一种由内而外的过程,生命的历程即学习的过程。社区学习共同体成员的自觉行为是一种自然的过程,并不需要外在的人为的理性匡正。

---

① 汪国新,项秉健.社区教育的根本性变革:从设计型到生长型的转变[J].教育发展研究,2019(9).

② 汪国新.社区学习共同体发展的杭州实践与展望[J].高等继续教育学报,2021,34(6).

221

三是学习资源的可再生性。教员和学员都是生活在社区的居民,学习需求是由学习者"生"出来的,不是外加的;学习资源也是由教员"生"出来的,不是外有的。学习在"教员"和"学员"身上同时发生,学员的学习过程,同时也是教者学习的过程,教师与学员的身份可随时转换,学习资源在学员与教者之间流动,自然形成了教育资源的再生和循环过程。[1]

四是面对面的交互性。技术正在给老年人的学习和教育方式以及所需的能力和技能方面带来重要变化,它已经成为个人学习的有力推动力量。信息技术一定的程度上也能促进老年学习者在数字化环境中获得平等的学习机会。虽然技术成为教育进步的驱动力,但它也可以制造老年学习新的障碍,使深度学习具有挑战性,影响老年人作为社会积极成员的参与方式,影响了批判性思维、深度沟通、同理心和社交技能的提高,扩大现有的社会差距,产生新的鸿沟。建立混合式的教学方式和面对面学习模式,是弥合数字鸿沟,倡导有人情味的、有温度的学习的重要举措,社区共学养老正是这样的重要举措。

社区共学养老的实施,突破仅由办学机构承担老年教育的局限性。机构老年教育不是老年教育的全部。仅由办学机构承担老年教育任务,使老年教育的有效供给具有明显的局限性,需要着力推进以社区为中心展开的社区老年教育。老年教育服务体系建设不是要自成新的体系,而是要纳入终身学习体系的建设。终身学习体系是有机整合的各种教育和学习资源的总和,用终身学习的观点来看待老年教育,有些认识需要转变:老年教育不等于老年教育机构、老年大学的教育,老年教育和学习不仅发生在老年教育机构内,而且大量存在于老年教育机构外。要把组织化的、半组织化的、自组织的、非组织化的学习都纳入老年教育服务体系建设的视野,促进各类学习的相互联系。社区共学养老,突破机构老年教育单一发展路径,是基于社区的老年教育的新平台。汪国新认为基于社区的老年教育和基于办学机构的老年教育同等重要。遵循老年教育规律,助力基于社区的老年教育,把"最近一千米"建成老年人生命成长的乐园。社区共学养老研究与推进,与老年人的真实生活紧密相连,接地气、惠民生、它逼近学习的真谛、幸福的源泉、生命的真相,赋予历史难题新希望。[2]

2018年在杭州举行的首届全国社区共学养老研讨会,有近200人参加会议,与会代表高度认同社区共学养老的做法。北京市教育委员会成人教育处陈斌处长的观点具有一定的代表性:"当前社区老年教育资源匮乏且存在严重的

---

① 汪国新,孙艳雷.成员即资源:社区学习共同体内生发展规律探析[J].职教论坛,2013(24).
② 汪国新.社区共学养老:特征、意义与实施策略[J].中国成人教育,2018(17).

供需错配。对老年群体来说,更需要学习而非受教育,打造老年教育网络学习平台需要谨慎,网络替代不了老年人面对面的沟通互动,社区共学养老赋予了这一历史难题新的希望。"[1]北京市教科院卫宏也强调:"近年来社区学习共同体发展的星火燎原之势给了老年教育工作者巨大的信心,社区学习共同体及社区共学养老所倡导的基于本质意志的共同学习将会对构建出入为友、守望相助的邻里关系和社区文化氛围以及居民的社区归属感、社区认同感、生活幸福感的提升产生至关重要的积极影响。"[2]建德市 2018 年出台的《关于加强老年教育开展共学养老社区建设的意见》(建教职成〔2018〕7 号)和杭州市政府 2022 年出台的《关于加快发展老年教育的实施意见》都从政府政策层面上明确社区共学养老目标及实施策略。"社区共学养老"成为 2021 年全国终身学习品牌项目,从一个侧面说明了社区共学养老在全国的广阔发展前景。

(二)学养结合,开辟未来社区新场景

未来社区的本质,是幸福社区。未来社区的要义,是守望相助的邻里。

浙江省委省政府,在全国率先提出了"未来社区"的概念。2019 年 3 月,《浙江省未来社区建设试点工作方案》出台,聚焦人本化、生态化、数字化三大价值坐标,着重勾勒出浙江省未来社区建设的九大场景,其中提出构建"远亲不如近邻"未来邻里场景。

随着配套政策《关于高质量加快推进未来社区试点建设工作的意见》的出台,浙江省未来社区建设试点工作的全面启动,该《意见》中提出积极培育发展社区社会组织,我们认为,抓住了问题的关键,为人们对未来社区诗意生活的向往开启了新的道路。

现在,杭州有 18 万老年人在学共体中学习,成员间互助友爱,不是亲人,胜似亲人。他们收获了"守望相助"的友情,获得了"生命成长"的密码,增强了存在感、尊严感、归属感和幸福感。他们自己快乐了,成长了,就把正能量奉献给社区和社会弱势群体。

社区共学养老,正面回应未来社区中"未来邻里"建设的核心诉求。由汪国新创立的社区学习共同体理论的一个重要价值取向,就是服务未来社区的建设,助推普通民众美好生活愿望的实现。

---

① 　郭晓珍.开启新时代共学养老社区建设的新篇章——全国首届共学养老社区建设研讨会综述[J].中国成人教育,2018(15).

② 　汪国新.社区共学养老:特征、意义与实施策略[J].中国成人教育,2018(17).

"未来社区"作为人的精神家园,既是社区发展的必然选择,又是人的发展与成长的必要条件。而社区学习共同体的蓬勃兴起,使社会学意义上的"社区"得以重建,让生活在"钢筋森林"中的普通民众追求诗意生活成为可能。

二、老年人更加幸福的新平台

老年教育的本质是自我教育,老年教育的直接目的是为老年人自主发展、快乐生活、生命成长提供机会和平台。社区共学养老这一新的老年教育路径,为亿万老年人开辟了"守望相助、生命成长"的新道路,为"老有所学、老有所乐、老有所为"构建了新的方式,为老年人的幸福生活搭建了新的平台。

(一)社区共学养老,守望生命的美好

"社区共学养老"里的共学共乐共享,让参与其中的老年人的美好生活成为可能,它改变了学习者的生存状态和生命质量。杭州下沙朗琴合唱团的核心成员翟彩琴是新杭州人,她说,是合唱团这个草根学共体重新燃起了自己生活的希望,之前的失落、孤独、寂寞、无聊,在合唱团里一扫而光,现在生活充满了阳光,有了自信心、归属感、价值感、尊严感和幸福感。

星火社区书画摄影学共体,书法、绘画、摄影也是他们服务社区及社区居民的主要内容。对于站里 24 位志趣相投的老伙计来说,相聚于此,在服务大众的同时,他们也拥有了一个互相学习、交流的新平台。

星火社区书画摄影学共体的一大特色是在实践中不断学习。多年来,每当新春佳节来临之际,社区都会组织迎新年、送祝福活动,这时,宓银娥都会积极带队,和 24 位老伙计一同上街写春联、刻窗花,为了营造温馨祥和的节日氛围,他们花足了心思、动足了脑筋,把平时所学的书法、绘画的技艺都投入其中,还不时给身边的伙计提提新主意,互学互鉴、比学赶超蔚然成风。

互教互学是星火社区书画摄影学共体的重要特色。学共体成员韩家礼老师不仅绘画功底深、书法功夫棒,对摄影技术也颇有研究,别看他 80 多岁了,每天清晨总骑着自行车,挎个相机包,在临平几个公园内转悠。他拍鸟类、风景、人物,张张是优秀作品。有些摄友向他请教,韩老师总是不厌其烦地向他们传授摄影技能,深受摄友们的好评。在不到一年的时间里,韩老师已收了 35 位学生,并且每星期无偿给他们上摄影课,互相交流,共同提高。韩老师的大爱促使很多摄友纷纷要求加入书画摄影学共体。

星火社区书画摄影学共体中有 10 人是 80 岁以上的退休人员,他们在一起学习已经有 10 余年了。我们惊讶于他们作品种类的丰富多样、生活气息的浓郁芬芳、艺术格调的清新高雅,更感佩于他们身体的健康和生命状态的美好。是的,他们是杭州这个城市里最幸福的人。

他们的钱未必多,房子未必大,他们只是退休大军中的一员,他们基于共同的兴趣爱好,走到一起,艺术潜能得到开发,审美品位得到提高,彼此之间,还建立起城市人稀缺的守望相助的纯真情感,其生命始终处于积极的、健康的、优雅的、从容的状态。

共学养老即自由实践。老年人通过社区学共体这一媒介,实现相互教育与学习。学习活动自然发生,当这一切发生时,老年人将反省自我、反思世界、激发潜能。

(二)社区共学养老,是同时满足"有所学、有所乐、有所为"的现实载体

老年人在"共同学习"中实现"老有所为、老有所乐"。"十四五"期间,我国 60 岁以上老龄人口将达到 3 个亿。未来 20 年我国人口老龄化形势将更加严峻。高龄、失能、独居和空巢老年人数量将进一步增加,全社会用于老年人养老、医疗、照护、福利等方面的支出将持续增长,应对人口老龄化的任务十分艰巨。同时我们看到,在庞大的老年人口中,有相当一部分老年人是活力老人,对他们的重新认识至关重要。如果数以亿计的活力老人,都像"宓银娥""韩家礼"一样,在共同学习中,实现"老有所为、老有所乐",那将是一笔重要的财富而不是社会的负担。田园绿色小分队队长金德意说出了退休人员的心里话:"对于我这样的退休人员而言,金钱实际上已经不重要了,更多的是对生命意义的考量,在一盆盆绿苗中,在一根根绿藤里,我逐渐认识了生命的意义在于奉献,如果我能发挥余热,对国家社会人民做出一些贡献,我就很满足了,我个人的退休生活也会变得非常有意义,变得充实。""田园绿色小分队"是典型的社区学习共同体,几十个成员在一起,践行的正是汪国新多年倡导的"社区共学养老",在这里,他们真正实现了"老有所学、老有所为、老有所乐"的完美结合。

"社区共学养老"应对老龄化社会问题、满足老年群体日益增长的多样化与品质化学习需求,对于实现老年教育的可持续发展具有"时代性"与"实践性"。"社区共学养老"直面老龄化社会中老年人普遍遭遇的三大问题:

一是老有所乐问题。进入老年期,人们会有不同于职场人的诸多负面情绪感受。全面建成小康社会的今天,老年人虽然有了一定的经济基础,但是精神上的贫瘠感、孤独感、无助感、无用感等依然普遍存在。因此,对老年人而言,物

质养老固然重要,但精神养老也不可或缺。"谋划老年人的精神养老之路,让老年人在晚年生活中充满归属感、成就感和幸福感",实现从养"身"到养"心"的全方位养老,正是社区共学养老的意义与价值所在。

二是老有所学问题。活力老年人的学习需求的满足需要新的思维。每个老年人都有自己个性化的学习需求,需要的是能将满足老年人自身个体学习需求作为终极目标的学习;同时,老年人有着区别于其他年龄段的"身心发展特点",需要的是能够适应这一独特发展阶段和身心特点的学习方式。而社区共学养老的学习,是一种去功利化、去工具性的、真正的、不消耗资源的学习,真正将满足每个个体当下的学习需求作为发展宗旨和终极目标;社区共学养老中的"共学"和"分享",是适应和符合人的天性的学习,是老年人体验学习快乐的源泉。

三是老有所为问题。老年人实现自己的价值需要平台、路径和载体。从养"身"到养"心",体现的是养老观念的改变,也是养老方式的变革;从"无用"到"有为",实现了养老文化和养老教育的质的飞跃。马斯洛需求层次理论告诉我们,最高层次的需要就是自我实现的需要。社区共学养老,提供了一种全新的自我实现的"平台"和"路径",帮助老年人在共学共乐、互为师生、彼此成就中实现自我价值,并积极服务社区、服务他人,让老年人在不断为社会创造价值的过程中赢得归属感、成就感。

社区学习共同体理论聚焦于老年教育,恰到好处地回应了人口老龄化的时代重大命题。实践表明,"社区共学养老"是满足老年人"老有所学、老有所乐、老有所为"的新思维和新平台。参加社区学习共同体学习的老年人的"无聊感、无用感、无意义感"少了,"存在感、价值感、尊严感"多了。杭州市连续13年获"最具幸福感城市"荣誉,其中老年人幸福指数高是重要的考量因素。

从星火社区书画学共体同样可以看出,他们不仅找到了化解负面情绪的好方法,而且为自己搭建了"老有所为、老有所乐"的新平台。社区共学养老,实现老有所学的同时,特别关照老年学习中学习成果的"反哺"功能,将所学充分运用到为自己、为同伴、为社区、为社会服务中,从而实现老年学习者的人生价值,赢得满满的"被需要"和"受尊重",同时也进一步促进和激励老年学习者自觉主动地学习,真正实现"积极老龄化",老年人成为社会资本和精神财富的持续创造者。

第二节　深化研究 再谱新篇

社区共学养老,是老年教育理论与实践的重大变革,是宗旨目标和运作方式的根本性变化,数年来研究成果是丰硕的,但也只是阶段性的和表面性的,需要持续不断地深化研究,方可在更大范围和更深层次上产生推动作用。本书的价值不仅在于总结好过去的经验与教训,更在于为开展更加深入的研究指明方向、确定主题,感召更多的地区和更多的教育工作者一道开展研究。

社区共学养老的研究更多的是行动研究。在过去的经验教训的基础上,明确近五年本地区全面开展行动研究的策略,也是本书的重要价值与意义。

一、深化社区共学养老研究

社区共学养老作为社区学习共同体理论的重要延伸和发展,是老年教育领域的重要理论创新,这些理论在实践过程中得到了验证,与此同时,理论指导了实践活动的开展。理论研究与实践活动的密切结合将为社区共学养老的探索注入新的活力并使之提升到一个新的高度。在学术研究浮躁之风盛行、功利主义大行其道、科学精神严重缺失的背景下,要取得社区共学养老的优秀成果,就必须聚集真问题,开展真研究。①

（一）聚集真问题,探索老年教育新方式

中国特色的老年教育,承载着提升亿万老年人生命质量的重要使命。所有从事老年教育的管理者和实际工作者都是老年教育的研究者。克服计划经济背景下形成的行政思维惯性,自觉摒弃社会性功利诱惑,是老年教育研究能聚焦"真问题"的前提。

以问题为导向。老年教育研究,归根到底是对问题的探究。任何一种研究都需要遵从问题逻辑。但问题不会自然呈现,更有真问题与假问题之别。问题是"需要研究和解决的实际矛盾与理论难题"。通常情况下,人们习惯把问题与弊端等同,但问题不只是弊端,问题是"事物内在矛盾及其发展变化的外在展现"。

---

① 汪国新.聚集真问题 开展真研究[J].终身教育,2022(1).

聚焦老年教育的真问题,是老年教育研究的逻辑起点,解决老年教育的真问题,是一切老年教育研究的根本指向。老年教育与学校的正规教育有着巨大的差别,老年教育所存在的真问题,通常与学校正规教育所遇到的问题不同,有其鲜明的特性。我们需要有强烈的"知其所不知"的问题意识。如果研究者没有"知道我们不知道"的自觉意识,也就没有提出问题的可能性,更谈不上提出"真"的问题。如果不把注意力聚焦在"真"问题上,我们常常会把时间、精力浪费在没有答案的或无须解决的"问题"上。

对于老年教育研究而言,其"真"问题是在老年教育的实践中真切地摆在人们面前的带有根本性的理论与实践问题。能否发现和聚焦真问题,是决定老年教育研究能否取得突破、是否具有真理性和价值性的关键所在。

老年教育在我国已经历了数十年的发展历程,老年教育的研究者中不乏问题意识强烈者,他们对老年教育的问题进行了较为全面、深入的研究,提出了许多改进老年教育工作的"良方",为助推老年教育的发展奠定了良好的基础。但是我们也看到,许多的研究者仍然处于没有问题或处处都是问题的状态。不少的研究是西方终身教育理论的解读和学校教育理论的"嫁接"。

突破传统的老年教育方式,才能办老年人喜欢的老年教育。社区共学养老的学习是真正意义上的"共同学习",多采取互助式、参与式、体验式、人生故事讲述式,符合老年人的学习特点。老年人的教育和学习方法与青少年教育有很大不同,课堂化的教育和学习并不适用于大部分老年人的教育和学习。老年教育和学习的方法应充分考虑老年人学习的特点,与老年人的生活、生命成长更紧密地结合,有助于吸引更多老年人的参与,激发老年人内在的学习动机,采取老年人喜闻乐见的形式,促进老年人的自主的、可持续的学习,更多地采取参与式的、活动式的、体验式的和团队式的学习。"讲述人生故事"是一种接地气的老年学习方式,对变革我国老年人学习方式具有重要的启示意义和推广价值。"讲述人生故事"的要义在于把自己的人生经历及感悟传达给别人,是一个生命对另一个生命的影响与激发。日本神户大学原教授、日本社会教育学会原会长末本诚先生指出:"讲述自己的人生故事时,讲述者要在自己纷繁的生活经历中进行筛选和取舍,这实际上是他对自己生活经历的意义和价值进行深入思考和挖掘的过程,这个过程有助于他认识自己、发现自己、感悟自己人生的意义。讲述人生故事可以促进人的相互理解,促进人际交往交流,营造伙伴关系。增进人们对于社会、历史发展的认识,包括对社会发展过程中各种问题的认识,激发人们融入社会、参与社会的积极性和主体意识。"

社区共学养老的实践无疑是生动的和有效的。不仅在杭州建德等共学养老社区建设实验基地有生动的实践,在全国各地都有不少的实践探索,积累了丰富的经验。汪国新认为,社区共学养老实践在杭州实际已开展了 10 年以上,社区学习共同体的培育过程就是共学养老社区建设的过程,因为在社区学习共同体中主要成员是老年人。杭州约 20 万人参与社区学习共同体的学习,其中60 岁及以上老年人有 18 万人。杭州的实践主要集中于以下方面:一是资源的建设与配置,其中,最重要的资源是公共空间。二是发现、关注与养护。支持培育民间已有学习团队转化为社区学习共同体,连续 12 年开展示范社区学习共同体的评选工作,发挥其示范引领作用,为社区学习共同体成长创造良好氛围。三是培育、引导和激励。积极培育社区学习共同体的核心成员和社区共同学习的志愿者队伍,适度激励,“这种激励不是指物质上激励,而是精神上的激励,是内在本质需求的唤醒,激发的是内在动机”。

需要进一步研究的社区共学养老的问题,可以举几个例子,比如:“静待花开”与“适度养护”的关系研究;老年人“自我服务”平台建设研究;“老年人成为老年教育资源”运作方式研究;老年学习共同体核心成员培育策略研究;社区学院、社区、社会组织、社区学习共同体四社联动培育老年学共体实践研究;志愿者队伍建设研究;社区共学养老支持服务系统建设研究;社区共学养老市场化运作方式研究。

(二)开展“真研究”,贴近老年人的真实生活

提出问题是基础和前提,解决问题才是目的。自然科学领域如果没有真研究,不可能有新的发现,在人文社会科学领域里没有真研究,就不会出现具有“思想的启迪性、理论的创造性、政策参考性、实践指导性”的研究成果。

开展老年教育的真研究,既是研究者社会责任感的体现,又是对自己负责的需要,因为只有在真研究中,才能体会到研究的乐趣,获得研究的真价值。愿意做真研究的人,至少需要着重注意以下两个方面的问题。

第一,要有端正的学术态度。老年教育领域要有精品问世,研究者要创作出让人感动的作品,需要有端正的学术态度。要有“真情诚意”,因热爱而研究,而不是把科研作为谋取个人私利的工具。把促进人的全面发展、提升学习者的幸福力作为科研的出发点,回应现实生活中不同个体的学习需求和生活诉求。选择“小问题”“小群体”等“小切口”开展“贴近生活”“贴近基层”“贴近实际”的实践研究。能解决问题,课题再小都有价值。不解决问题,课题再大,都是无用

的。宏大的叙事,常常只有"人民"而没有"人",没有"人"的研究是空洞的、是虚伪的。要俯下身体,眼睛朝下,深入基层,走近百姓,在亲身参与的老年教育实践中,发现问题,总结经验,理性思考。现在许多文章是"从杂志报纸中来""到杂志报纸中去",这样的文章没有大的价值,看起来成果不少,实际是一种浪费。

第二,要有正确的研究方法。老年教育研究,属于教育研究。教育属于人文社会科学。人文社会科学的研究方法与自然科学的研究方法是不一样的。在人文社科领域里,因为问题的不同,所采取的方法也是不同的。片面追求"量化"是老年教育研究领域需要警惕的一个问题。其实,能解决问题的方法就是好方法,切合实际的方法才是好方法。

实证研究主张从经验入手,采用程序化、标准化、操作化和定量分析的手段,使研究达到精细化和准确化的水平。实证主义所推崇的基本原则是科学结论的客观性和普遍性,强调知识必须建立在观察和实验的事实上,通过实验数据来得出一般结论、揭示一般规律,并且要求这种结论在同一条件下具有可证性。实证研究对于揭示事物的"真"有其重要意义,适合于自然科学研究。对于研究"人"的社会科学,在发现与彰显人的"善"和"美"上,采取实证研究方法并不可取。

对人的研究,其核心价值是研究者对现象背后的意义的诠释。质的研究正好契合了这一需要。质的研究是在自然情境下,研究者与被研究者直接接触,通过面对面的交往,实地考察被研究者的日常生活状态和过程,了解被研究者所处的环境以及环境对他们产生的影响,其目的是从被研究者的角度来了解他们的行为及其意义的解释。人的生命,赋予了人的成长的无限可能性。生命历程是具有时间性的东西,但生命不是由这些等值的时间段构成的,生命中充满着奇遇,对每个生命个体而言,这些充满奇遇的时间段的体验是完全不同的。

二、县域整体推进社区共学养老的策略

直面人口老龄化背景下我区老年教育的困境与挑战,推进老年教育改革创新。"遵循老年教育发展规律,树立正确的老年教育观,丰富学习内容,优化学习方式,满足老年人个性化学习需求,切实提高老年教育的实效性,引领新时代老年教育新风尚。"①发展社区共学养老既是观念更新问题,又是实践探索的问题。为满足老年人美好生活需要,改进老年教育服务方式,变革老年教育形式,

---

① 杭州市人民政府办公厅《关于加快发展老年教育的实施意见》(杭政办函〔2022〕1 号)。

在更广的范围内推进社区共学养老,为老年人增添归属感、获得感、幸福感,需要探索全面推进社区共学养老的策略。

杭州市人民政府明确提出实施"共学养老建设工程"。"突出社区学养重点,整合利用社区各类教育资源,有效应对老年教育机构'一位难求'困境,构建幸福指数高、费用低的社区学养结合新模式,推动老年教育融入养老服务体系。培育团队学养力量,扶持社区学习共同体建设,挖掘培养有影响力的社区居民,提升核心成员素养,引导老年人自主组织、自我管理、互助学习。"①人口老龄化问题日趋凸显,老年教育的供需矛盾突出,老年教育已经成为政府高度关注的民生问题,在这样的形势下,创新并推广高质量发展老年教育的经验十分必要。不少有识之士多年来强烈呼吁,把杭州市经过10多年探索出来的成功经验在全国范围内推广,让社区共学养老的先进理念成为更多人的共识,其实践经验为全国各地老年教育工作者所借鉴,社区共学养老能够在全国范围得到广泛的推广应用,就能惠及数以万计的老年人,全面提升他们的生活品质。

临平区为落实市政府文件精神,在制定的《关于加快推进老年教育发展的若干意见》中,把推进社区共学养老作为临平区的老年教育品牌建设项目,同时申报立项了全国终身学习专业委员会重点课题《县域推进社区共学养老的策略研究》。在取得阶段性成果的基础上,形成区域实施社区共学养老的新机制新策略,以造福于本区城乡老年群体。

(一)形成共识,提高社区共学养老知晓度

应对老年教育机构"一位难求"的困境,有必要整合利用社区各类教育资源,构建幸福指数高、费用低的社区学养结合新模式。杭州市政府办公厅印发了《杭州市人民政府办公厅关于加快发展老年教育的实施意见》所提出的,到2025年,初步建成全纳、开放、共享的老年教育公共服务体系,进一步实现老有所教、老有所学、老有所乐、老有所为。建设共学养老示范基地100个,老年教育品牌项目100个,为我们三年前开启的社区共学养老的研究与实践提供了政策保障。以此为契机,在临平区范围内广泛宣传社区共学养老优势与意义,推广业已形成的共学养老经验,利用好临平区在杭州市层面第一个开展共学养老探索的先发优势,形成社区共学养老的共识,提高老年教育的知晓度与参与率。

营造良好氛围。广泛宣传党和国家关于鼓励发展老年教育的方针、政策及

---

① 杭州市人民政府办公厅《关于加快发展老年教育的实施意见》(杭政办函〔2022〕1号)。

重要意义。倡导终身教育理念,推动市民终身学习。搭建老年教育成果展示平台。举办老年学共体作品展览、汇报演出、学习交流等活动,开展"银发乐学之星""示范性学习共体""老年学共体优秀核心成员""终身学习示范户""民家工作室""非遗传承达人"等评选活动,助推老年人学养结合、志愿服务、反哺社会。总结推广社区老年教育的先进经验、创新做法,营造全社会关心、支持、参与老年教育的良好氛围。

(二)突出重点,加大老年学习共同体的培育力度

社区共学养老的"主体性、学习性、生命性、社区性"[①]决定推进社区共学养老的重点是培育社区学习共同体。营造老年学共体成长的良好生态环境,坚持"支持而不包办、扶持而不控制、助推而不实行目标管理、养护而不拔苗助长"的老年学共体的培育原则,[②]社区学院和中心学校定期开展老年学共体核心成员的培训,继续做好一年一次的示范学共体的评选表彰工作和学共体成果展示交流工作。挖掘培养有影响力的社区居民,提升核心成员素养,引导老年人自主组织、自我管理、互助学习。深化浙江省规课题"四社(社区—社区学院—社会组织—社区学共体)联动机制的建立与运行"成果,以杭州市开展社区学习共同体先进区县评比为契机,开展社区学习共同体培育先进社区(村)的评选表彰,调动社区(村)老年学共体孵化的积极性。

(三)示范引领,强化共学养老示范基地建设

实施共学养老建设工程,需要强化共学养老示范基地建设,充分发挥其示范引领作用。

共学养老示范基地建设,是全域推进社区共学养老的重要基础。星火社区2018年被社区学习共同体研究中心确定为"共学养老社区建设实验基地",认真总结其经验与教训,在全区范围内分期分批确立共学养老示范基地创建单位,从"组织保障、经费保障、安全保障、基地运行、共学师资、共学场地、共学项目"等多维度开展示范基地的建设工作,开展市级和区级示范基地的评选工作,广泛宣传示范基地建设的成功经验,更好地发挥其示范引领作用。

与此同时,我们需要"编制发布学养社区地图,为社区老年人学习提供便利。关注特殊学养人群,鼓励各类人员参与独居、失能等特殊老年群体的共学

---

① 汪国新.社区共学养老:特征、意义与实施策略[J].中国成人教育,2018(17).
② 汪国新,项秉健.社区学习共同体[M].杭州:浙江大学出版社,2019:161.

养老志愿服务,探索建立共学养老服务时间银行。强化联盟学养作用,鼓励支持建立文化艺术、生活休闲、健康娱乐、科学技术、公民道德等共学养老联盟或集团,促进互学互鉴"①。

（四）整合资源,联动互动,共同打造社区共学养老教育品牌

社区共学养老是一个系统工程,需要教育、民政、文化等相关部门形成合力,携手推进。鼓励政府部门、企事业单位、行业协会、社会力量合力举办各类老年教育机构,扩容老年教育阵地。依托老年教育四级网络、养老机构、高校、党群服务中心、文化礼堂（家园）等场所,新增一批老年大学（学堂）或教学点。图书馆、博物馆、文化馆、科技馆、体育馆、纪念馆、医院等公共场馆每年要面向老年人群至少开展一两场公益性培训或活动,积极服务老年教育。支持各类老年教育机构加强交流合作,组建老年教育联盟,发挥社会组织和志愿者在社区共学养老中不可替代的重要作用。

---

① 杭政办函〔2022〕1号杭州市人民政府办公厅《关于加快发展老年教育的实施意见》。

参考文献

陈伟,汤建琴.新时代背景下社区老年人"养教联动"的思考与行动[N].江苏教育报,2023-06-21.

戴维·H.乔纳森,等.学习环境的理论基础[M].上海:华东师范大学出版社,2002.

丁哲学.老年大学发展现状、问题及对策——以黑龙江省为例[J].现代远距离教育,2017(4).

高慧敏.数字化服务支持下社区老年教育初探——以云南省昆明市"916"数字养老社区为例[J].成人教育,2016(9).

贾红彬.老年教育供需矛盾的原因分析及对策建议[J].当代继续教育,2018(4).

李晶.中国老年教育的现实需求和供给对策[J].中国远程教育,2022(5).

刘春明.终身学习视角下的我国社区学院发展研究[D].徐州:中国矿业大学,2013.

刘红霞.社区老年教育:供求差与发展策略[J].职教论坛,2020(11).

刘雅婷,黄健.空间分析哲学视角下老年教育资源的空间均衡性探析——以上海市为例[J].教育发展研究,2020(17).

卢毅.成人学习理论[M].北京:人民交通出版社,1999.

彭彤.构建新时代老年教育师资队伍体系的对策研究[J].中国国情国力,2021(7).

齐格蒙特·鲍曼.共同体[M].南京:凤凰出版传媒集团江苏人民出版社,2007.

石平,李平.农村老年教育"四位一体"运行机制实践探索——以塘栖老年电大为例[J].教育现代化,2020(14).

汪国新,项秉健.社区教育的根本性变革:从设计型到生长型的转变[J].教育发展研究,2019(9).

汪国新,孙艳雷.成员即资源:社区学习共同体内生发展规律探析[J].职教论坛,2013(24).

汪国新,项秉健.社区学习共同体[M].杭州:浙江大学出版社,2019.

汪国新.基于"社区学习共同体"的学习——一种新的成人学习方式[J].中国成人教育,2010(12).

汪国新.社区学习共同体的培育策略[J].职教论坛,2012(3).

汪国新.资源的合建与共享:成人教育共同体建设研究[M].杭州:浙江大学出版社,2013.

汪国新.聚集真问题 开展真研究[J].终身教育,2022(1).

汪国新.社区共学养老:特征、意义与实施策略[J].中国成人教育,2018(17).

王俊琪,霍福华,杨晓琴.智能化背景下老年教育资源整合的思考[J].山西教育,2022(11).

颜景庚.老年教育体系的解构与融合研究——基于济南市社区老年教育实践的探讨[J].中国成人教育,2016(19).

张国卿.关于老年教育特点的探讨[N].中国老年报,2007-10-17.

赵健.学习共同体:关于学习的社会文化分析[M].上海:华东师范大学出版社,2006.

郑葳.学习共同体:文化生态学习环境的理想架构[M].北京:教育科学出版社,2007.

周洁雅.社会资本视角下社会组织参与老年教育研究[J].财富时代,2021(4).

朱慧明,倪贵忠.老年教育的县域资源整合策略研究[J].中国成人教育,2020(1).

朱志远,陈彦彦.我国老年教育课程建设的现状、问题及优化[J].合肥师范学院学报,2019(4).

后　记

经过 10 年"社区学习共同体"的研究和推进,研究者发现在杭州市的社区学习共同体成员中有 75％是退休人员,老年教育正随着人口老龄化的到来备受各方重视,于是汪国新主任把社区学习共同体理论应用到老年教育中,于 2017 年提出"社区共学养老"新理念,以此作为老年教育高质量发展的新载体。

2019 年余杭区社区学院(此时余杭区没有分成余杭区和临平区)在充分论证后,作出一个重要决策,把基于社区的老年教育(区别于依托老年教育机构的老年教育)和基于社区学习共同体的老年教育(区别于学校式正规教育)即社区共学养老,作为本区老年教育的品牌项目来打造,成立由余杭区社区学院牵头、6 所成人文化技术学校和杭州学习生活促进会共同组成的"社区共学养老区域发展"项目组,实践推进与理论研究同时进行,子项目研究与专著写作同时开展,经过几年的共同努力,取得阶段性成果后,课题"社区共学养老县域推进策略研究"于 2022 年由中国教育发展战略学会终身学习专委会立项为重点课题,以此课题为引领,深化社区共学养老的研究。作为课题研究的阶段性成果,论文《老年教育高质量发展县域推进策略研究》发表在《终身教育》杂志上。分区后的余杭区和临平区分别于 2021 年和 2022 年成功承办了全国社区共学养老研讨会,会上为与会专家学者及基层工作者分享了近年来社区共学养老的进展,受到了与会代表的充分肯定,临平区和余杭区社区共学养老的品牌效应初步显现,本书《社区共学养老新探索》在经过多年的沉淀后即将付梓。

《社区共学养老新探索》是我国第一部以"社区共学养老"为主题的著作,是汪国新、项秉健创立的社区学习共同体学说在老年教育领域的实践样态和理论延伸,其核心思想是"本质意志、共同学习、守望相助、生命成长",因此本书自然成为"社区学习共同体"研究丛书之一卷。

　　本书采取专家引领、集中研讨、分章撰写、讨论修改、主持人审阅定稿的方式完成。朱慧明为课题的主持人，也是本书的主持人。汪国新研究员(杭州市教育科学研究院)列出本书的框架和各章节写作提纲，召集各章作者集体研讨，聘请相关学者对各章提出修改意见，全程指导本书的写作。本书共九章，各章分别由下列人员执笔。第一章"绪论:困境与突围"朱慧明(临平区社区学院);第二章"老年教育资源新视野"周金平(临平区城西中心学校);第三章"老年人学习的内驱力分析"沈建荣(余杭成校);第四章"老年教育新探索:社区共学养老"姚桂华(闲林成校);第五章"老年学习共同体的价值、内涵与培育实践"韩瑜(瓶窑成校);第六章"基于社区学共体的老年教育区域推进策略"屠文专(良渚成校)、石平(塘栖成校);第七章"建立'四社'联动新机制"朱晓燕(临平区社区学院)、朱慧明、倪贵忠(余杭区社区学院);第八章"变化发展与质量效益"姚桂华、钟建根(临平成校);第九章"谱写社区共学养老的时代新篇章"金琳(杭州学习生活促进会)。

　　本书的出版，表明临平区、余杭区在老年教育方面进行了长期而有成效的探索，为进一步深化研究奠定了比较坚实的基础，也增添了战胜全面推进老年教育高质量发展中的各种困难的信心，但成果毕竟是阶段性的，未必是成熟的，我们会在得到读者批评、帮助后修订完善。

　　常州市开放大学副校长王中先生对3章书稿进行了修改，山东省教育科学研究院徐明祥研究员和杭州市教育科学研究院成人教育研究室的曲连冰主任分别对其中一章进行了修改，杭州市教育科学研究院汪国新研究员对4章进行了修改，专家学者的加入为书稿质量的提升发挥了重要作用，在此对他们的辛勤付出表示衷心的感谢。

　　由于本书的研究团队和写作团队是在分区前组建的，书中的内容涉及余杭区的表述，有时指分区前的余杭区，有时会指分区后的新的余杭区，在此特作一说明。

杭州市临平区社区学院院长　朱慧明
2023 年 7 月